# 汽车故障检测与维修技能

## 全图解

多国华 编著

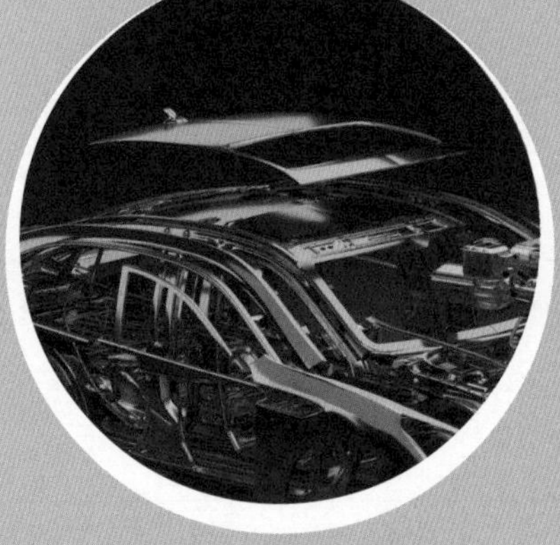

中国铁道出版社有限公司
CHINA RAILWAY PUBLISHING HOUSE CO., LTD.

## 内 容 简 介

我国有着近3亿辆的汽车保有量。汽车维修是一个有着稳定和长期需求的行业。本书由经验丰富的汽车维修工程师编写，在系统讲述必知必会电路知识和汽车各系统工作原理的基础上，深入汽车维修检测现场，以翔实图解的方式展开介绍汽车故障的检修思路、方法和具体实践。

本书图文并茂，强调动手能力和实用技能的培养，旨在帮助从事专业汽车维修的初级工作人员掌握汽车关键系统的工作原理和检修技能，并结合实操图解积累实践经验。除此之外，本书也可作为专业院校相关专业和汽车维修培训机构的参考用书。

**图书在版编目（CIP）数据**

汽车故障检测与维修技能全图解/多国华编著.—北京：中国铁道出版社有限公司，2022.4

ISBN 978-7-113-28769-6

Ⅰ.①汽… Ⅱ.①多… Ⅲ.①汽车-故障检测-图解 ②汽车-车辆修理-图解 Ⅳ.①U472-64

中国版本图书馆CIP数据核字（2022）第008331号

**书　　名**：汽车故障检测与维修技能全图解
QICHE GUZHANG JIANCE YU WEIXIU JINENG QUANTUJIE
**作　　者**：多国华

---

**责任编辑**：鲍　闻　　**编辑部电话**：（010）51873026　　**邮箱**：the-tradeoff@qq.com
**封面设计**：MXK DESIGN STUDIO
**责任校对**：苗　丹
**责任印制**：赵星辰

---

**出版发行**：中国铁道出版社有限公司（100054，北京市西城区右安门西街8号）
**印　　刷**：国铁印务有限公司
**版　　次**：2022年4月第1版　2022年4月第1次印刷
**开　　本**：787 mm×1 092 mm 1/16　印张：14.75　字数：292千
**书　　号**：ISBN 978-7-113-28769-6
**定　　价**：59.80元

---

# 前言

## 为什么写这本书

根据公安部发布的统计数据，截至2021年9月，全国机动车保有量达3.90亿辆，其中汽车2.97亿辆，同比增加436.3万辆，增长18.83%。在如此庞大的汽车数量下，汽车故障维修已经成为一个有着稳定和长期需求的行业，而且随着汽车电子化程度的不断提高，对掌握扎实汽车电路维修知识和实践技能的汽车维修工程师的需求更是在不断提升。

那么怎样才能成为汽车维修工程师呢？其实很简单，只要“多看、多学、多问、多练”即可。

首先对于汽车电路相关专业知识的掌握是必不可少的。这些知识是我们认识汽车结构和工作原理的基础，更是汽车检测维修时判断故障原因的理论支撑。

其次要掌握汽车的基本维修技巧、正确的维修方法和规范的维修流程，这些既是技能更是经验，它可以帮助我们更快地判断故障原因，梳理出有效的检修思路，并进行高效的维修实操。

最后要从大量的实际检修操作中总结规律，积累经验；掌握某一类故障的基本检修方案，清楚主流品牌汽车的常见故障和维修思路，在不断实践中提升汽车维修的技能水平。

本书以现场检测实操和翔实步骤图解的方式展开讲解，方便初学者快速掌握汽车的检测维修方法。本书力求为维修学习人员提供师傅带徒弟式的学习模式，帮助读者快速成长为专业的汽车维修工程师。

## 全书学习地图

磨刀不误砍柴工，在正式讲解汽车维修技能之前，本书1~3章讲解汽车维修工具的使用方法、汽车电子元器件基本知识和汽车电路图识图方法，帮助读者掌握基本技能，增加知识储备。

第4~12章中，本书系统讲解汽车供电系统、起动系统、点火系统、照明系统、空调系统、仪表系统、刮水洗涤系统、电动车窗系统、中控门锁系统九大关键系统的工作原理、检测方法及维修实战。

## 本书特色

1 技术实用，内容丰富

本书系统讲解了汽车电路的各种基本维修技能，同时总结了汽车供电系统、起动系统、点火系统、照明系统、空调系统、仪表系统、刮水洗涤系统、电动车窗系统、中控门锁系统等重要系统的故障原因和检修思路，内容丰富实用。

2 大量实操，增加经验

本书结合检修实操对汽车的各类故障进行实际检测判断，并融入了大量的实践操作图，尤其注意总结检修经验；读者通过这些实操内容的学习，可以举一反三，轻松掌握汽车电路的检测与维修方法。

3 直观图解，轻松掌握

本书在讲解过程使用了直观图解的方式，理论与技能相辅相成，上手更容易，学习更轻松。读者可以一目了然地看清汽车故障的检测、判断与维修全过程，跟随实操步骤快速掌握所学知识。

## 读者定位

本书旨在帮助从事专业汽车维修的初级工作人员系统掌握汽车关键系统知识和检修技能，并结合实操图解积累实践经验；以下读者可以从本书中获益：

- 汽车 4S 店维修从业人员。
- 综合汽车修理厂初级维修技工。
- 职业院校相关专业学生和汽车维修培训机构学员。
- 热衷于汽车维修的私家车主。

由于作者水平有限，书中难免有疏漏和不足之处，恳请业界同仁及读者朋友提出宝贵意见。

## 整体下载包

为了帮助读者更加扎实地掌握汽车故障检测与维修技能，笔者特地为本书制作了整体下载包，内容包括：

- 11 段汽车故障检修视频。
- 15 段电子元器件故障检修视频。
- 汽车电路图画法规则、常用符号和常用英文缩写表格。

本书整体下载包可通过图书封底的二维码和下载链接获取使用。

多国华

2021 年 9 月

# 目 录

## 第 5 章 汽车起动系统检测维修实战



## 第 6 章 汽车点火系统检测维修实战

## 第 11 章 汽车电动车窗系统检测维修实战

## 第 12 章

## 汽车中控门锁系统检测维修实战

# 第1章 汽车维修工具使用方法

工欲善其事，必先利其器。要掌握汽车的检测与维修，首先要学会汽车常用检测工具的使用方法。本章重点讲解汽车万用表、汽车示波器、汽车故障诊断仪等一些常用工具的结构、原理与使用方法。

# 1.1 学会使用汽车万用表

汽车万用表属于数字式万用表的一种，在汽车检测中用途广泛。它除了具有数字式万用表的功能外，还具有一些汽车专用测试功能。比如，可对发电机转速、闭合角、频宽比、频率、压力等参数进行测量。

## 1.1.1 汽车万用表的结构

汽车万用表主要由液晶显示屏、功能选择旋钮、插孔等组成，如图 1-1 所示。

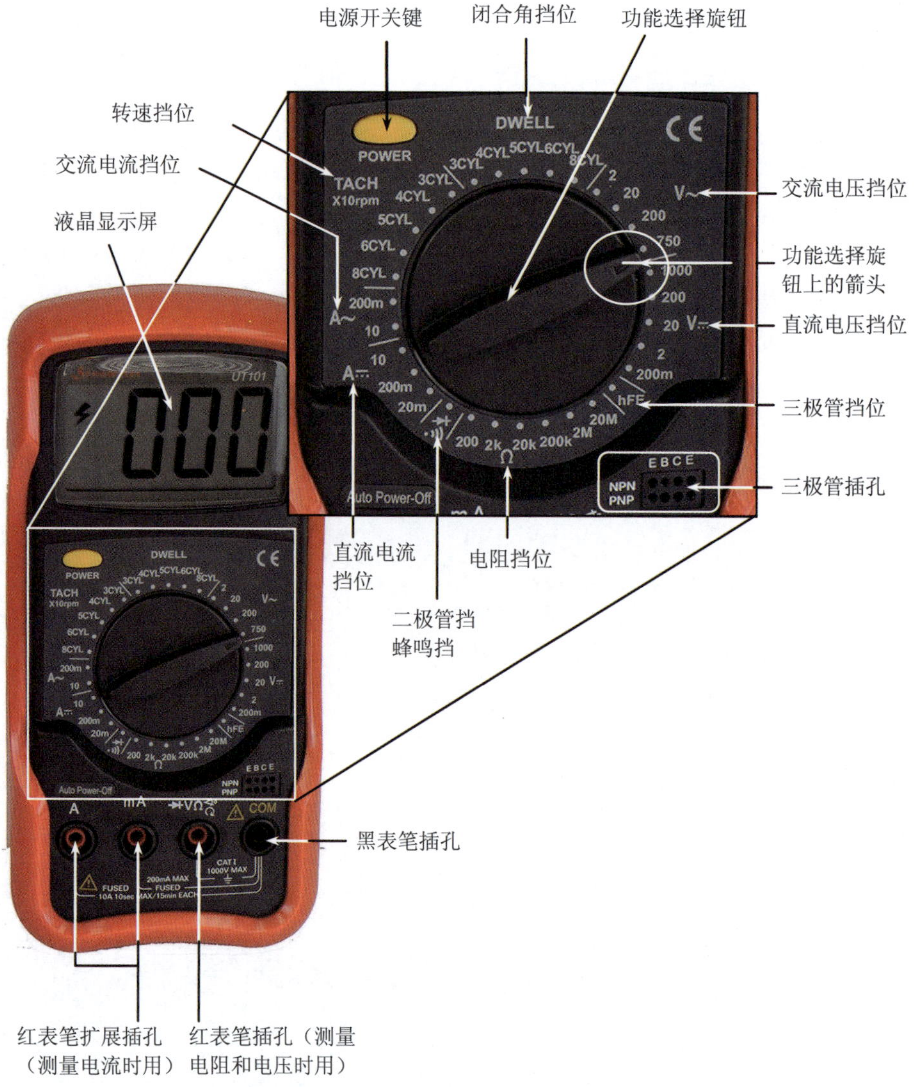


图 1-1　汽车万用表的结构

## 1.1.2　汽车万用表使用方法

了解汽车万用表的结构后，本小节将通过三个实操案例讲解汽车万用表对电流、电压和发动机转速的实际测量。

### 1. 用汽车万用表测量直流电流实操

我们以测量汽车暗电流为例讲解一下汽车万用表的使用方法，测量步骤如图 1-2 所示。

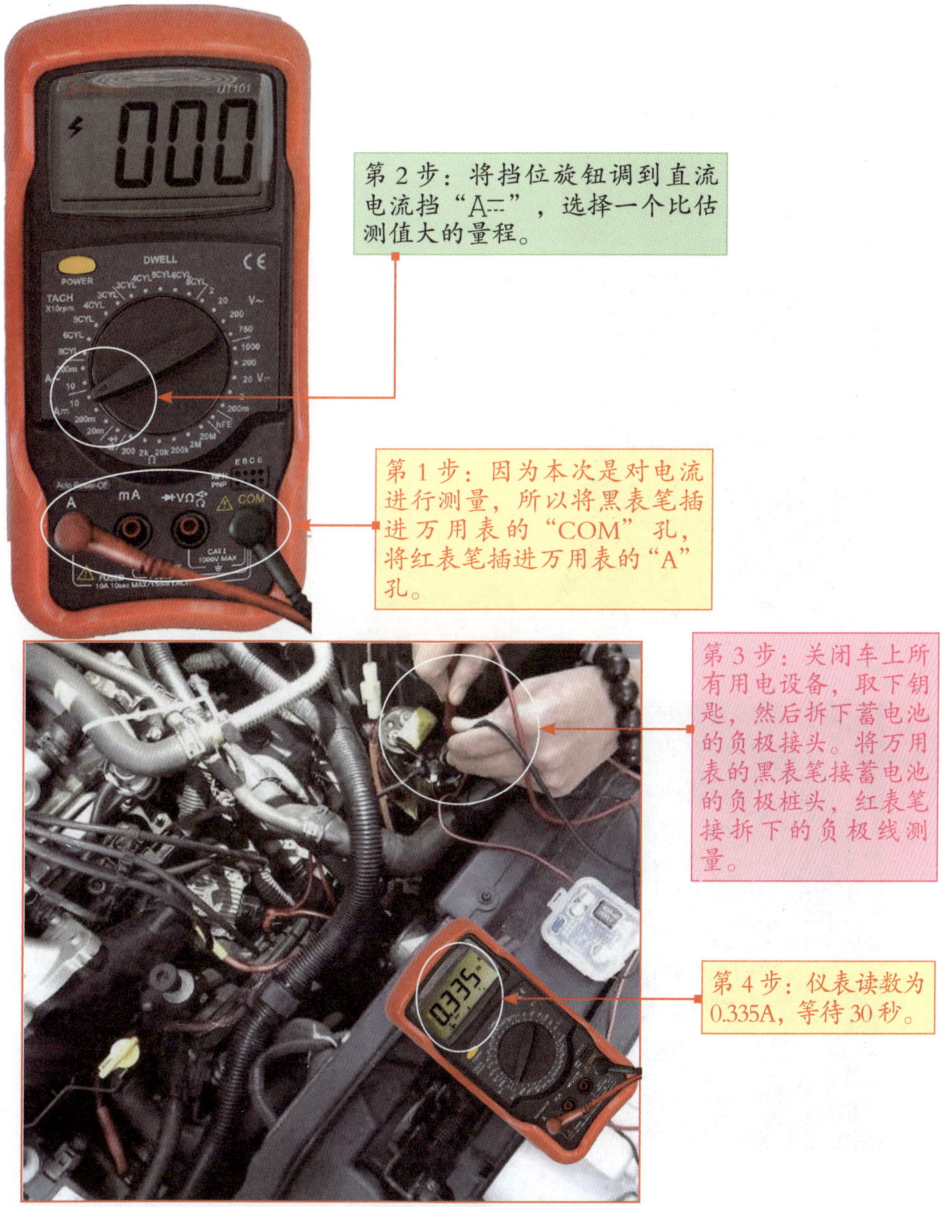


图 1-2　汽车万用表测量直流电流

判断：现在汽车上的用电设备比较多，暗电流在 0.05A 以下都是正常的；如果大于 0.05A，这时就要对漏电设备进行检查。

## 2. 用汽车万用表测量直流电压实操

蓄电池的电压对于汽车而言是一个非常重要的指标，接下来我们通过测量蓄电池的电压来讲解汽车万用表的使用方法，具体步骤如图 1-3 所示。

第 2 步：将挡位旋钮调到直流电压挡“V⎓”，选择一个比估测值大的量程，这里选择直流 20 V 挡。

第 1 步：因为本次是对电压进行测量，所以将黑表笔插进万用表的“COM”孔，将红表笔插进万用表的“VΩ”孔。

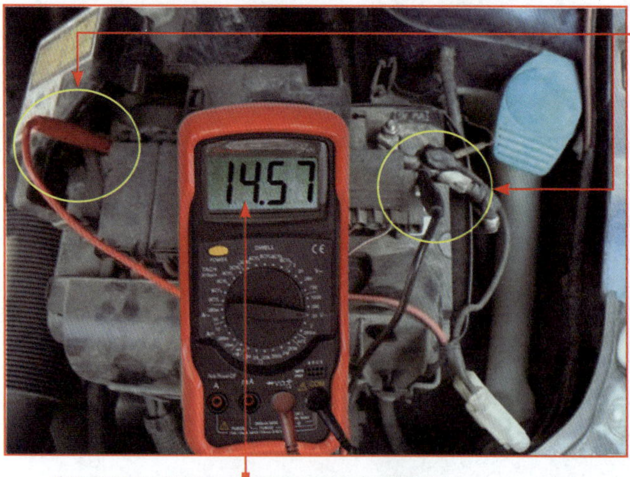


第 3 步：熄灭汽车发动机，将两表笔分别接在蓄电池的正负电源柱上进行测量。

第 4 步：测量的读数为 14.57 V。

图 1-3 汽车万用表测量直流电压

判断：如果电压高于 12 V 则表明蓄电池状况良好；如果电压低于 12 V 那就说明蓄电池的电量不足或其寿命已经接近极限，应该考虑进行检查或更换。

### 3. 用汽车万用表测量发动机转速实操

用汽车万用表测量发动机转速的方法如图 1-4 所示。

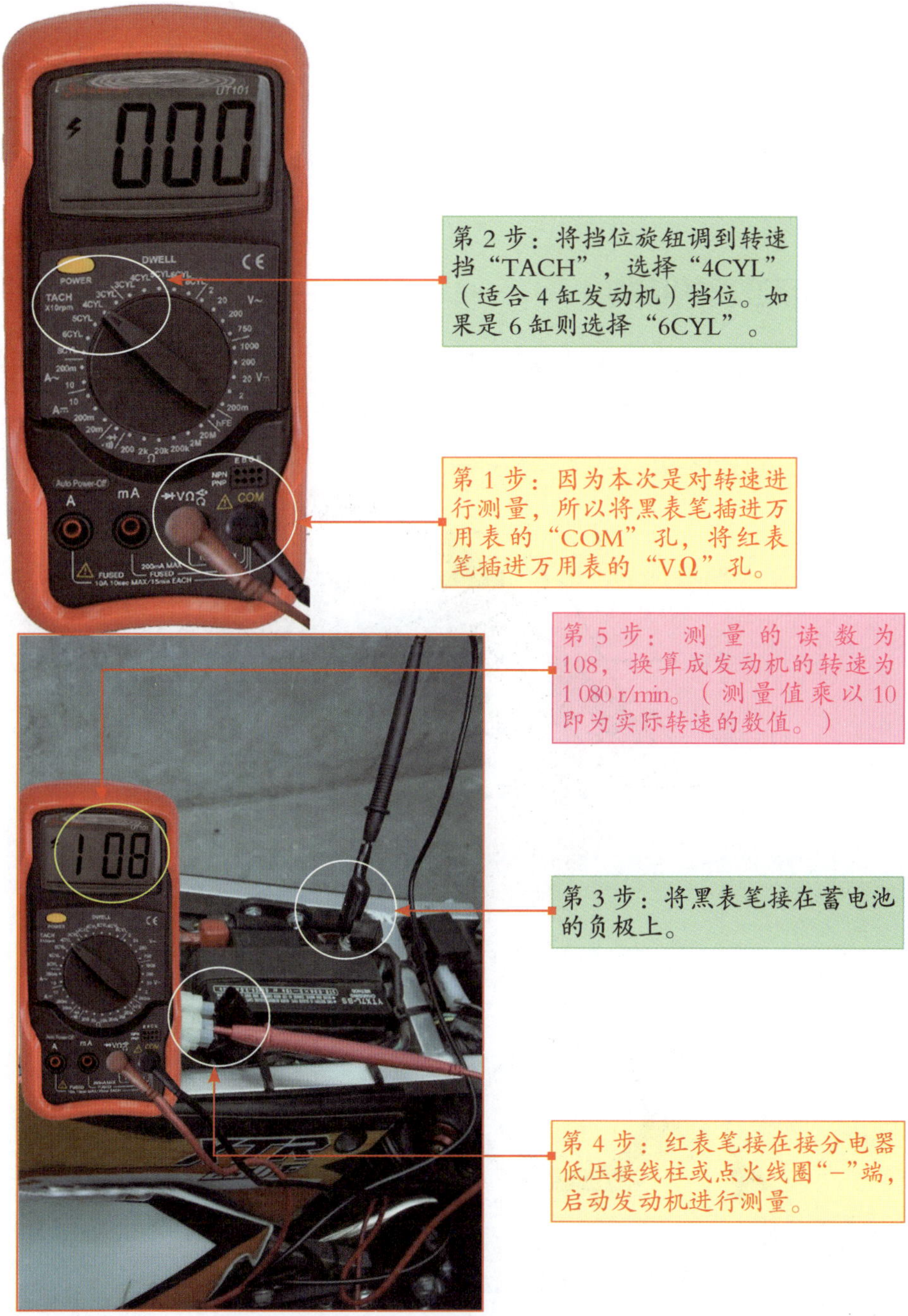


图 1-4　汽车万用表测量发动机转速

# 1.2 学会使用汽车示波器

汽车示波器，顾名思义就是用来检测汽车电子电路故障的示波器。汽车电路信号传输速率最大的就是 CAN 总线，汽车示波器的采样率一般为 20 ms/s。

汽车示波器在汽车电子控制故障诊断中，有两种应用方式：

方式一，分析整个系统运行状态，确定整个系统运行的情况。

方式二，分析某个电器或电路的故障，确定在整个系统运行正常的情况下，某个电器或某段电路的故障。

## 1.2.1 汽车示波器的结构

汽车示波器的种类较多，不过基本功能相同。汽车示波器主要由液晶显示屏、功能按键、各种插孔等组成，如图 1-5 所示（以 HDS2062 示波器为例）。

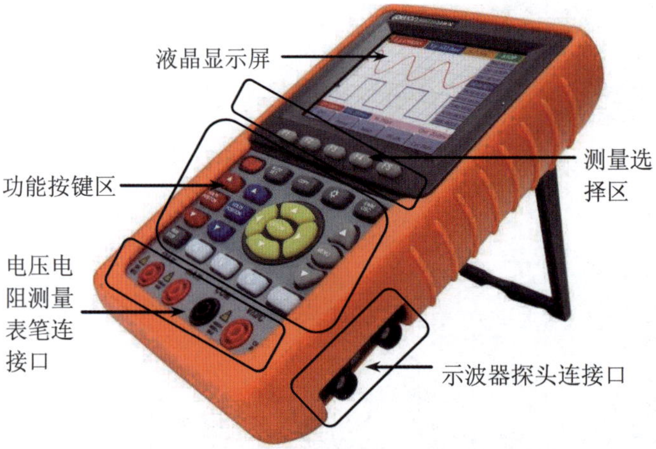


（a）汽车示波器面板组成结构

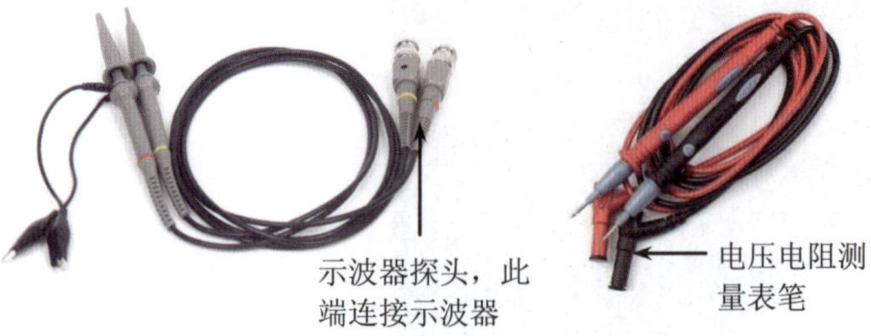


（b）汽车示波器连接线及测量表笔

图 1-5　汽车示波器的结构

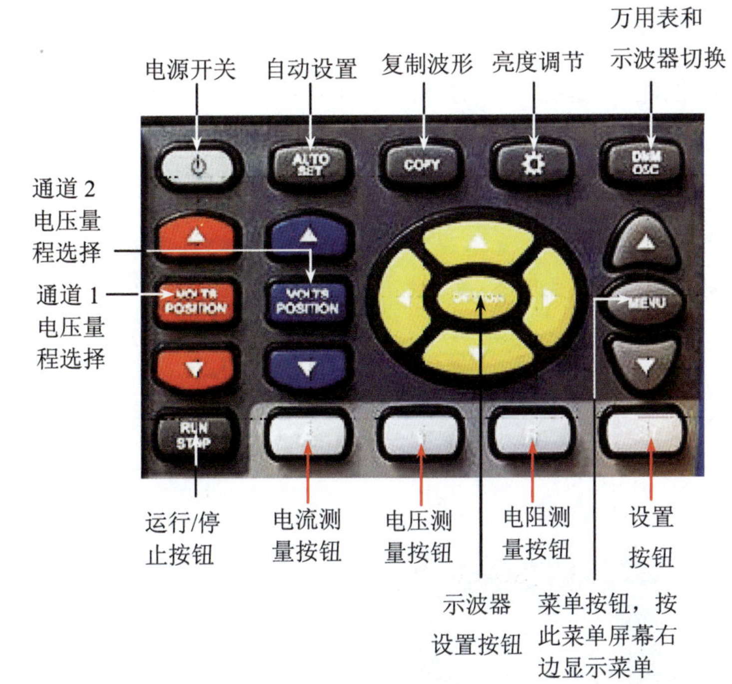


（c）示波器各个按键的功能

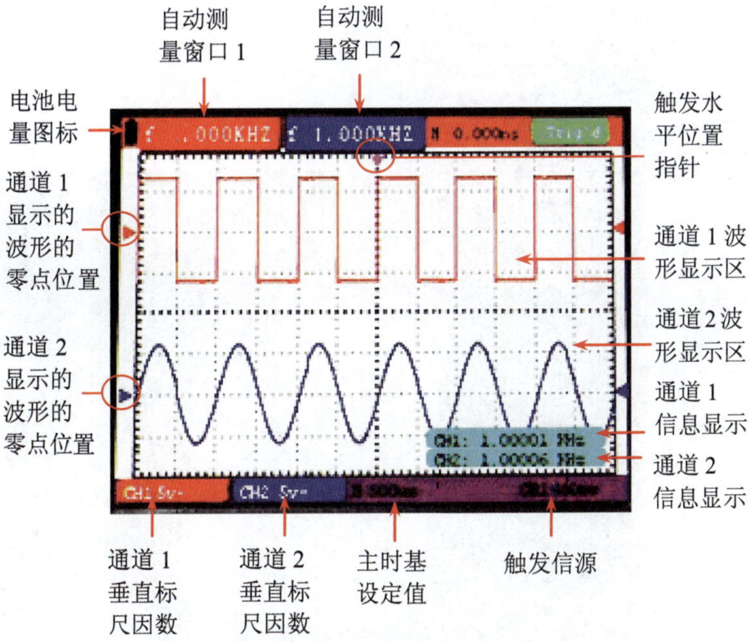


（d）汽车示波器显示信息含义

图 1-5　汽车示波器的结构（续）

## 1.2.2 汽车示波器使用方法

汽车示波器的使用方法如图 1-6 所示（以 HDS2062 示波器为例）。

提示：在使用示波器前最好看一下说明书再进行操作，说明书中会介绍本示波器的基本使用方法。

如果使用无说明书的手动设置示波器，首先应预置面板各开关、旋钮（包括亮度、聚焦等设置在中间位置，垂直输入耦合选择“AC”，垂直工作方式选择“CH1”，垂直灵敏度微调校正选择“CAL”等），然后按下电源开关，用探头进行测量。

接着调节亮度聚焦等旋钮，可出现纤细明亮的扫描基线，调节基线使其位于屏幕中间，与水平坐标刻度基本重合。调节轨迹旋转控制使基线与水平坐标平行。就可以看到测量的波形了。

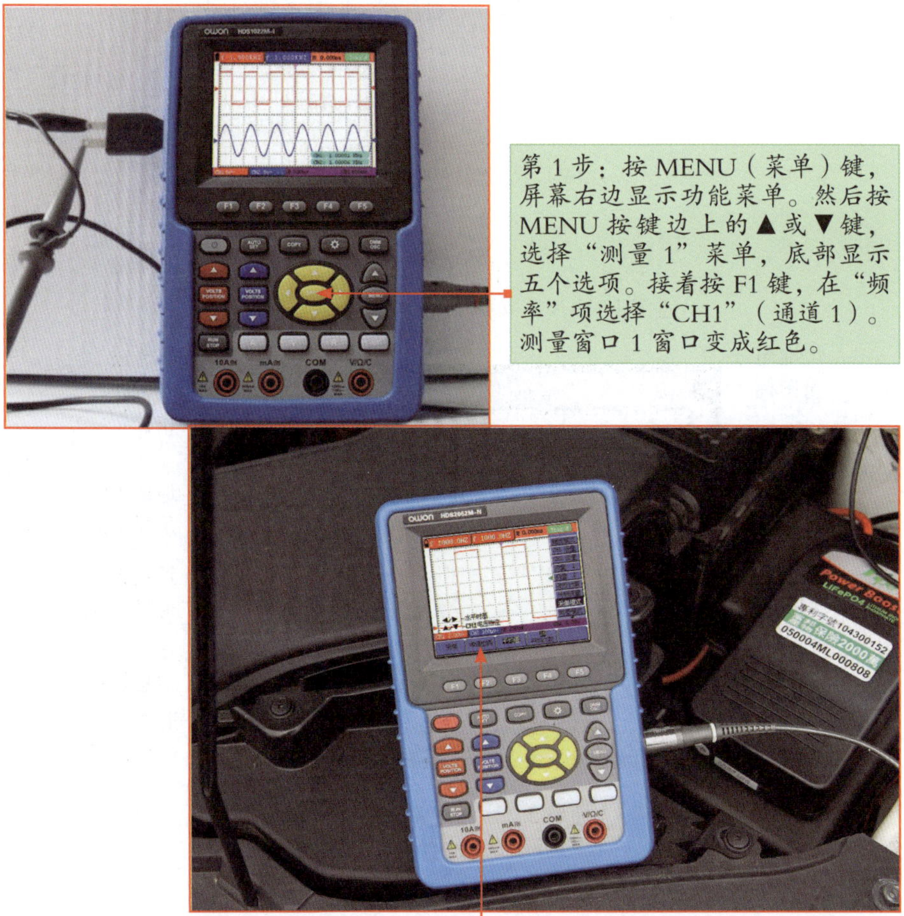


图 1-6 汽车示波器的使用方法

注意：测试点火高压线时，必须使用专用的电容探头，不能将示波器探头直接接入点火次级电路。

# 1.3 学会使用汽车故障诊断仪

汽车故障诊断仪又称汽车故障自检终端、汽车解码器。用户可以利用它迅速地读取汽车电控系统中的故障，并通过液晶显示屏显示故障信息，查明发生故障的部位及原因。

## 1.3.1　故障诊断仪的结构

汽车故障诊断仪的种类较多，不过基本功能相同，即读取故障码、清除故障码、读取发动机动态数据流等。汽车故障示波器主要由液晶显示屏、功能按键、各种插孔等组成，如图 1-7 所示。（以 KT600 故障诊断仪为例）

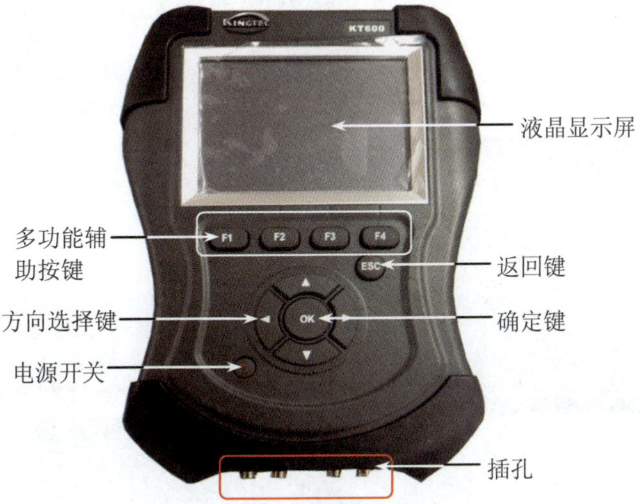


图 1-7　故障诊断仪的结构

## 1.3.2　故障诊断仪使用方法

汽车故障诊断仪的使用方法如图 1-8 所示。（以 KT600 故障诊断仪为例）

第 1 步：将诊断数据线插入故障诊断仪的诊断接口中。

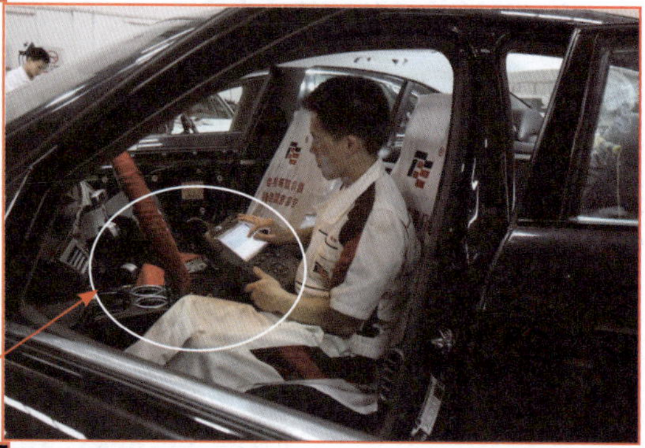

第 2 步：把故障诊断仪接口连接到汽车上。汽车的诊断接口一般都设置在转向盘下方驾驶员的膝盖位置。

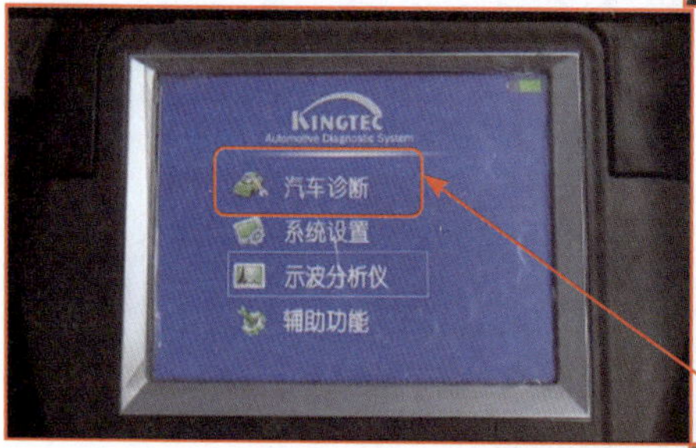


第 3 步：打开点火钥匙到 ON 挡，再打开故障诊断仪，接着按选择键选择汽车诊断，然后选择相对应车型及发动机型号。

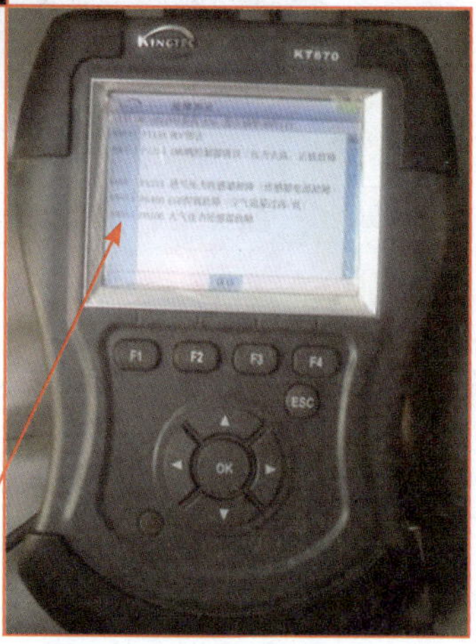


第 4 步：选择发动机系统，并选择读取故障码，然后退回，选择清除故障码，起动发动机再读取故障码。

图 1-8　汽车故障诊断仪的使用方法

# 第2章 汽车电路必知必会的基本知识

汽车电子化可以说是汽车技术发展的一次革命。电子装置在整车成本中的占比，从20世纪90年代的10%~20%，发展到今天的50%以上。电子化程度也已经成为衡量汽车水平的重要标准，因此电路知识也是汽车维修的必修课。

# 2.1 汽车电路基础知识

汽车电路是汽车控制系统的核心，掌握汽车电路的运行原理是汽车维修的基础工作，因此就必须首先理解电路中的电流、电压、电阻等基本概念，了解直流电路和交流电路的工作原理。

## 2.1.1 汽车电路基本概念

电流、电压、电动势、电阻、电容、电感、频率这些都是我们耳熟能详的名词，但作为电的概念和技术参数，它们究竟代表了什么？表 2-1 中列出了汽车电路的一些基本概念。

**表 2-1 汽车电路的一些基本概念**

| | |
|---|---|
| 电流 | 电荷的定向移动，就形成了电流。我们日常使用的电器，都是因为电流才能产生光、热或机械运动的 |
| 电动势 | 电动势是电源将能量转化为电能的能力，单位正电荷从电源负极移动到电源正极时所做的功，就是电源的电动势。用符号*E*表示，单位是伏[特]（V） |
| 电压 | 电压即电势差或电位差，是衡量单位电荷在静电场中由于电势不同所产生的能量差的物理量。其大小等于单位正电荷因受电场力作用从A点移动到B点所做的功，电压的方向规定为从高电位指向低电位的方向。电压的单位是伏[特]（V），常用的单位还有毫伏（mV）、微伏（μV）、千伏（kV）等 |
| 电流 | 电流是指单位时间内通过导体某一截面的电荷量。电流的单位为安[培]（A），常用的单位有毫安（mA）、微安（μA） |
| 电阻 | 电阻是导体对电流阻碍作用的大小。导体的电阻越大，表示导体对电流的阻碍作用越大。不同导体的电阻也不同，电阻是导体本身的一种特性。用符号*R*表示，单位是欧[姆]（Ω） |
| 电容 | 电荷在电路中会从正极向负极移动，但当导体之间有了介质，则阻碍了电荷移动时，电荷就会累积在导体上，造成电荷的累积储存。电容是表征导体由于带电而引起本身电势改变的物理量。用符号*C*表示，单位是法[拉]（F） |
| 电感 | 当电流流过线圈时，线圈中会形成感应磁场，感应磁场又会产生感应电流抵消通过线圈中的电流，这种相互作用就称为电感。单位是亨[利]（H） |
| 频率 | 振动物体往复运动的频繁程度就是频率。单位是赫[兹]（Hz） |
| 直流电 | 大小和方向不做周期性变化的电流称为直流电。最常见的直流电源是电池 |
| 交流电 | 大小和方向随时间做周期性变化的电压或电流称为交流电。家庭用电就是最常见的交流电，我国交流电供电标准是220 V、50 Hz |

## 2.1.2 直流电路和交流电路

直流电路的原理与用途如图 2-1 所示。

直流电路就是电流方向不随时间而改变的电路，电路中电流的大小可以改变，但电流的方向不会发生改变。

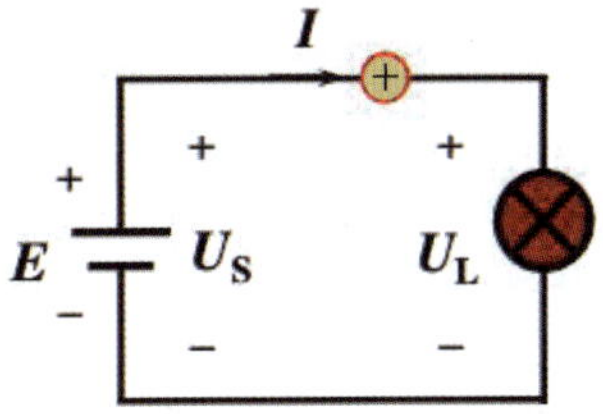


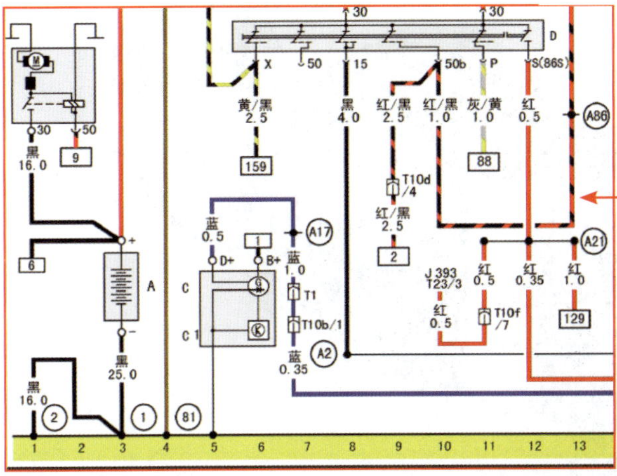


我们日常生活中有很多直流电路，比如手电筒就是由干电池、开关、灯泡组成的直流电路。汽车中几乎所有电路都是直流电路，比如汽车喇叭就是由蓄电池、交流发电机（经过整流）、开关、喇叭组成的直流电路。低电压电器普遍都使用直流电，尤其使用电池或蓄电池作为电源的电路。

图 2-1　直流电路

交流电路的原理和用途如图 2-2 所示。

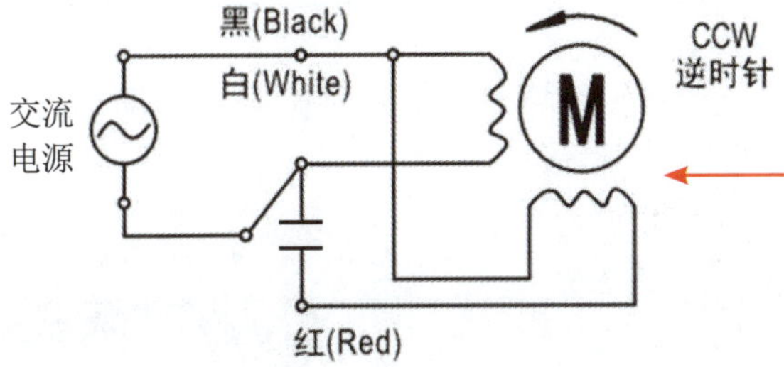


交流电路是由周期性交变电源供电且处于稳定状态下的电路。生活中使用民用电的大部分电器都是使用交流电，比如洗衣机、电风扇等等。

图 2-2　交流电路

## 2.2 汽车电路中的电子元器件

汽车电路中除了发电机、照明灯这样的设备外，还有着很多像二极管这样的小型和微型电子设备，我们称之为电子元器件。本节我们介绍汽车电路中常用的一些电子元器件。

### 2.2.1 电阻器

电阻器是电路中最常用的一种元件，通常简称电阻。在电路中主要是起着缓冲、负载、分压、分流、保护的作用。汽车中的电阻器如图 2-3 所示。

图 2-3　汽车中的电阻器

### 2.2.2 电容器

电容器也是最基本的电子元件之一。在电路中主要起到调谐、滤波、耦合、旁路、能量转换和延时等作用。汽车中的电容器如图 2-4 所示。

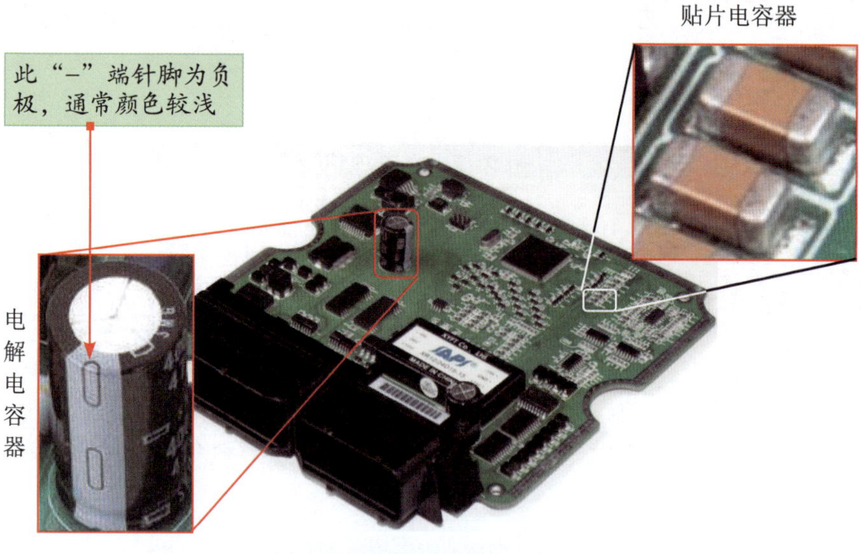


图 2-4　汽车中的电容器

## 2.2.3　电感器

电感器是能够把电能转化为磁能而存储起来的元件。汽车中的电感器如图 2-5 所示。

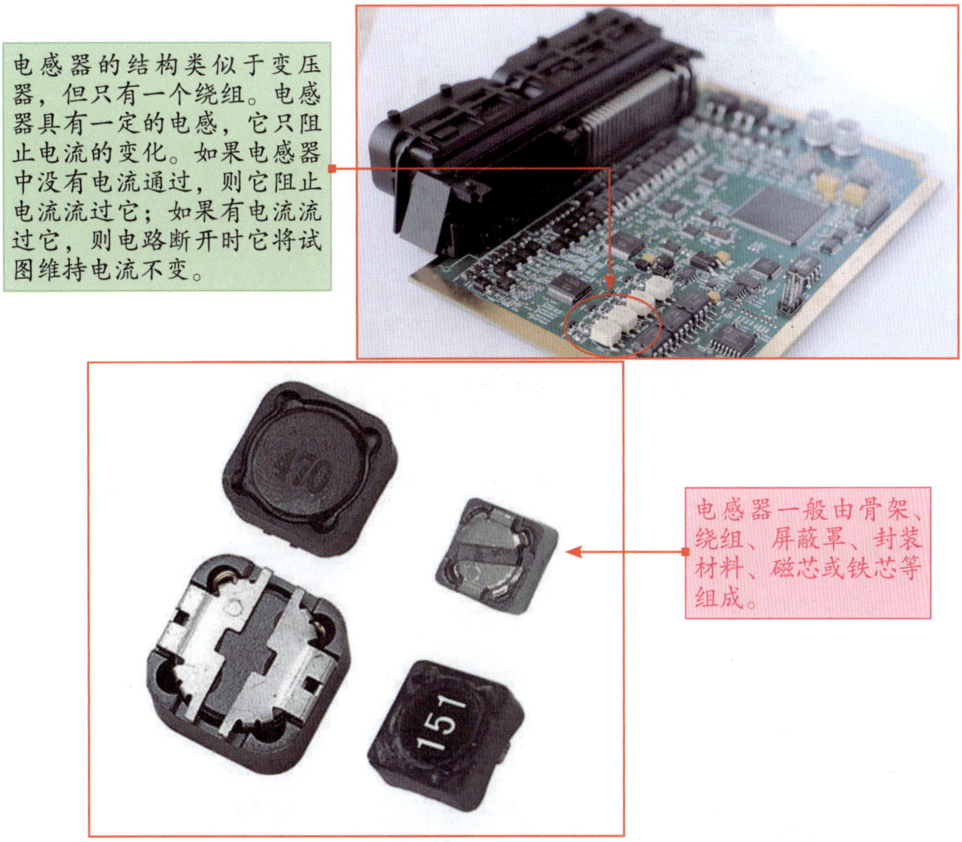


图 2-5　汽车中的电感器

## 2.2.4　二极管

二极管由 PN 结和引线组成，在电路中主要起着整流、检波、稳压、阻尼等作用。汽车中的二极管如图 2-6 所示。

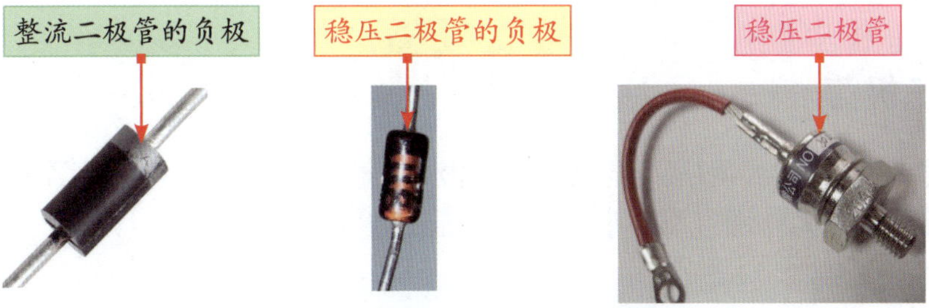


图 2-6　汽车中的二极管

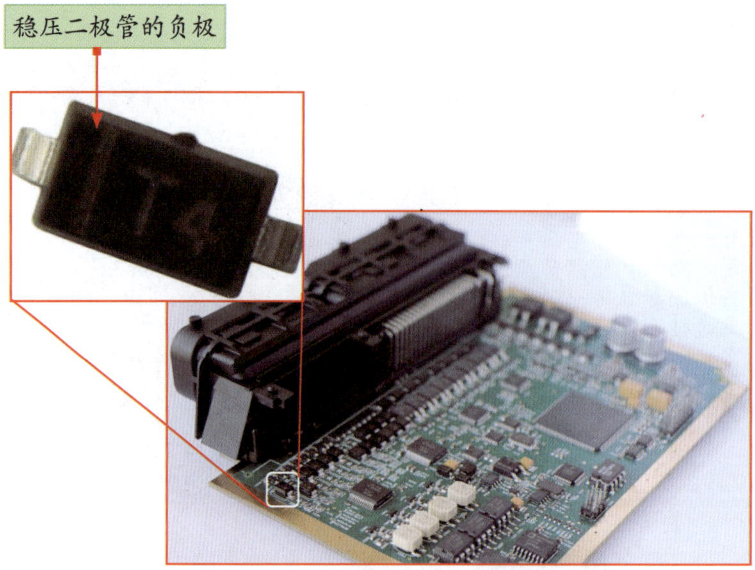


图 2-6　汽车中的二极管（续）

## 2.2.5　发光二极管

发光二极管也是二极管的一种，它的特点是接通后可以发光，所以在电路中通常可代替灯泡作为发光设备使用。汽车中的发光二极管如图 2-7 所示。

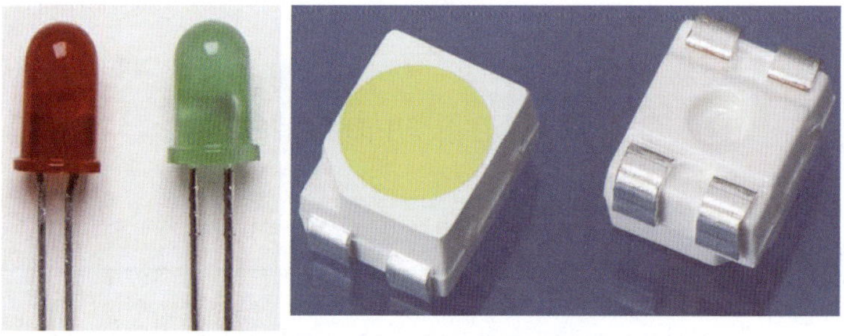

图 2-7　汽车中的发光二极管

## 2.2.6　三极管

三极管有两个 PN 结和三个电极（发射极、基极、集电极）。在电路中主要起到电流放大和电子开关的作用。汽车中的三极管如图 2-8 所示。

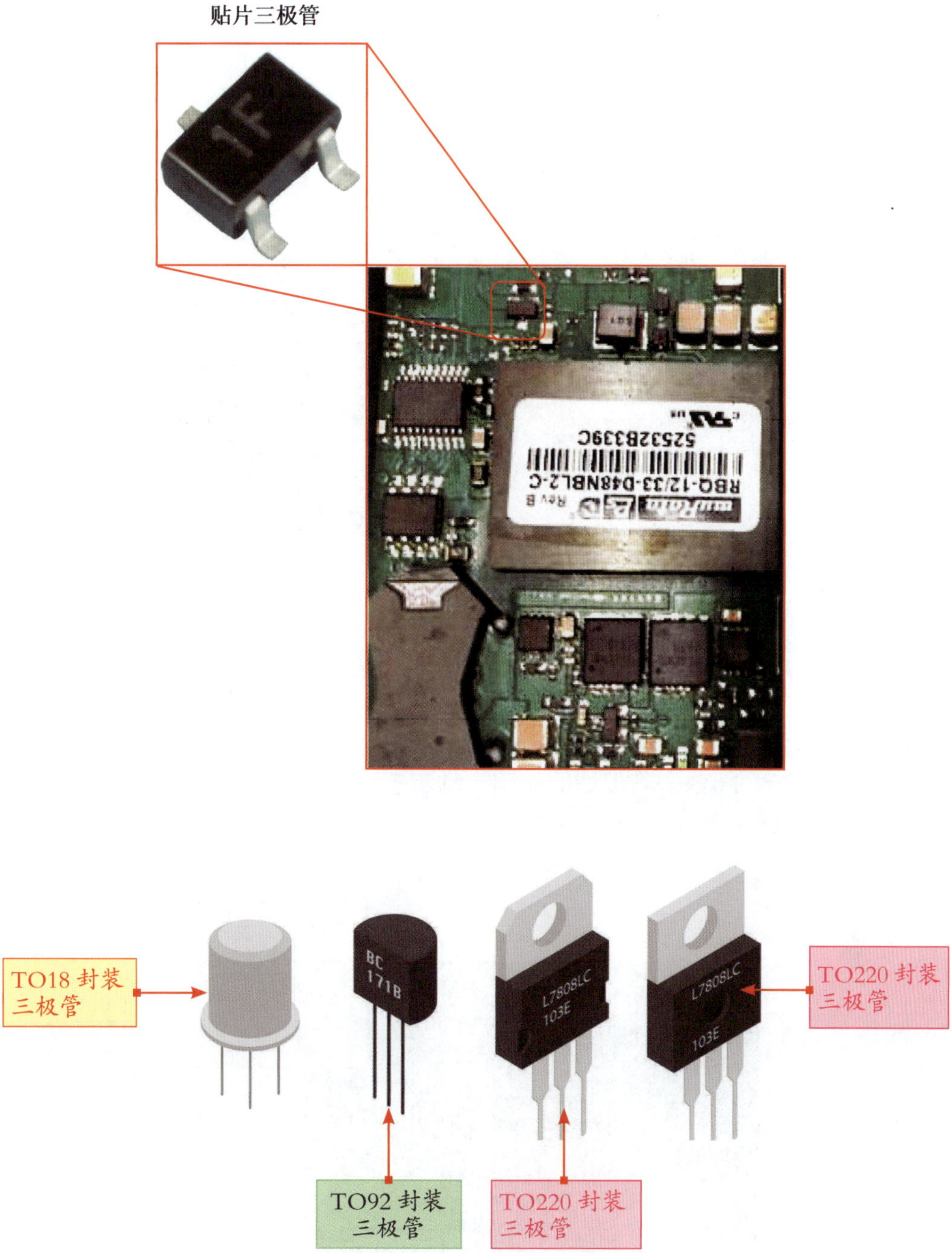


图 2-8 汽车中的三极管

## 2.2.7 继电器

继电器是一种电控制器件，是当输入量（激励量）的变化达到规定要求时，在电气输出电路中使被控量发生预定的阶跃变化的一种电器。汽车继电器如图 2-9 所示。

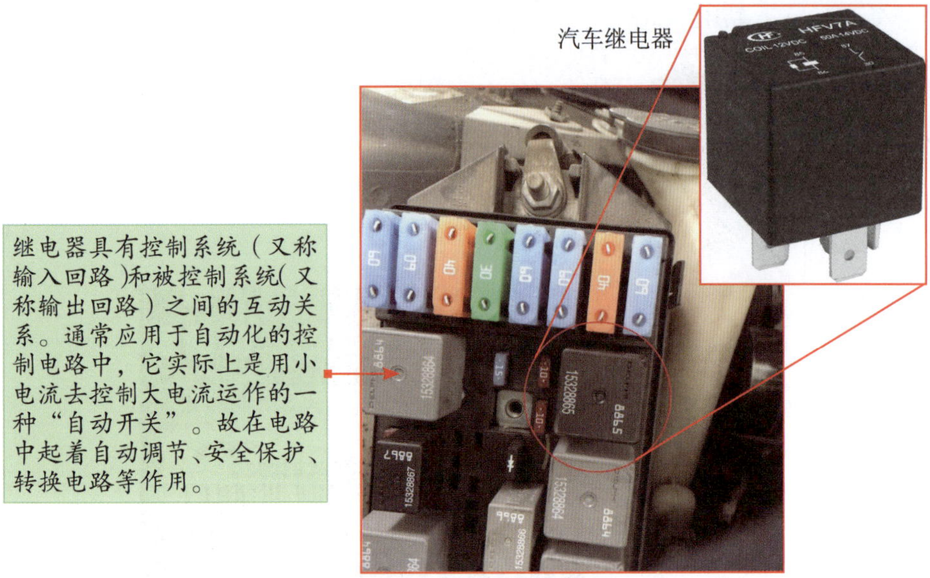


图 2-9　汽车继电器

## 2.2.8　熔丝（保险丝）

汽车熔丝（保险丝）是电流熔丝的一种，当电路电流超过熔丝额定电流的 2 倍时就会在几秒内熔断，起到电路保护的作用。常用于汽车电路过流保护，也用于工业设备的过流保护。汽车熔丝如图 2-10 所示。

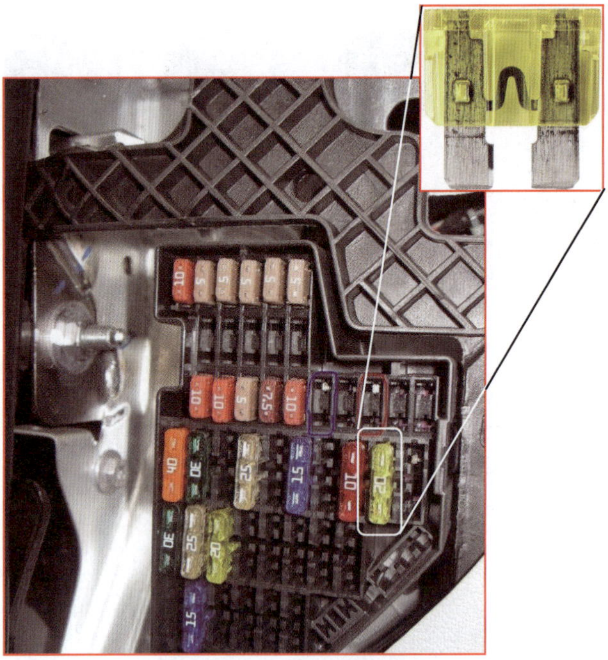


图 2-10　汽车熔丝

## 2.2.9　蜂鸣器

蜂鸣器是一种一体化结构的电子讯响器，采用直流电压供电。在电路中起到发声、报警等作用。汽车中的蜂鸣器如图 2-11 所示。

(a) 有源蜂鸣器　(b) 有源蜂鸣器　(c) 无源蜂鸣器

图 2-11　小型蜂鸣器

## 2.2.10　传感器

汽车传感器是汽车计算机系统的输入装置，它把汽车运行中各种工况信息，如车速、各种介质的温度、发动机运转情况等，转化成电信号输给计算机，以便发动机处于最佳工作状态。汽车传感器如图 2-12 所示。

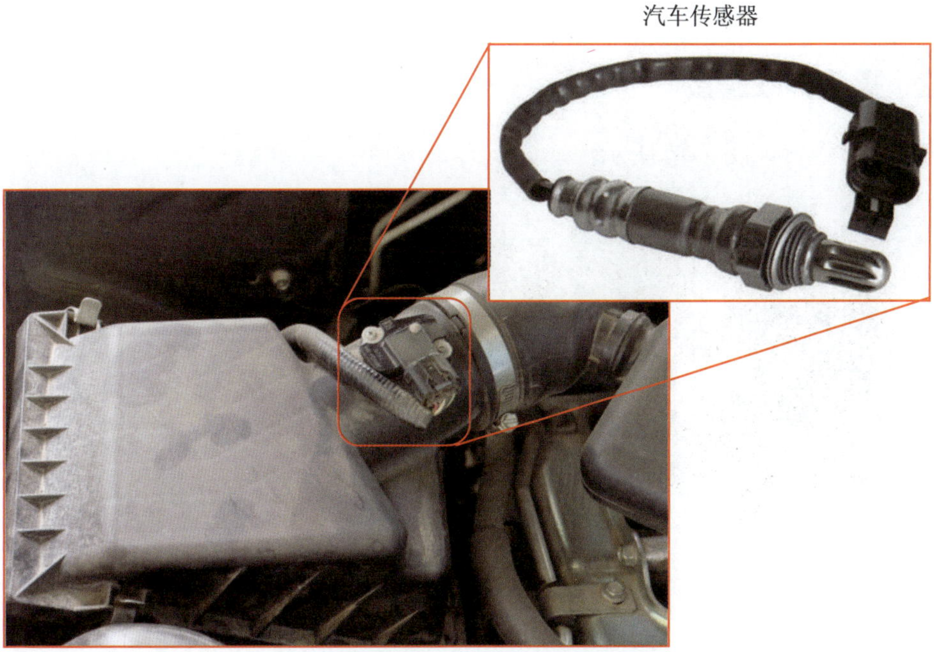


图 2-12　汽车传感器

# 2.3 汽车电路的特点

汽车电路与我们家用电器的电路有着很多的不同之处。相比家用电器，汽车电路相对简单；但它有着许多适合汽车自己的特点，例如低压直流、并联连接、负极搭铁以及线缆连接等，下面我们一一讲解。

## 2.3.1 采用低压直流

汽车电路采用低压直流电路如图 2-13 所示。

汽车电压有 6V、12V、24V 等三种，都属于安全电压 36V 之内，进行带电操作一般不会对人体造成危害。汽车由蓄电池和交流发电机经过整流后输出的直流电提供供电。

图 2-13　采用低压直流并联的汽车电路

## 2.3.2 采用并联连接

汽车电路连接如图 2-14 所示。

汽车电路上的各系统，分别与电源并联连接，这样一个系统电路故障，也不会影响到其他电路的正常使用。

图 2-14　汽车电路

## 2.3.3 负极搭铁

汽车上的电器都采用负极搭铁的连接方式，如图 2-15 所示。

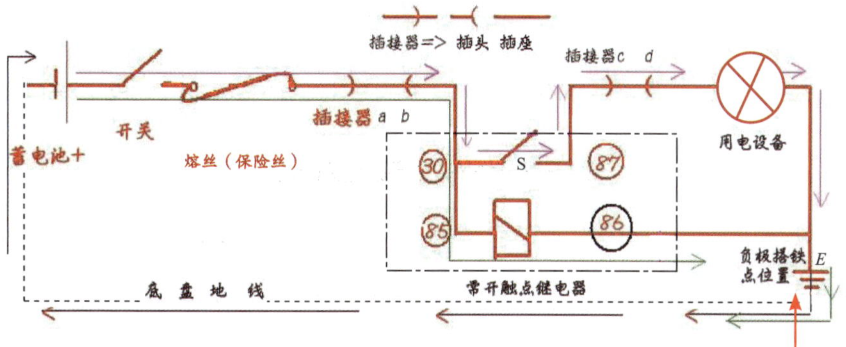


汽车上的电器都采用负极搭铁的连接方式，将蓄电池和发电机的负极直接与车体相连，这样可以将整个车体构架当作一根大的导线使用。其他电器的负极也同样采用负极搭铁，这样就形成了电源→导线→用电器→搭铁的单线连接回路。

图 2-15 汽车搭铁电路

## 2.3.4 汽车用导线和线束

汽车电路网络的主体是导线和线束，没有导线也就无法形成汽车电路了。无论是高级豪华轿车还是普通经济型汽车，都是使用导线、联插件、包裹胶带组成的线束来进行连接的，如图 2-16 所示。

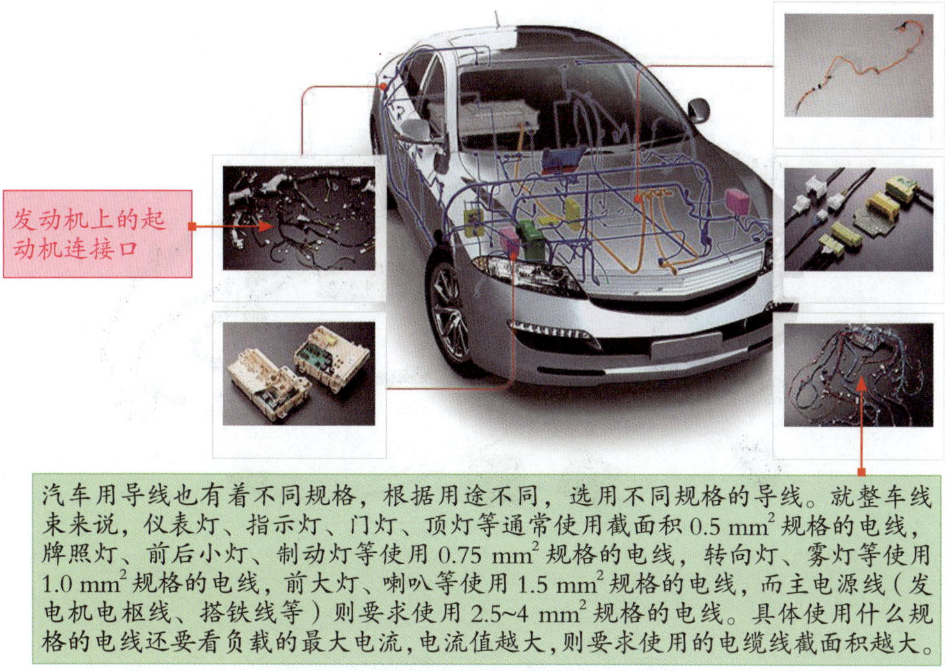


汽车用导线也有着不同规格，根据用途不同，选用不同规格的导线。就整车线束来说，仪表灯、指示灯、门灯、顶灯等通常使用截面积 0.5 $mm^2$ 规格的电线，牌照灯、前后小灯、制动灯等使用 0.75 $mm^2$ 规格的电线，转向灯、雾灯等使用 1.0 $mm^2$ 规格的电线，前大灯、喇叭等使用 1.5 $mm^2$ 规格的电线，而主电源线（发电机电枢线、搭铁线等）则要求使用 2.5~4 $mm^2$ 规格的电线。具体使用什么规格的电线还要看负载的最大电流，电流值越大，则要求使用的电缆线截面积越大。

图 2-16 汽车用导线和线束

除了规格，还可以通过线缆的颜色进行区分。我国规定汽车电气系统，分别使用不同颜色的导线进行连接，每一型号汽车都不相同。但主要是使用单色线和主色加辅色的双色线。一般用红色和黑色来表示电源线的正极和负极搭铁，如表 2-2 所示。

表 2-2　汽车线缆颜色对照表

| 序号 | 线缆颜色 | 线缆代号 | 常用电气系统 |
|---|---|---|---|
| 1 | 黑 | B | 电气、电源搭铁 |
| 2 | 白 | W | 点火、起动系统 |
| 3 | 红 | R | 电源系统 |
| 4 | 绿 | G | 灯光信号系统（包括转向灯） |
| 5 | 黄 | Y | 车身内部照明系统 |
| 6 | 棕 | Br | 仪表、喇叭及报警指示系统 |
| 7 | 蓝 | Bl | 前照灯、雾灯及其他外部照明系统 |
| 8 | 灰 | Gr | 辅助电动机、电气操纵系统 |
| 9 | 紫 | V | 音响、点烟器、辅助装置系统 |
| 10 | 橙 | O | — |

此外还有双色线缆，比如黑白色（BW）。一种颜色是主色，另一种颜色是线缆上的色带或色环。

整车电路主要由主线束和分支线束组成，如图 2-17 所示。

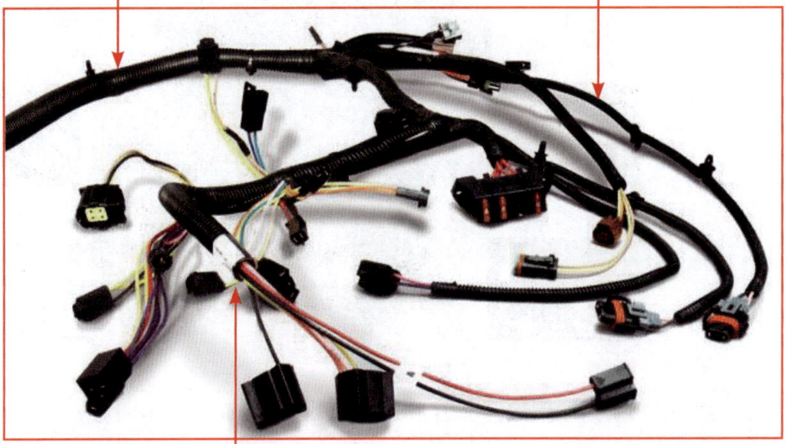


图 2-17　主线束和分支线束

线束与线束、线束与用电器接线端通过接插件或线耳进行插接。接插件分为插头和插座，通常成对使用。接线铜环则是配合接线柱使用，如图 2-18 所示。

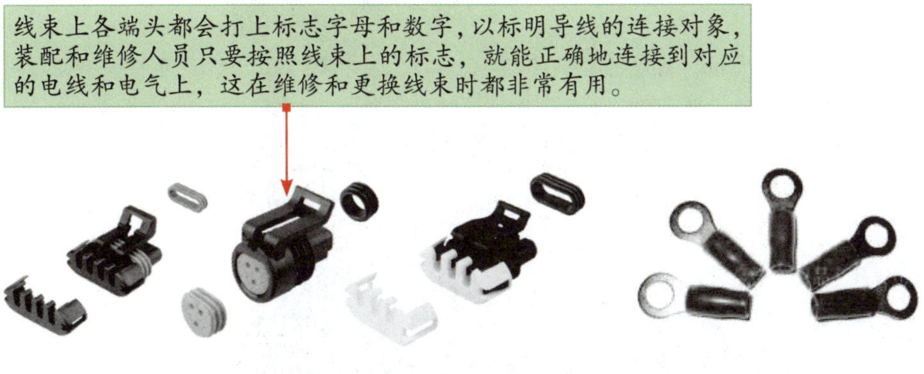


图 2-18　汽车线束接插件和接线铜环

随着汽车功能的增加，以及电子控制技术的普遍应用，电子元器件越来越多，电线也会越来越多，线束也就变得粗重。有些汽车开始引入了 CAN 总线配置，采用多路传输系统。与传统线束比较，多路传输装置大大减少了导线及联插件数目，使布线更为简易，如图 2-19 所示。

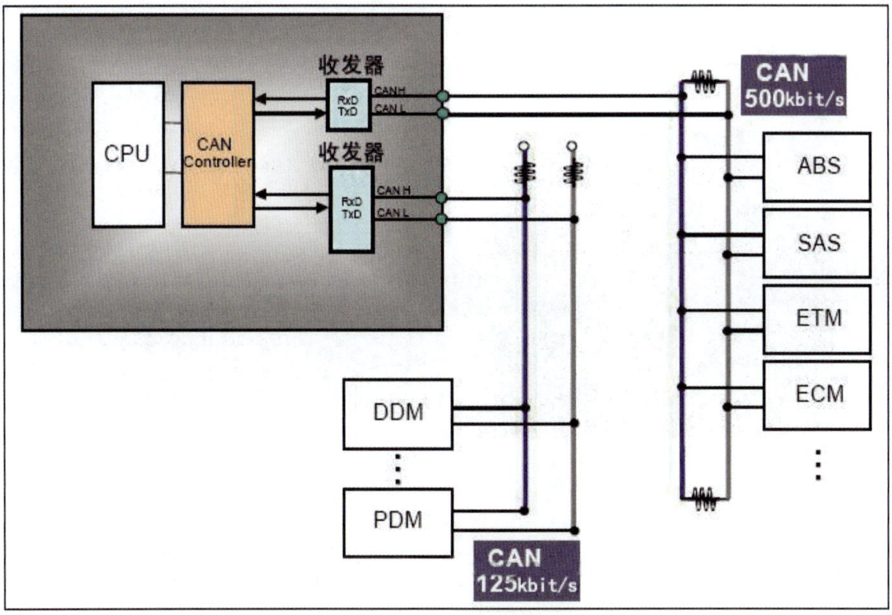


图 2-19　CAN 总线系统

## 2.3.5　汽车中央接线器

现代汽车中，为了减少连线，越来越多地使用中央接线器，如图 2-20 所示。

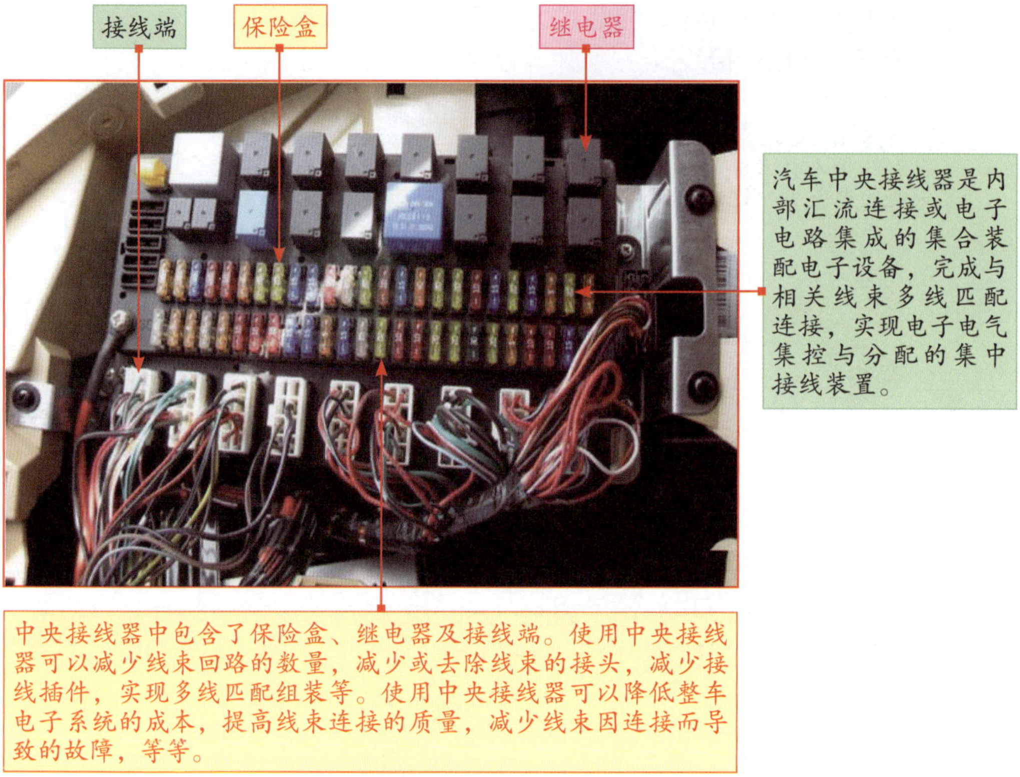


图 2-20　汽车中央接线器

下面我们认识一下中央接线器中各元器件的功能，如图 2-21 所示。（以大众迈腾为例）

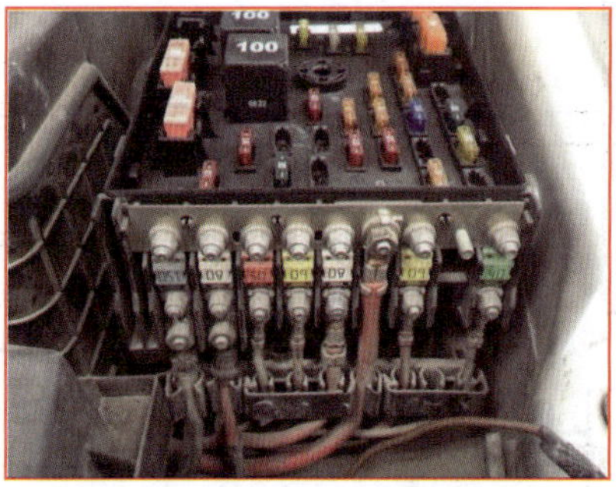

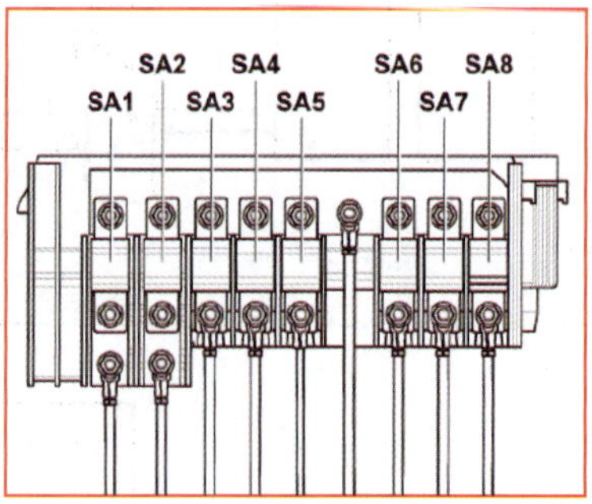


| 名称 | 额定值/A | 功　　能 |
|---|---|---|
| SA1 | 150 | 三相交流发电机 |
| SA2 | 80 | 电控机械式转向助力器电机 |
| SA3 | 80 | 散热器风扇控制单元 |
| SA4 | 100 | 继电器支架上的辅助熔丝 |
| SA5 | 80 | 右侧熔丝架 |
| SA6 | 100 | 左侧熔丝架 |
| SA7 | 60 | 副蓄电池充电线 |
| SA8 | 40 | ABS控制单元 |

图 2-21　中央接线器中各元器件的功能

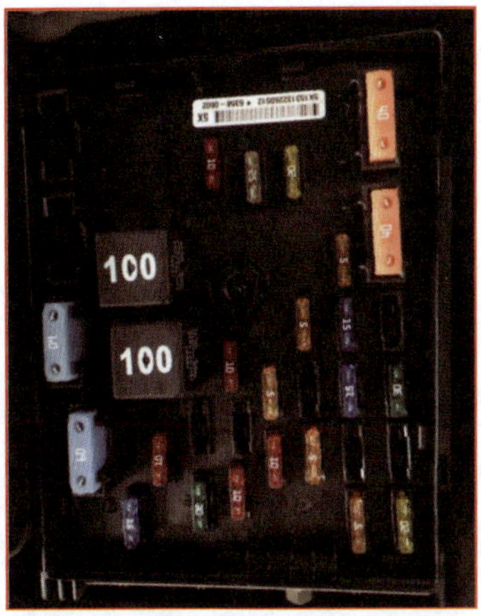


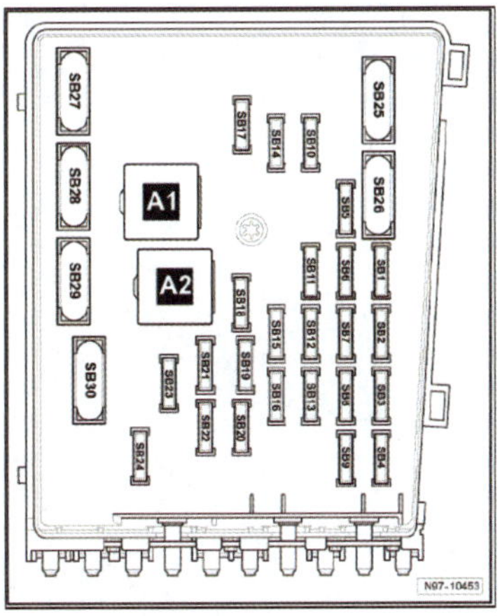


| 名称 | 额定值/A | 功　能 |
|---|---|---|
| SB1 | 7.5 | 多媒体系统控制单元 |
| SB2 | 30 | ABS控制单元 |
| SB3 | 20 | 高音喇叭 |
| SB4 | 20 | 舒适系统中央控制单元 |
| SB5 | 5 | 蓄电池监控装置控制单元 |
| SB6 | 5 | 自动变速箱控制单元 |
| SB7 | 15 | 收音机 |
| SB8 | 30 | 双离合器变速箱机械电子单元 |
| SB9 | 5 | 转向柱电子装置控制单元 |
| SB10 | 20 | 燃油泵继电器 |
| SB11 | 5 | 组合仪表控制单元 |
| SB12 | 5 | 移动电话操作控制单元 |
| SB13 | 10 | 供电继电器 |
| SB14 | 30 | 发动机控制单元 |
| SB15 | 10 | 数据总线诊断接口 |
| SB16 | 10 | 废气再循环阀 |
| SB17 | 10 | 油箱锁止阀 |
| SB18 | 5 | 冷却液继续循环泵 |
| SB19 | 30 | 功率放大器 |
| SB20 | 5 | 离合器位置传感器 |
| SB21 | 20 | 辅助加热装置控制单元 |
| SB22 | 30 | 刮水器电机控制单元 |
| SB23 | 10 | 散热器风扇控制单元 |
| SB24 | 10 | 氧传感器加热装置 |
| SB25 | 40 | 车载电源控制单元 |
| SB26 | 40 | 右侧停车灯 |
| SB27 | 60 | 加热式风窗玻璃（挡风玻璃） |
| SB28 | 40 | 二次空气泵电机 |
| SB29 | 50 | 车载电源控制单元 |
| SB30 | 50 | 预热时间自动装置控制单元 |
| A1 | — | 二次空气泵继电器 |
| A2 | — | 接线端30的供电继电器 |

图 2-21　中央接线器中各元器件的功能（续）

# 第3章

# 轻松搞定汽车电路图

汽车电路图用规定的符号代表汽车电路中各种元件、器件、导线等。能够看懂汽车电路图并透彻理解汽车电路工作原理，对检测和维修汽车都是至关重要的。

## 3.1 汽车原理图

汽车原理图简称框图，是用简明的方框进行绘制，主要目的是说明各个部分之间的相互关系，不必画出每个元器件和它们之间的连接情况，如图 3-1 和图 3-2 所示。

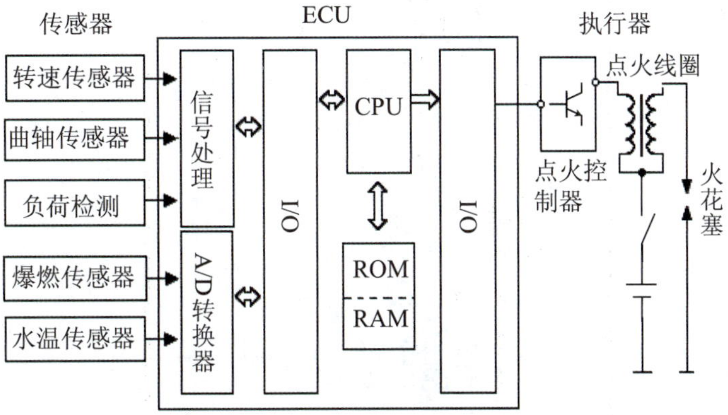


图 3-1　电控点火系统工作原理框图

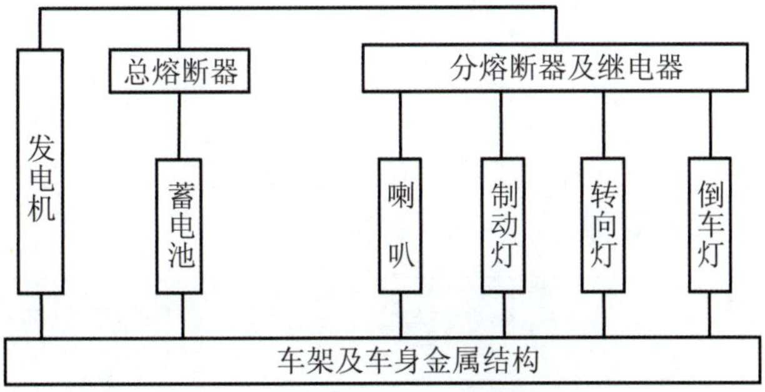


图 3-2　信号系统工作原理框图

## 3.2 汽车安装定位图

汽车安装定位图是用于指示汽车中各电器及导线的具体位置的图形。一般采用立体图或实物照片的形式，立体感强，能直观、清晰地反映电器在车上的实际位置，具有很高的实用价值，对于装配和维修人员尤为重要。

安装定位图有时组合使用，有时还可以具体细分为电器定位图、线束图、线路连接器插脚图和接线盒分布图。

### 3.2.1 电器定位图

电器定位图的作用：确定各电器元件、连接器、接线盒、搭铁点、铰接点及诊断座等的分布位置。电器定位图如图 3-3 所示。

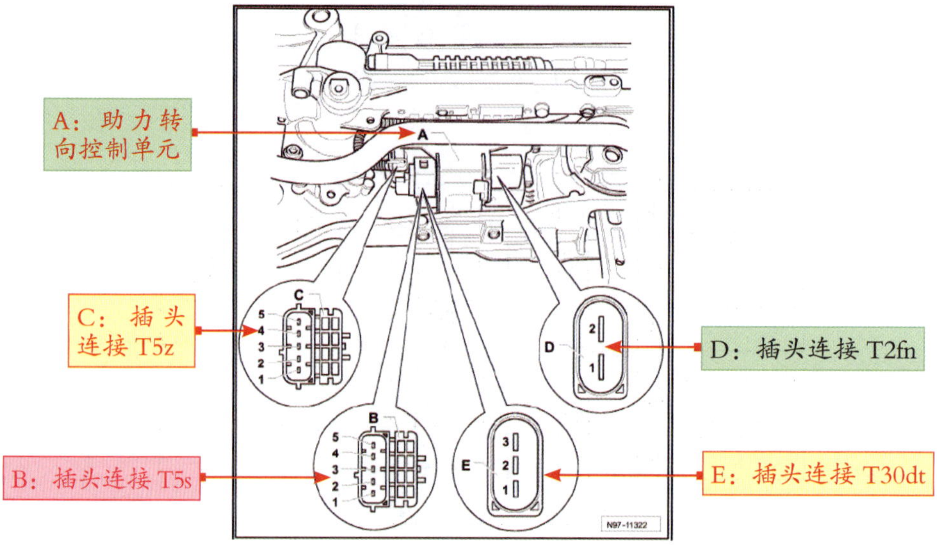


图 3-3　大众迈腾插头定位图

### 3.2.2 线束图

线束图的作用是确定电线束与各用电器的连接部位、接线柱的标记、线头、连接器的形状及位置。汽车线束图如图 3-4 所示。

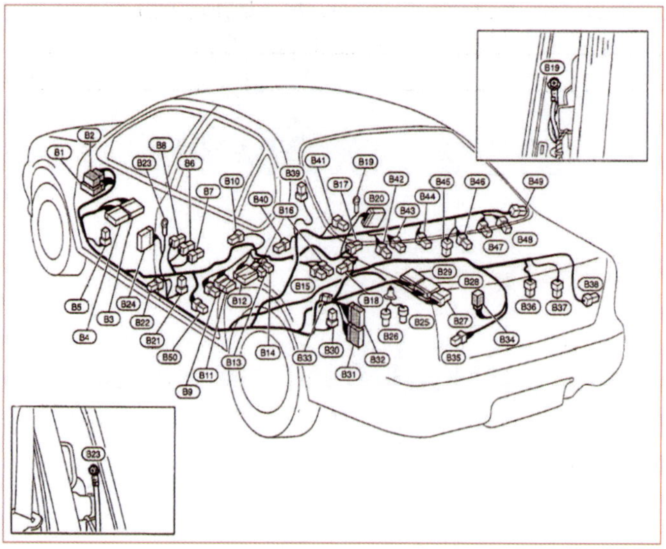

图 3-4　汽车线束图

### 3.2.3 线路连接器插脚图

线路连接器插脚图的作用是确定连接器内各导线的连接位置，图 3-5 为电动后视镜线路连接器插脚图。

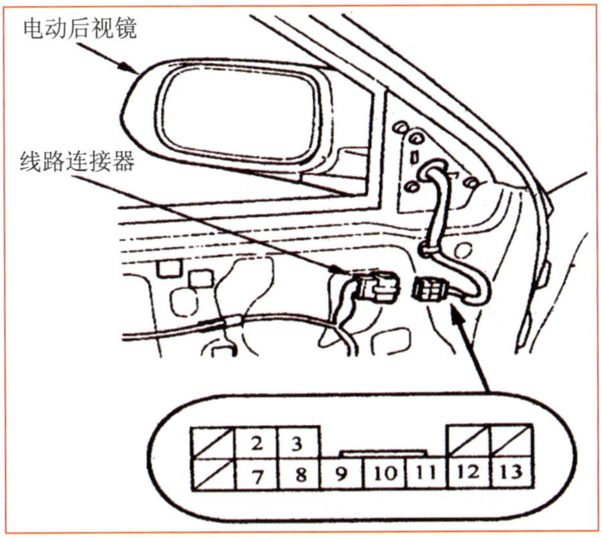


图 3-5 电动后视镜线路连接器插脚图

### 3.2.4 接线器分布图

中央接线器是汽车上重要的电路中枢，为了更好地描述中央接线器的接线位置，常用接线器分布图来表示各接线位置、熔丝和继电器的分布情况，如图 3-6 所示。

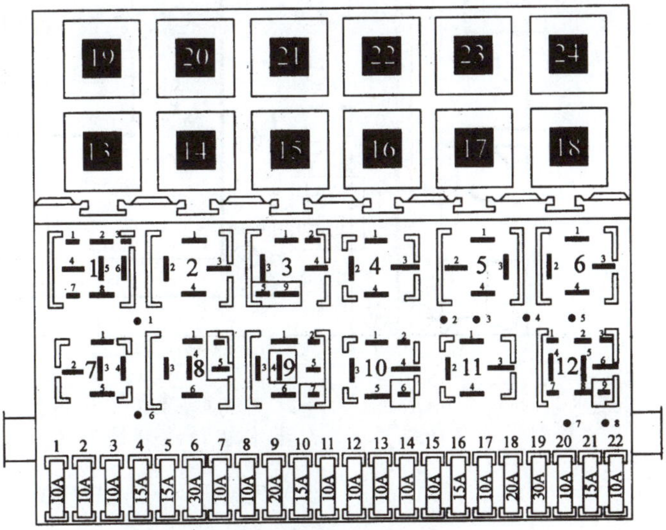

图 3-6 接线器分布图

# 3.3 汽车电路图

汽车电路图是汽车电工最常用的工具。它是用规定的符号代表汽车电路中各种元件、器件装置，表示所组成的电路的图。

为了使电路图具有通用性，便于交流，组成电路图的图形和文字符号不是随意绘制的，而是要严格遵循国际标准或国家标准。

要想看懂电路图就必须了解电路图的组成和图形文字符号代表的含义，以及电路图的标注原则和使用方法。

## 3.3.1 汽车电路图的组成

汽车电路图由图形符号、文字符号和代表电缆线的连接线组成。其中，图形符号是电气技术领域中最基本的工程语言，是一种概念性的图形、标记或文字。它包括基本符号、一般符号和明细符号，如图 3-7 所示。

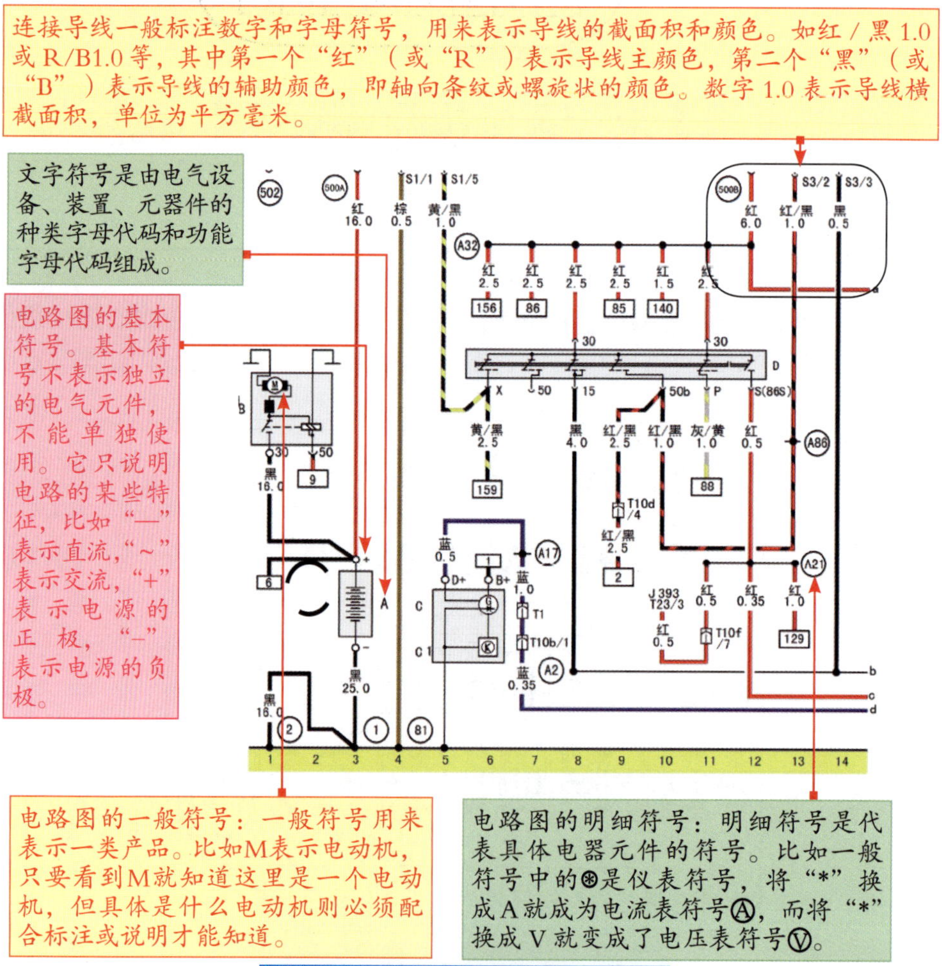


图 3-7　汽车电路图的组成

## 3.3.2　汽车电路图常用符号

想要看懂电路图，就必须认识电路图中的各种符号，清楚各种图形符号所代表的含义；下面我们就来认识一下汽车电路图中的一些常见图形符号，这里我们仅仅通过图 3-8 向读者展示常见符号在具体电路图的表达，完整的汽车电路图符号表格请大家从本书的下载包中获取学习。

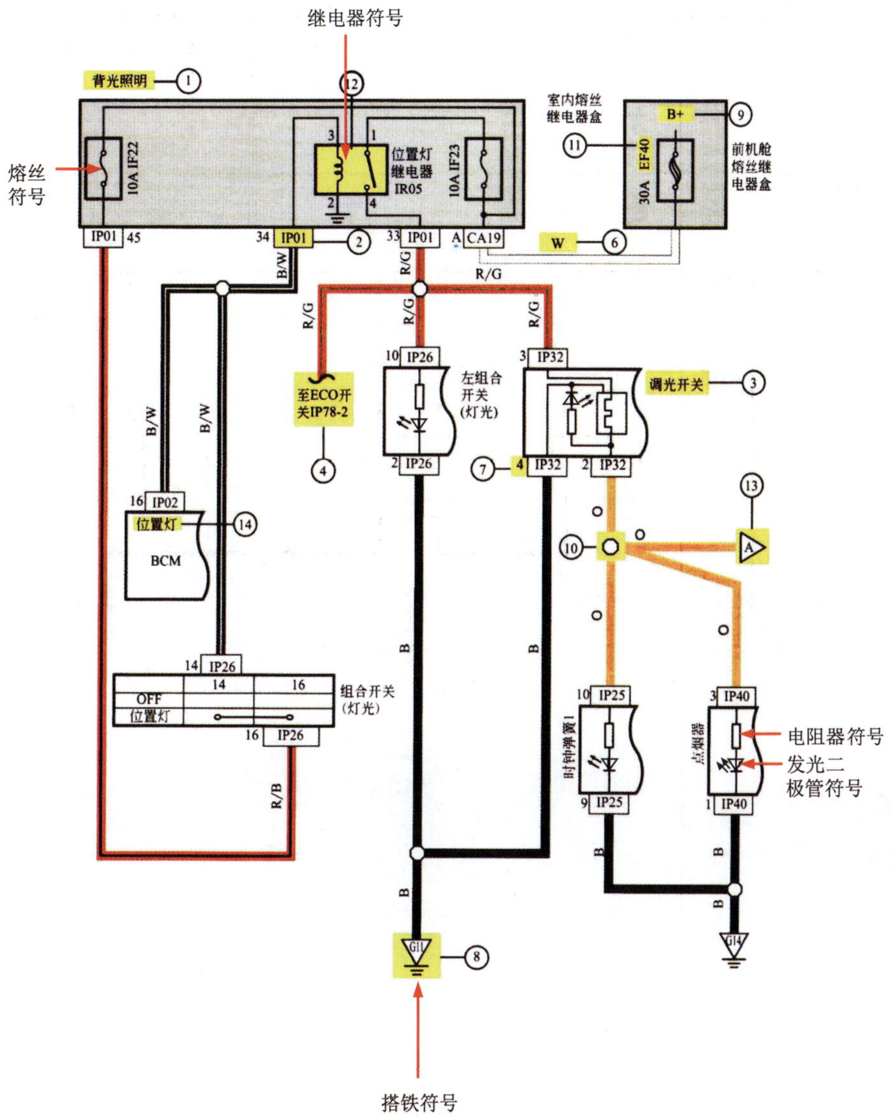


图 3-8　汽车电路图中的图形符号

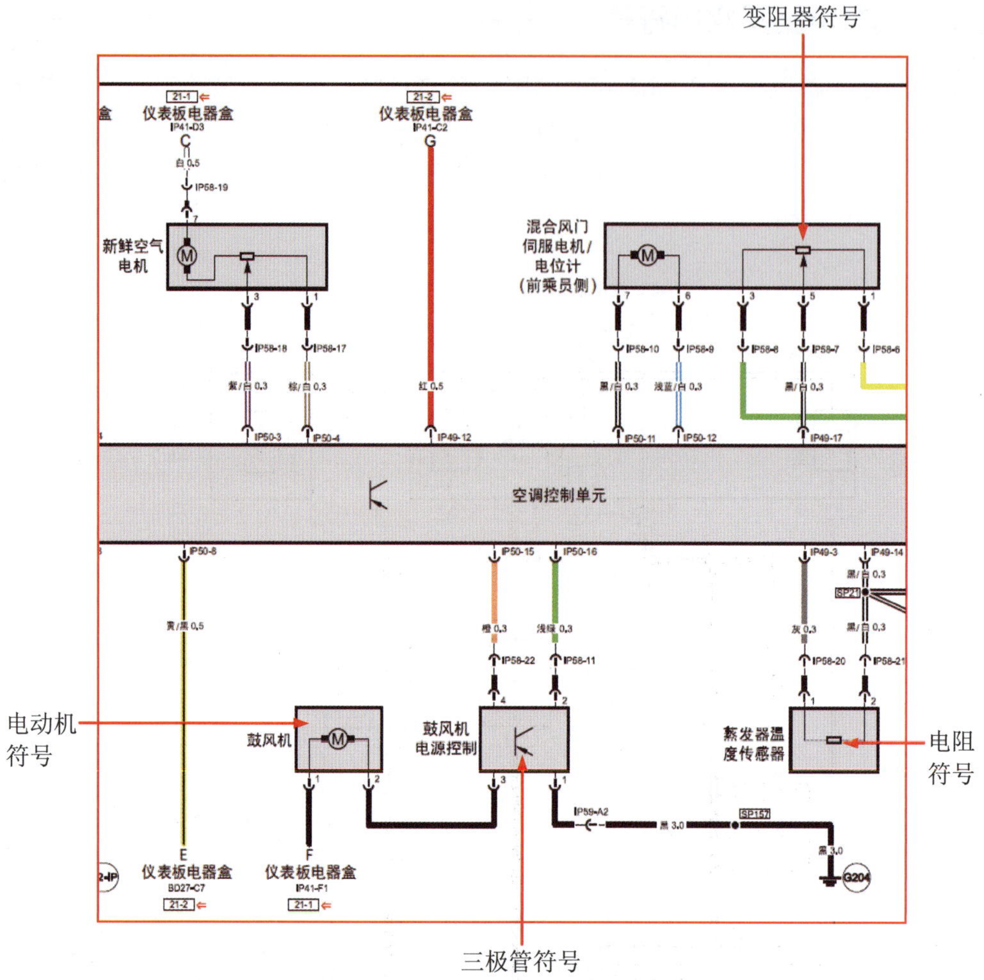


图 3-8　汽车电路图中的图形符号（续）

通过上面的图 3-8，相信大家对汽车电路图图形符号的使用有了一个直观的了解，那我们就从其中总结一下规律，因为汽车电路图符号的使用是需要遵循一定规则的，如下：

- 首先选用优选形。
- 在满足条件的情况下，首先采用最简单的形式，但图形符号必须完整。
- 在同一份电路图中同一图形符号采用同一种形式。
- 符号方位不是固定的，在不改变符号意义的前提下，符号可根据图面布置的需要旋转或成镜像放置，但文字和指示方向不得倒置。
- 图形符号中一般没有端子代号，如果端子代号是符号的一部分，则端子代号必须画出。
- 导线符号可以用不同宽度的线条表示，如电源线路（主电路）可用粗实线表示，控制、保护线路（辅助电路）则可用细实线表示。

- 一般连接线不是图形符号的组成部分，方位可根据实际需要布置。
- 符号的意义由其形式决定，可根据需要进行缩小或放大。
- 图形符号表示的是在无电压、无外力的常规状态。
- 图形符号中的文字符号、物理量符号，应视为图形符号的组成部分。当用这些符号不能满足标注时，可按有关标准加以补充。
- 电路图中若未采用规定的图形符号，必须加以说明。

## 3.4 汽车电路图的分析方法

要想读懂汽车电路图，基础是掌握基本符号、文字符号和辅助文字符号，除此之外，还必须掌握一些电路图的分析方法。

必须认真读图，了解电路图的名称、技术规范，明确图形符号的含义，建立元器件和图形符号的对应关系，这样才能开始识图。

### 3.4.1 识图的一般方法

读识汽车电路图时，读者须按照一定的顺序和方法进行。

（1）先看全图，将相对独立的系统框出来分别分析。一般来说系统的电源和总开关是公用的，任何一个系统都应该是一个完整的电路，遵循电路一般规律。

（2）分析各系统的工作过程、相互间的联系。在分析某个系统之前，要先清楚该系统包含的各部件的功能、作用、技术参数等，分析该系统对其他系统的影响。

（3）分析典型电路，掌握各车型电路的特点。许多车型的电路原理图绘制遵循自己的规则，通过对具有代表性的电路图的分析，了解这类车型电路图的特点，就能更好地分析该车型的其他电路图。通过对某些具有代表性车型的电路图进行分析，还能够了解同地区或同系列车型电路图的共同特点。

### 3.4.2 汽车电路的一般规律

汽车电路有一些规律，这些规律能反映到电路图上。

（1）电源部分到各用电器熔断器或开关的导线是电气设备的公共相线（火线），在电路图中一般画在最上部。

（2）电路图的开关一般处于零位或静态，即断开状态。继电器、晶体管、晶闸管等具有开关性质的元件则视电路情况而定。

（3）汽车电路的特点是双电源、单线制，各用电器相互并联，继电器和开关串联在电路中。

（4）大部分用电器都受到熔断器的保护。

（5）汽车电路图非常庞大，在分析时一般是先分解为几个独立的系统，如电源系统、起动系统等，再一一进行分析。

### 3.4.3 掌握回路原则

在电路中，回路是一个最基本、最重要的概念，任何一条完整的电路都是由电源、开关、用电器、导线等组成的。通过寻找回路来分析电路是电路分析中最常用也是最有效的方法。

（1）从电源正极出发，经过用电器（有时可以经过多个用电器），最后回到同一电源的负极，就形成了完整的回路。由于电源的电压只存在于电源的正负极之间，同极是没有电压的，所以从电源正极出发回到同一电源正极的电路是不会有电流的。

（2）汽车电路中，电源包括蓄电池和发电机。在寻找回路时，不能从一个电源正极出发，而回到另一个电源的负极，必须是回到同一电源的负极才是完整回路。汽车上两个电源多数情况下是并联的，这一点一定要了解清楚。

（3）掌握回路分析中的技巧也很重要。

① 从电源正极出发经过保险装置、开关、用电器到达负极搭铁，这样的分析方法思路清晰、结构严谨，适合初学者和分析简单电路。

② 除了从电源出发的分析方法，还可以从用电器出发，向两端分别寻找负极搭铁、开关、保险设备和电源正极。这样的分析方法需要一定的经验，而且一般稍微复杂一些的电路都必须这样分析。

回路原则是分析电路的最基本手段，所以大家一定要多练习、多思考。

### 3.4.4 掌握开关的作用

开关是控制电路通断的关键，电路中主要的开关通常都连接着许多导线。比如点火开关、灯光组合开关等。在分析电路时，一定要认真分析开关的作用，以及开关打开、闭合时电路中电流的变化。必须掌握开关的几个关键信息：

（1）开关有接线柱，注意每个接线柱连接的是哪些元件，接线柱旁是否有符号标注。

（2）开关有几个挡位，每个挡位中接线柱的通断情况是怎样的。

（3）开关是控制电源的总开关，还是控制用电设备的分开关，开关的类型是手动的还是自动的。

（4）分开关控制的用电设备的作用和功能。

（5）开关的通断情况，属于常开开关、常闭开关还是自动开关。

## 3.5 大众汽车风格电路图识读

大众汽车是中国汽车销售市场上销量较好的汽车品牌之一，其电路图有着自己的风格，值得读者仔细梳理并了解；下面我们通过具体的大众汽车电路图来了解其风格、特点及其读取方法。

### 3.5.1 大众汽车风格电路图特点

大众汽车风格的电路图有几个突出的特点，我们来依次了解一下。

（1）基本电路按系统依次纵向排列。

（2）少转折交叉。

整个电路很少转折交叉，线路复杂的电路，通常采用断线带号法将它们有机地连贯起来，而且不会破坏图面的纵向性。例如，某条线路的上半段在电路序号 23 位置，下半段电路在电路序号 26 位置，那就在上半段电路的终止处画一个标有 26 的小方框，表示跟电路序号 26 处的导线是同一处导线。在下半段电路的开始处也有一个小方框，内标有 23，通过 26 和 23 将上下两段电路连接在一起。

（3）整个电路突出以中央接线盒为中心。

电路图上标明了中央接线盒中安装的元器件与导线，在中央接线盒的正向插有各种继电器和熔断器。

（4）电路图表明用电器的搭铁方式和部位。

电路图底部横线表示搭铁线，导线搭铁端有带圈的数字代号。不是所有用电器搭铁都直接与金属车体相连接，有的通过搭铁插座，有的则通过其他用电器或电子设备搭铁。

（5）接点标志具有固定的含义。

在电路图中经常遇到接点标志的数字及字母，它们都有固定的含义。例如，在电路图中的连接插头统一用字母 T 作为代号，紧接的数字表示该插头的孔数以及连接导线对应的孔的序号，如，T7/1 表示该插头为 7 孔，连接导线对应的插孔序号为 1。

### 3.5.2 大众汽车风格电路图解析

大众汽车风格电路图如图 3-9 所示。大众汽车电路图划分为三个区域：上部区域、中部区域、下部区域，现根据大众奥迪轿车局部电路图做一下具体说明。识读电路图的具体说明见图 3-9 中的标注文字。

· 线路上部标有“30”字样的电路为常火线，它与蓄电池直接相连，中间不经过任何开关，为停车或发动机熄火后还需要使用的用电设备供电。
· 线路上部标有“15”字样的电路为小容量用电设备的电源正极，它是点火开关在“ON”或“START”位置接通后才工作的火线端。
· 线路上部标有“X”字样的电路为大容量用电设备的电源正极，它也是点火开关在“ON”或“START”位置接通后才工作的火线端。它只有在发动机运转时，由其供电的用电设备接通方能使用，如后风窗除霜器、空调系统的鼓风电动机等。
· 线路上部标有“31”字样的电路为接地线，许多重要电器的接地线均直接与蓄电池的负极相连。发动机与车身、变速器与车身之间除了金属接触外还有专门的接地线相连，以保证工作的可靠性。

上部区域：包括上方表示整车电气线路、电源线路的 4 条水平线和下面的汽车中央控制线路板的继电器与熔断器。

中部区域：电路图中部区域是各种用电设备，电气元件在图中用框图辅以相应的标号表示。

下部区域：电路图下部区域为接地点代号和电气元件在电路图中的位置号，以便查阅。

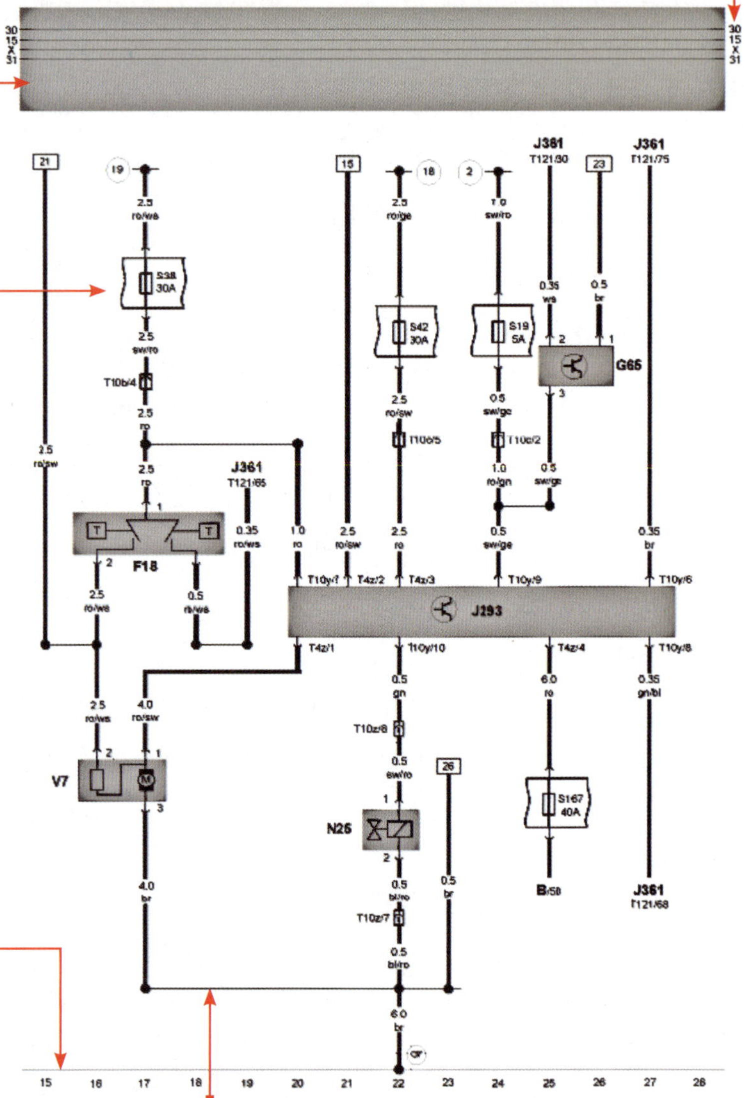


内线连接部分在电路图上以细线画出，这种内容连接不存在内部实际的线路，标示线路只是为了说明这种连接关系，便于进行电路分析。

图 3-9　大众汽车风格电路图

每个元件都有一个代号，如“C”表示发电机，“D”表示点火开关，“3”表示报警灯开关等。电器元件的连接点都以标号标出，标号在元件上可以找到。例如，起动机“B”有两个接点，其中一个标号为 30，另一个为 50。

外线连接部分在图中以粗实线画出，集中在图的中间部分。每条线上都标有导线的颜色和横截面积。线端有接线柱号或插口号，标示其连接关系。导线的横截面积以数字标示在导线颜色上方，如 2.5、1.0、0.5 等，单位为 $mm^2$。横截面积的大小表示导线的粗细，是导线的身份标志之一。

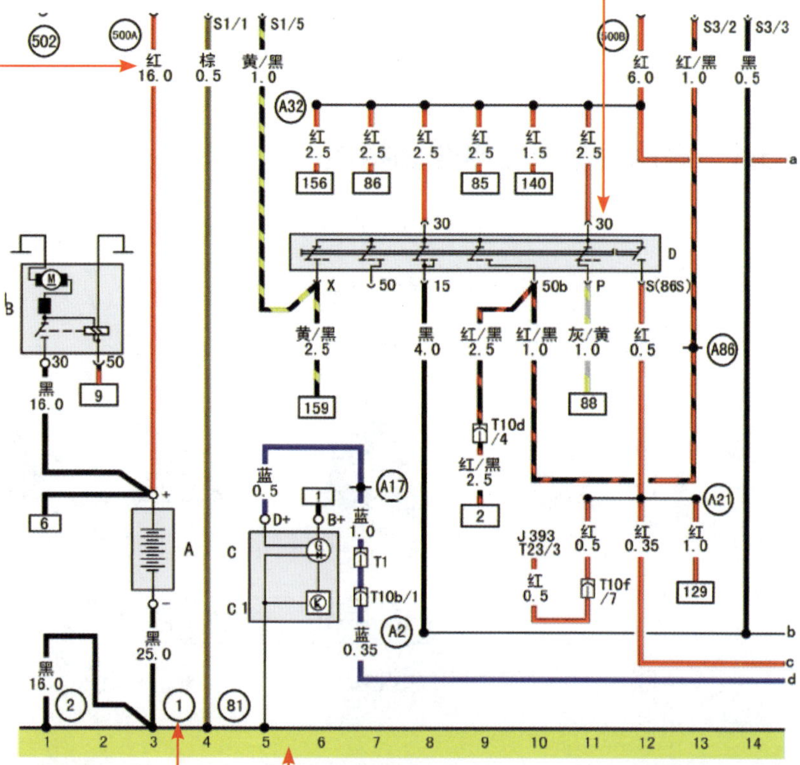


“①”表示接地点，在发动机控制单元旁的车身上。

电气元件在电路图中的位置号。在最下方横线处标有数字“1，2，3，4，5，6，7，…”，表示它们所对应的电气元件的位置号。这一标号只是制图和识图的位置号，数字大小没有实际的物理意义。它的作用一方面是顺序表达整车电路的全部内容，便于每一个部分相互独立；另一方面便于查找电路图中的连续部分。

图 3-9　大众汽车风格电路图（续）

注意：如果导线是双色的，则以两种颜色的字母共同标注，主色（所占面积大者）在先，辅助色在后，如红 / 蓝，紫 / 绿，紫 / 红，紫 / 蓝等，有的用英文的缩写字母表示，如 ws/sw，sw/ge 等。ws= 白色，sw= 黑色，ro= 红色，br= 棕色，gn= 绿色，bl= 蓝色，gr= 灰色，li= 紫色，ge= 黄色。

# 3.6 通用汽车风格电路图识读

通用汽车是世界主要汽车厂商之一，它的汽车电路图风格独特，可识别度很高；下面我们通过具体的通用汽车电路图来了解其风格、特点及其读取方法。

## 3.6.1 通用汽车风格电路图特点

通用汽车风格电路图有三个突出的特点，我们来了解一下。

（1）电路中用特殊符号来提示。

电路中的特殊符号如图 3-10 所示。

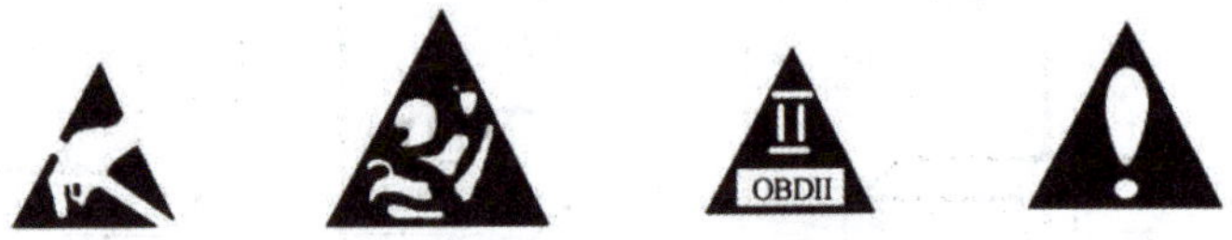


（a）静电敏感　（b）安全气囊　（c）故障诊断　（d）注意事项

图 3-10　特殊提示符

（2）电路图中标有电源接通说明。

（3）电路图中有电路编号。

## 3.6.2 通用汽车风格电路图解析

通用汽车风格电路图是按照不同的系统分别画出来的。每个系统电路中，通常都会有一个或多个控制电路与主电路。其中一个控制电路与主电路表示一个子系统，用来实现一种功能，而一个子系统称为一个局部电路，读识某一个单独的局部电路时可以从用电设备处出发，按照闭合回路的原则，逆着电流的流向向前查找，直至电源端；向后顺着电流的流向查找直至搭铁端。

有了以上的了解，我们来看一个通用汽车风格电路图，如图 3-11 所示。

我们可以看到，该电路图中的电源电路共有两路：

第一路：蓄电池正极→车身控制模块内的燃油泵熔丝→燃油泵继电器→车身控制模块内的燃油泵熔丝连接插头 C1 的引脚 18 →燃油泵和传感器总成→线路交接点 S351 → G301 接地端；

第二路：蓄电池正极→车身控制模块内的 BCM 熔丝→车身控制模块内的燃油泵熔丝连接插头 C1 的引脚 2 →蒸发排放炭罐通风电磁阀→发动机控制模块连接插头 C1 的引脚 55。

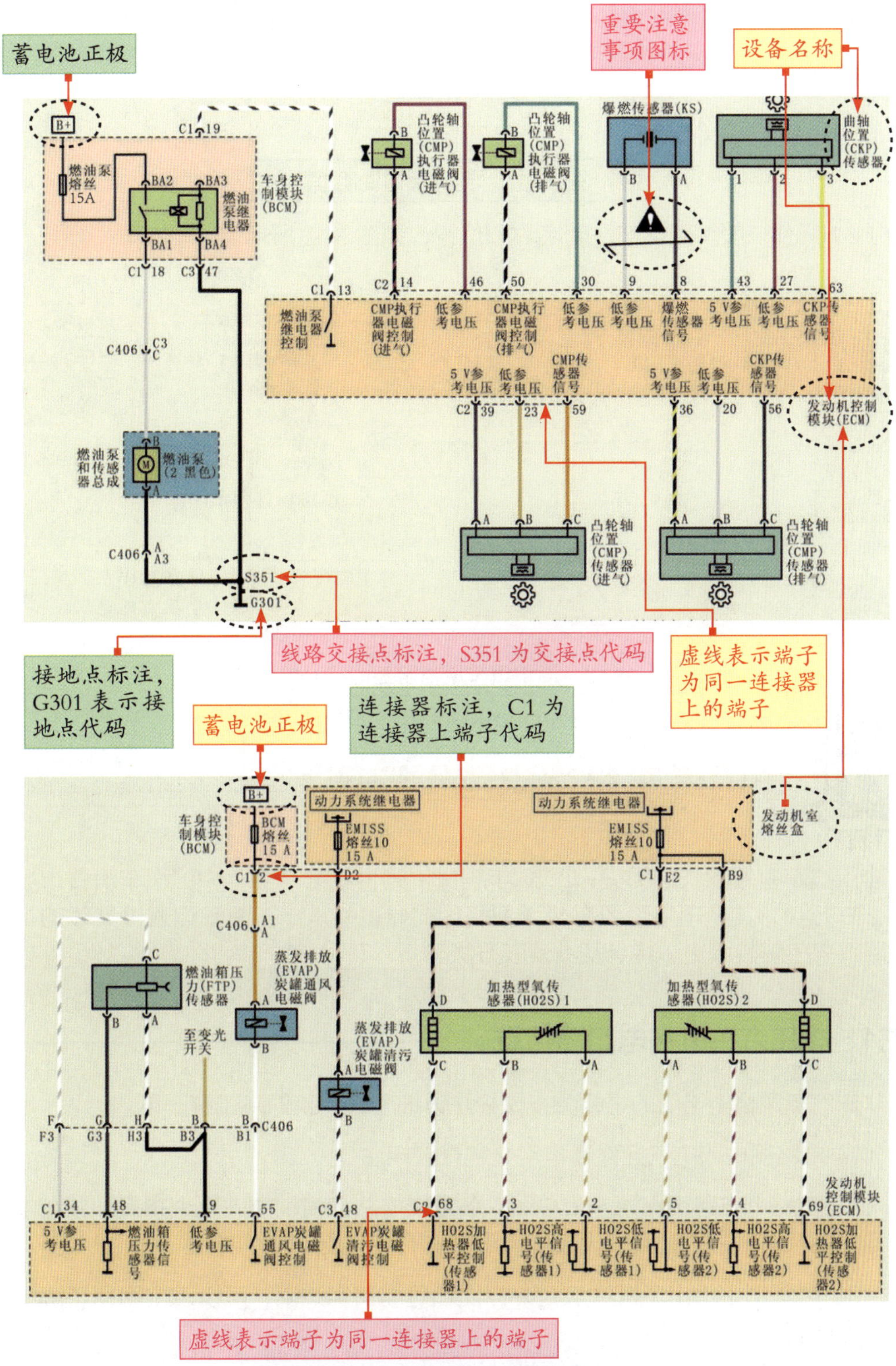


图 3-11 通用汽车风格电路图

除了上图 3-11 中的标识，还有以下两点需要注意。

（1）电源接通说明框内，注释着熔丝在什么情况下接通，如图 3-12 所示。

图 3-12　电源接通说明框

（2）元件一般都用文字注明名称和位置，如图 3-13 所示。

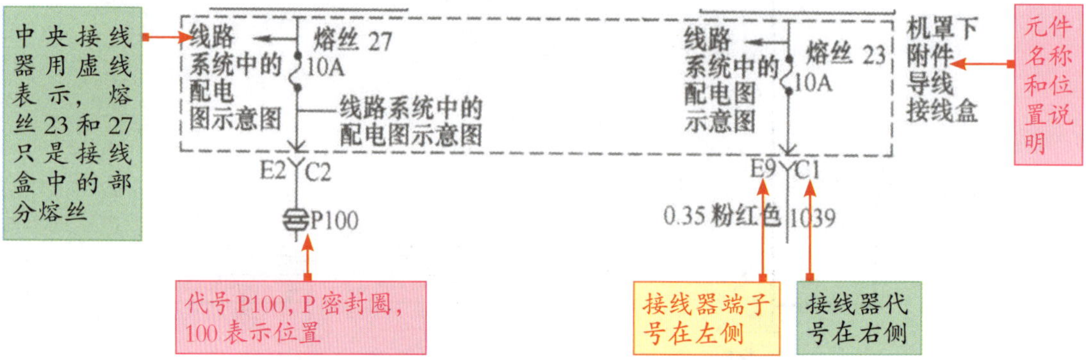


图 3-13　通用汽车风格电路图的元件标注

## 3.7 丰田汽车风格电路图识读

丰田汽车有着较长的历史，2020 年销量位列世界第一名，中国汽车消费市场销量约为 200 万台，其汽车电路图有着详细明确的显著特点。下面我们通过具体的丰田汽车电路图来了解其风格、特点及其读取方法。

### 3.7.1 丰田汽车风格电路图特点

丰田汽车风格电路图的主要特点是标注详细明确，我们来了解一下。

（1）电路图中的电气元件通常用文字直接标注。

（2）把整个电路图作为一个总图，各系统电路按横轴方向逐个布置，并在电路图上方标出各系统电路的区域和代表该电路系统的符号及文字说明。

（3）电路图中绘出了搭铁点，并标注代号与文字说明，可以从电路图了解电路搭铁点，直观明了。

（4）电路图中，有的还直接标出电路插接器的端子排列和各端子的使用情况，给识图和电路故障查寻提供了方便。

## 3.7.2　丰田汽车风格电路图解析

丰田汽车风格电路图如图 3-14 所示，通过该图我们能体会到上面所讲的丰田汽车风格电路图标注详细、直观明了的特点。

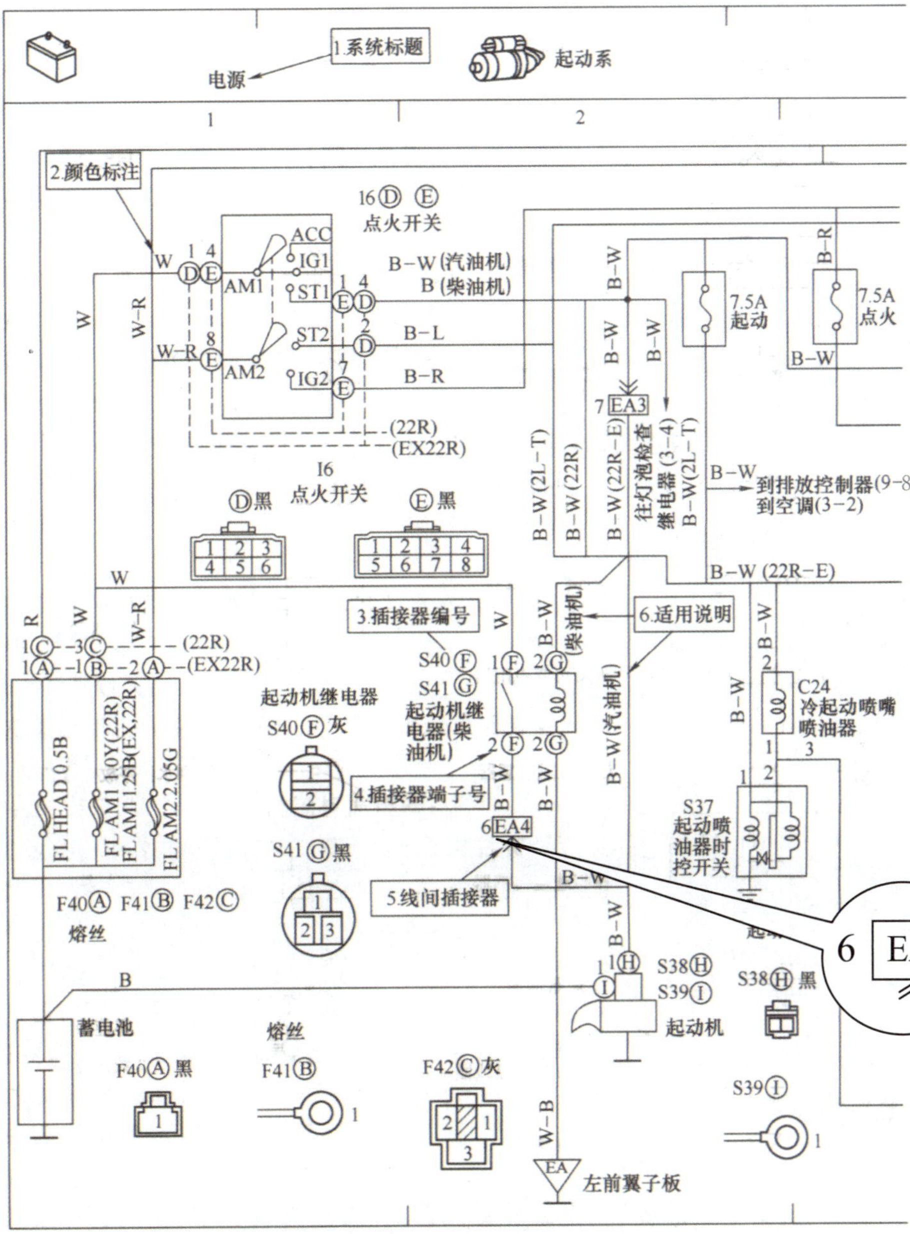


图 3-14　丰田汽车风格电路图（1）

接下来，我们把丰田汽车风格电路图的重点细节讲解一下。

（1）用符号“»”表示导线与导线之间的插接器，图 3-14 中放大部分外侧数字 6 表示引脚，框内字母数“EA4”为插接器代号。插接器代号中第一个字母表示插接器的位置，如图 3-15 所示。

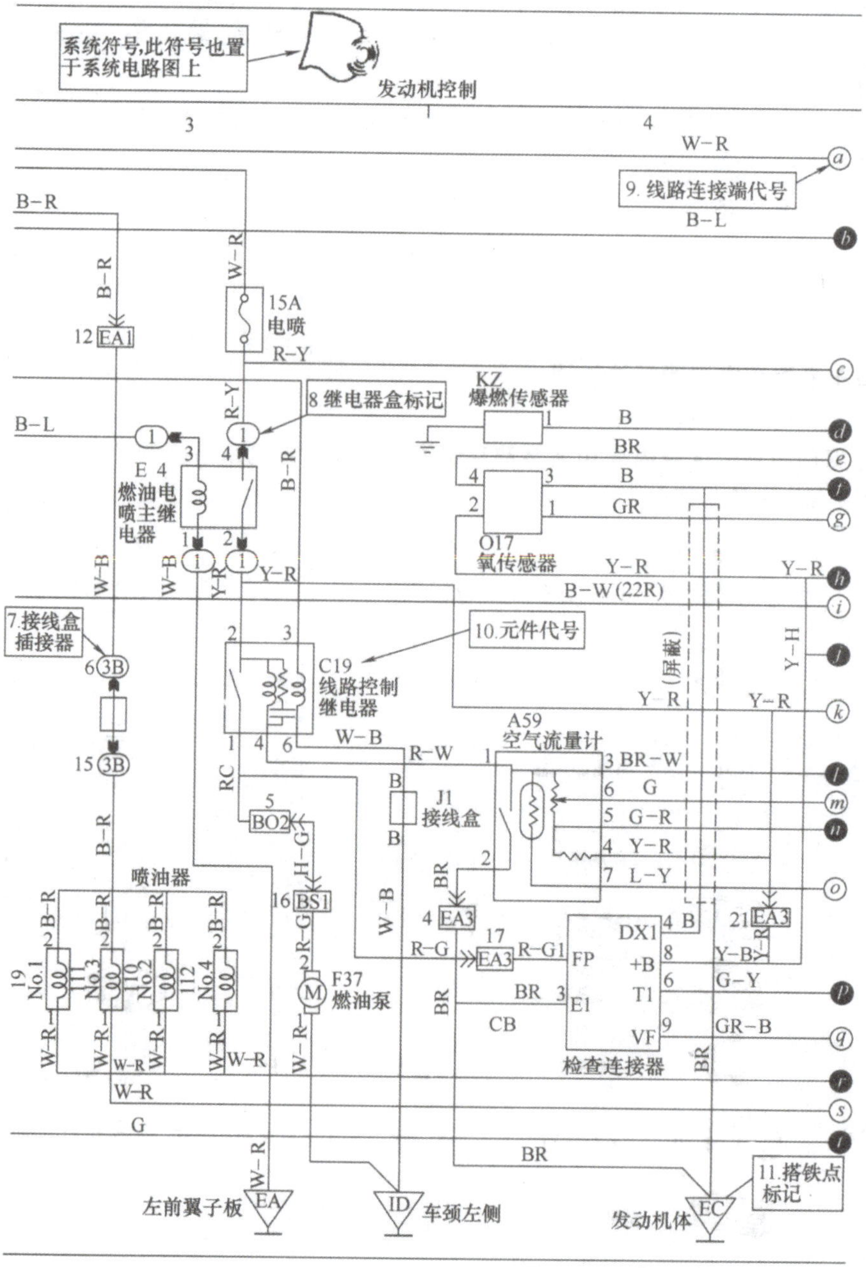


图 3-15　丰田汽车风格电路图（2）

（2）用带黑影的“■”表示导线与接线盒的连接，圈内“3B”为插接器代号，数字“3”表示插接器位于 3 号接线盒，圈外数字“6”表示该导线连接插接器的 6 号端子，如图 3-16 所示。

（3）用带黑影的“■”表示导线与继电器盒的连接，圈中的数字表示继电器盒号码圆圈外数字表示表示继电器端子，如图 3-17 所示。

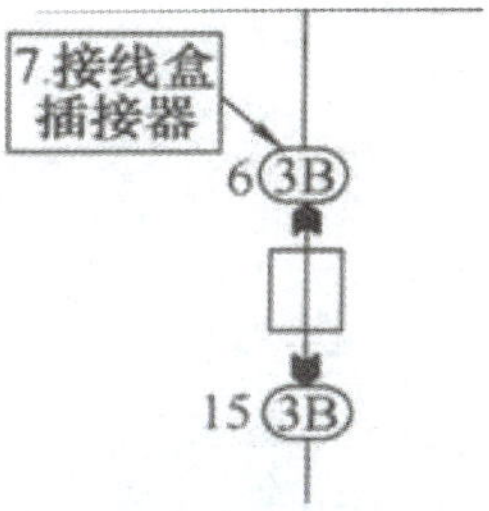


图 3-16　丰田汽车风格电路图（3）

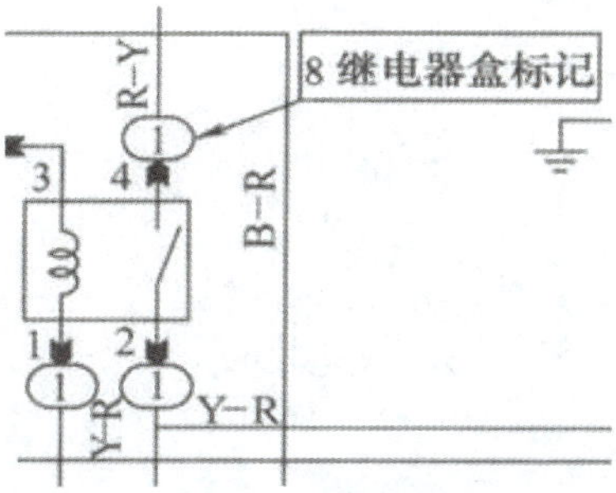


图 3-17　丰田汽车风格电路图（4）

（4）用字母或字母加数字表示电器元件，通常在该元件旁注明元件的中文名称，如图 3-18 所示。

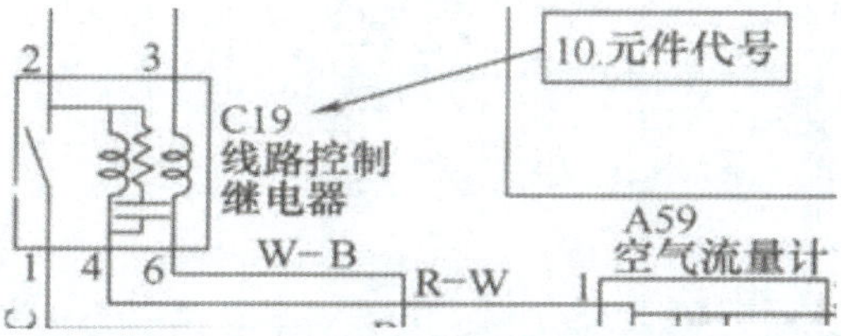


图 3-18　丰田汽车风格电路图（5）

（5）搭铁点的位置标记，如图 3-19 所示。

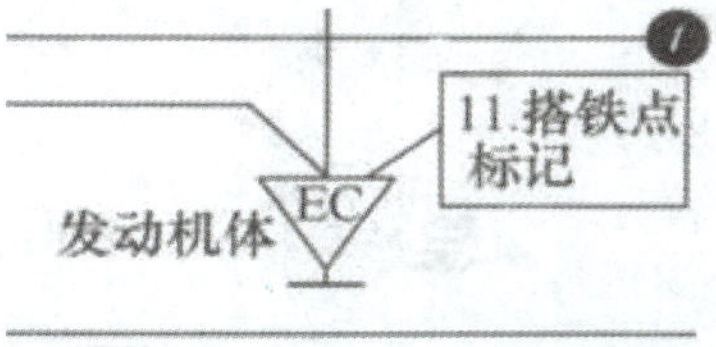


图 3-19　丰田汽车风格电路图（6）

# 第4章

# 汽车供电系统检测维修实战

汽车供电系统是汽车内所有电气设备的动力之源。汽车发动机处于停机状态时，所有用电器的供电都来自于汽车蓄电池。汽车发动机发动，带动发电机转动，发电机运转产生的电能将代替蓄电池为用电器供电，同时为汽车蓄电池充电。

可以说汽车的供电系统是汽车最重要的电路，学习汽车电工知识必须充分掌握供电系统的原理和维修技能。

# 4.1 看图识汽车供电系统

汽车供电系统由蓄电池、交流发电机、电压调节器等通过导线连接而成，如图 4-1 所示。

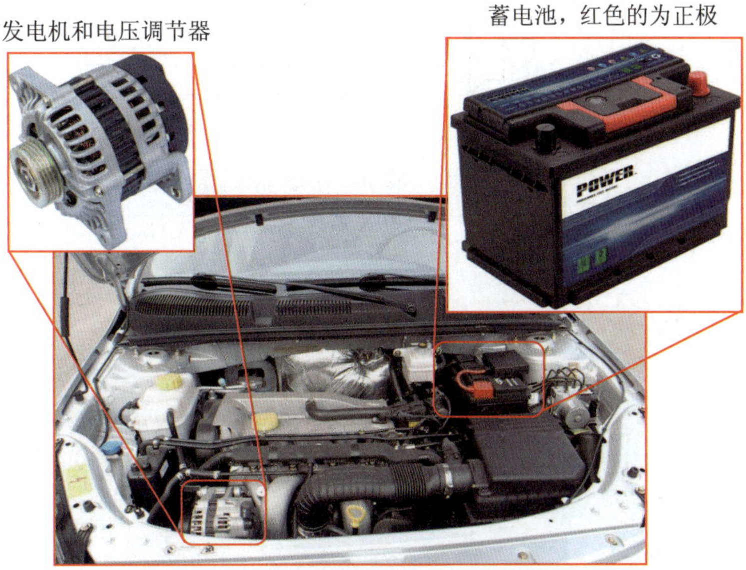


（a）汽车的供电系统

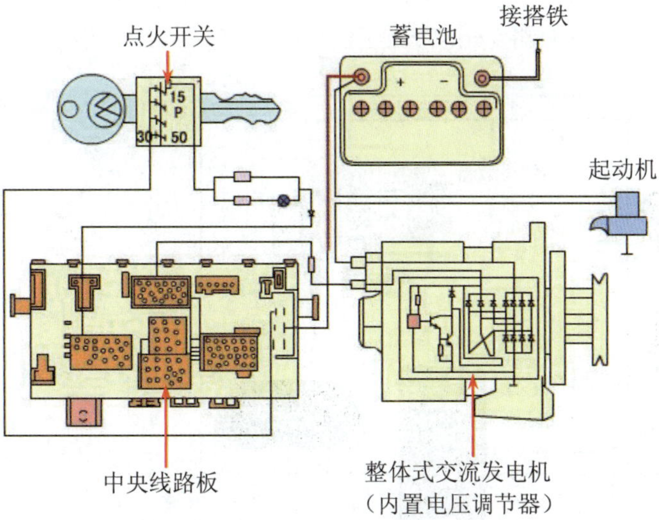


（b）汽车供电系统结构图

图 4-1 汽车供电系统组成

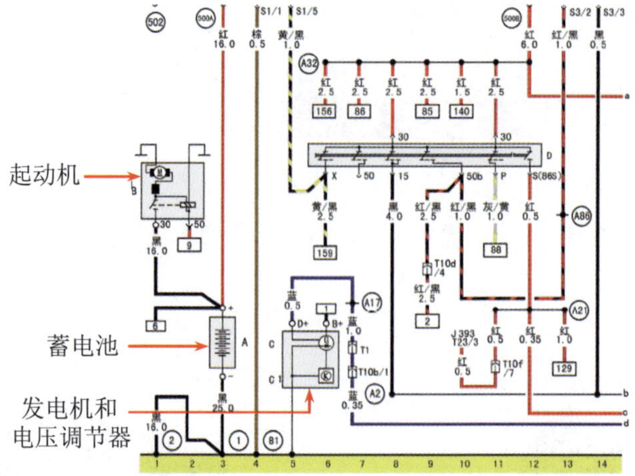


（c）汽车供电系统电路图

图 4-1　汽车供电系统组成（续）

# 4.2 汽车供电系统的结构与工作原理

随着汽车电子化程度的不断提高，汽车供电系统变得愈加重要；相应的，其故障率也在不断提升，要高效地做好汽车供电系统的维修，必须透彻地了解汽车供电系统的组成结构及其工作原理。

## 4.2.1 汽车供电系统的结构

汽车电气设备所使用的电源是直流电源，它来自蓄电池或发电机。供电系统主要由蓄电池、发电机、电压调节器、充电状态指示灯、开关和导线等连接而成，如图 4-2 所示。

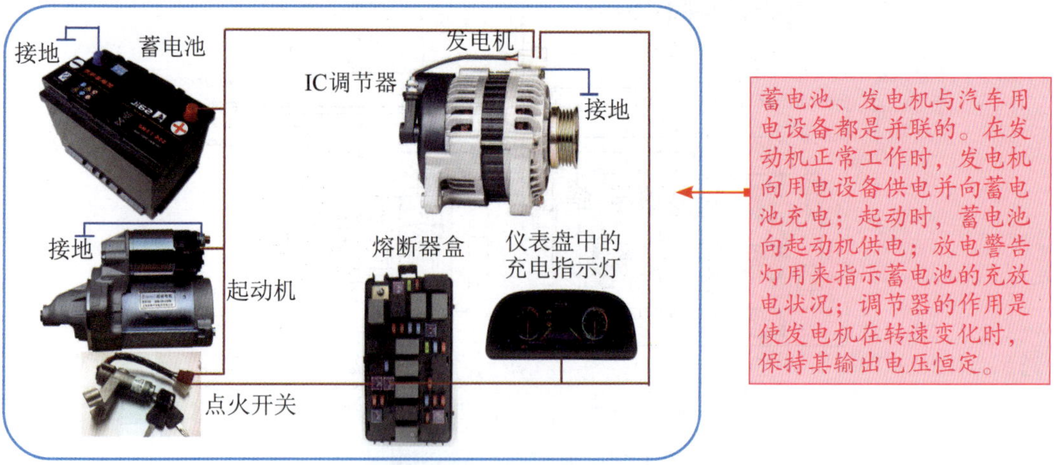


图 4-2　汽车供电系统

（1）发电机

汽车的电能来自蓄电池或发电机。当汽车起动以后，发动机带动发电机转动。发电机通过自身的电磁转换效应产生电能，为全车用电器提供电力（除起动机）。并且在发动机转速比较高、发电量超过用电器消耗时，为蓄电池充电，如图 4-3 所示。

图 4-3　汽车发电机

（2）蓄电池

蓄电池（俗称“电瓶”，见图 4-4）是发电机的补充和辅助设备。当汽车发动机未起动或发动机怠速（转速低）时，辅助发电机为车载电器供电。在发电机正常发电时，储存发电机发出的多余电能，以供备用。蓄电池还有一个重要的作用，就是为起动机提供电力，在发动汽车时，让起动机能够正常起动发动机。

图 4-4　汽车蓄电池

（3）电压调节器

上面我们介绍过，发电机是由汽车发动机带动的，这样就有一个问题了，发动机的转速时快时慢，而且发动机与发电机的转速比也不一样，这就造成了发电机输出的电压时大时小，这对车载电器来说，是十分危险的。为了使车载电器都能得到稳定的电压，电压调节器必不可少。电压调节器能够通过改变发电机的励磁电流，控制发电机输出的电压，使其保持恒定。发电机的输出电压为 13.8~14.4 V。现在发动机电压调节器多数集成在发电机内部，如图 4-5 所示。

（4）开关、充电状态指示灯和导线

开关就是我们起动汽车时要用的点火开关，该开关接通后供电电路开始给汽车供电。充电状态指示灯在仪表盘上，蓄电池充电出现异常时，会提示驾驶者。导线是连接供电电路中各个部件的连接线。

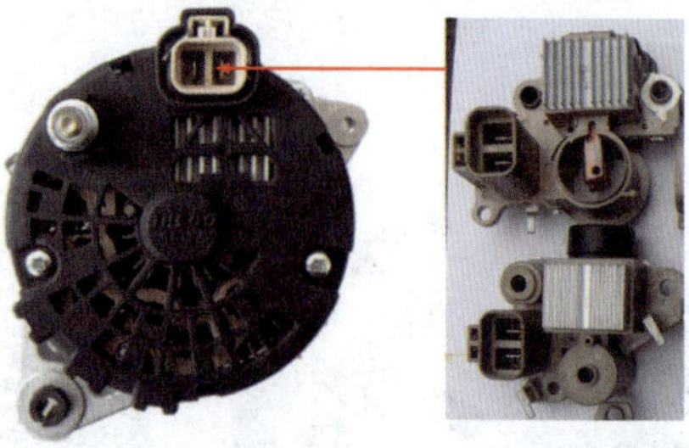

图 4-5　汽车交流发电机电压调节器

## 4.2.2　汽车供电系统的工作原理

供电系统的工作原理图如图 4-6 所示。在供电系统内，蓄电池和发电机是并联工作的。在发动机正常工作时，由发电机向用电设备供电并向蓄电池充电；起动时，蓄电池向起动机供电。由于发电机是由发动机通过传动带驱动的，当发动机转速变化时，发电机输出电压也会变化。为满足汽车用电设备及蓄电池充电恒定电压的要求，电源系统内均设置电压调节器，以保证发电机输出的电压稳定在一定范围内，防止因电压起伏过大而烧毁用电设备。充电状态指示装置指示蓄电池的充放电状况。

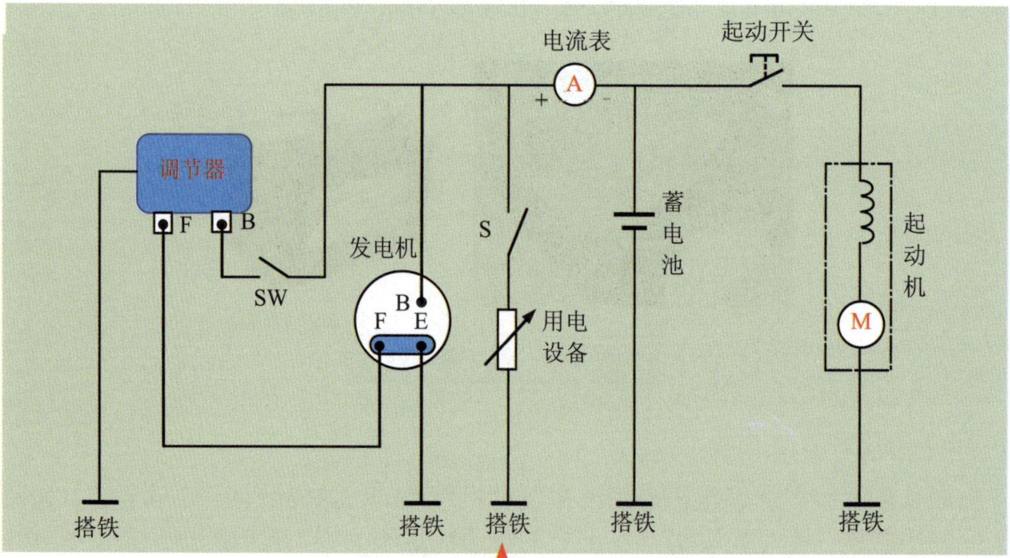


图中的"搭铁"是指将蓄电池和发电机正极或负极与汽车车架相连，使车架带正电或负电，从而使安装在车架上的所有汽车电气设备只需一根从电源另一极引出的导线就可构成回路，这种接线方式就叫搭铁接线（简称搭铁）。采用搭铁接线后，既可以减少因过多导线造成的铺线困难、故障点多的问题，又节约导线支出费用，降低整车成本。搭铁方式有正搭铁（将发电机和蓄电池的正极与车架相连）和负搭铁（将发电机和蓄电池的负极与车架相连）两种。大多数国家（如我国）从习惯上出发，规定了汽车使用负搭铁的搭铁方式。

图 4-6　供电系统的工作过程

# 4.3 汽车蓄电池的工作原理及故障检测方法

蓄电池是发电机的补充和辅助设备，一方面为起动机提供电力，另一方面蓄电池辅助发动机为车载电器供电。

本节中，我们将详细了解一下汽车蓄电池的结构、分类以及工作原理，并在此基础上掌握汽车蓄电池的故障检测方法。

## 4.3.1 汽车蓄电池的结构与分类

在介绍汽车蓄电池的检测之前，我们先了解一下其作用、分类和工作原理，这些对于我们处理汽车蓄电池的故障大有帮助。

### 1. 汽车蓄电池的作用

蓄电池的作用的如图 4-7 所示。

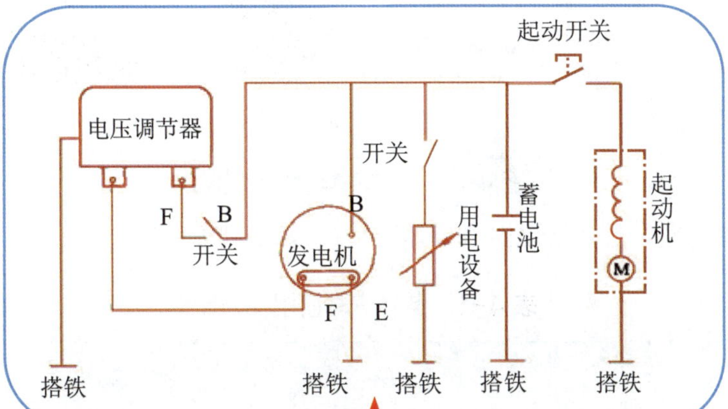


（1）起动发动机时，向起动系统和点火系统供电。
（2）当发动机低速运转时，向用电设备供电。
（3）当发动机中高速运转时，将发电机的剩余电能储存起来。
（4）当发电机过载时，协助发电机向用电设备供电。
（5）蓄电池还吸收电路中的瞬时过电压，保持汽车电气系统电压的稳定，保护电子元器件。

图 4-7 汽车充电电路图

## 2. 汽车蓄电池的分类

根据电解液的不同，可将蓄电池分为两大类：铅酸蓄电池（简称铅蓄电池）和镍碱蓄电池，如图 4-8 所示。

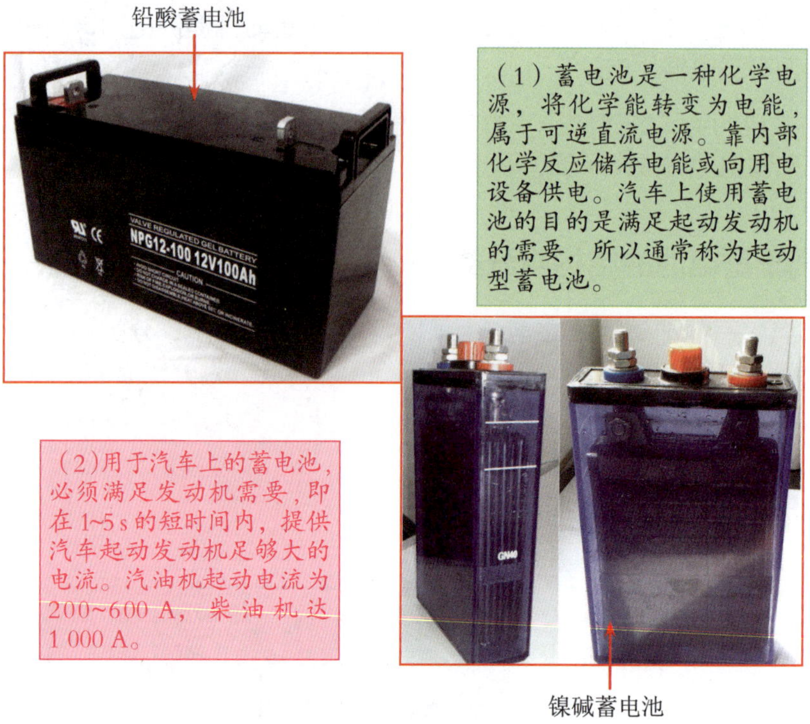


图 4-8　汽车蓄电池的种类

下面我们来对比一下不同蓄电池的优缺点，如表 4-1 所示。

表 4-1　各种汽车蓄电池对比

| 类　型 | 优　　点 | 缺　　点 | 适用车辆 |
|---|---|---|---|
| 铅酸蓄电池 | 结构简单，价格便宜，内阻小，电压稳定，可以短时间供给起动机强大的起动电流 | 比容量小，使用寿命相对较短 | 一般车辆 |
| 镍碱蓄电池 | 容量大，使用寿命长，维护简单，能承受大电流放电而不易损坏 | 活性物质导电性差，价格较高 | 使用时间长、可靠性要求高的车辆 |

## 3. 汽车蓄电池的结构

蓄电池主要由极板、隔板、电解液、壳体、铅连接条、极柱等组成，如图 4-9 所示。

## 4. 汽车蓄电池的工作原理

蓄电池的工作过程可以分为两个部分，充电过程和放电过程，如图 4-10 所示。

（1）极板是蓄电池的核心部分，蓄电池充、放电的化学反应主要是依靠极板上的活性物质与电解液进行的。极板分正极板和负极板，由栅架和活性物质组成。

（2）隔板插放在正、负极板之间，防止正、负极板互相接触造成短路。隔板耐酸，具有多孔性，有利于电解液的渗透。常用的隔板材料有木质、微孔橡胶和微孔塑料等。微孔塑料隔板孔径小、孔率高、成本低，因此被广泛采用。

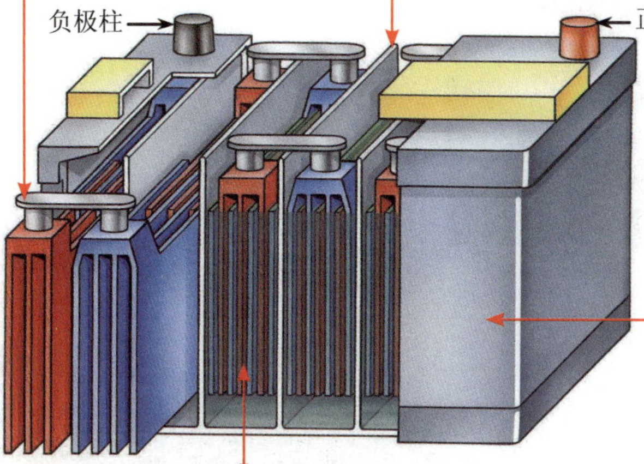


（4）壳体用于盛放电解液和极板组，应该耐酸、耐热、耐震。壳体多采用硬橡胶或聚丙烯塑料制成，为整体式结构。壳内由间壁分成 3 个或 6 个互不相通的单格，各单格之间用铅连接条串联起来。

（3）电解液在蓄电池的化学反应中，起到离子间导电的作用，并参与蓄电池的化学反应。电解液由浓硫酸（$H_2SO_4$）与蒸馏水按一定比例配制而成，其密度一般为 1.24 ~ 1.31 g/cm$^3$。

图 4-9 汽车蓄电池的结构

（1）电池放电：当铅蓄电池的正、负极板浸入电解液中时，在正、负极板间就会产生约 2.1 V 的静止电动势，此时若接入负载，在电动势的作用下，电流就会从蓄电池的正极经外电路流向蓄电池的负极，这一过程称为放电。蓄电池的放电过程是化学能转变为电能的过程。放电时，正极板上的 $PbO_2$ 和负极板上的 Pb，都与电解液中的 $H_2SO_4$ 反应生成硫酸铅（$PbSO_4$），沉附在正、负极板上。电解液中 $H_2SO_4$ 不断减少，密度下降。

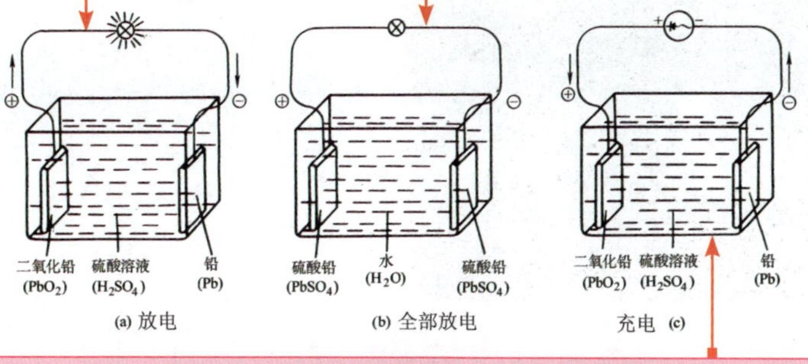


（2）电池充电：充电时，蓄电池的正、负极分别与直流电源的正、负极相连。当充电电源的端电压高于蓄电池的电动势时，在电场的作用下，电流从蓄电池的正极流入，负极流出，这一过程称为充电。蓄电池充电过程是电能转换为化学能的过程。充电时，正、负极板上的 $PbSO_4$ 还原成 $PbO_2$ 和 Pb，电解液中的 $H_2SO_4$ 增多，密度上升。

（3）当充电接近终了时，$PbSO_4$ 已基本还原成 $PbO_2$ 和 Pb，这时，过剩的充电电流将电解水，使正极板附近产生 $O_2$ 从电解液中逸出，负极板附近产生 $H_2$ 从电解液中逸出，电解液液面高度降低。因此，铅酸蓄电池需要定期补充蒸馏水。

图 4-10 汽车蓄电池的工作原理

## 4.3.2 汽车蓄电池拆装技巧

汽车蓄电池拆装的具体步骤和技巧如图 4-11 所示。

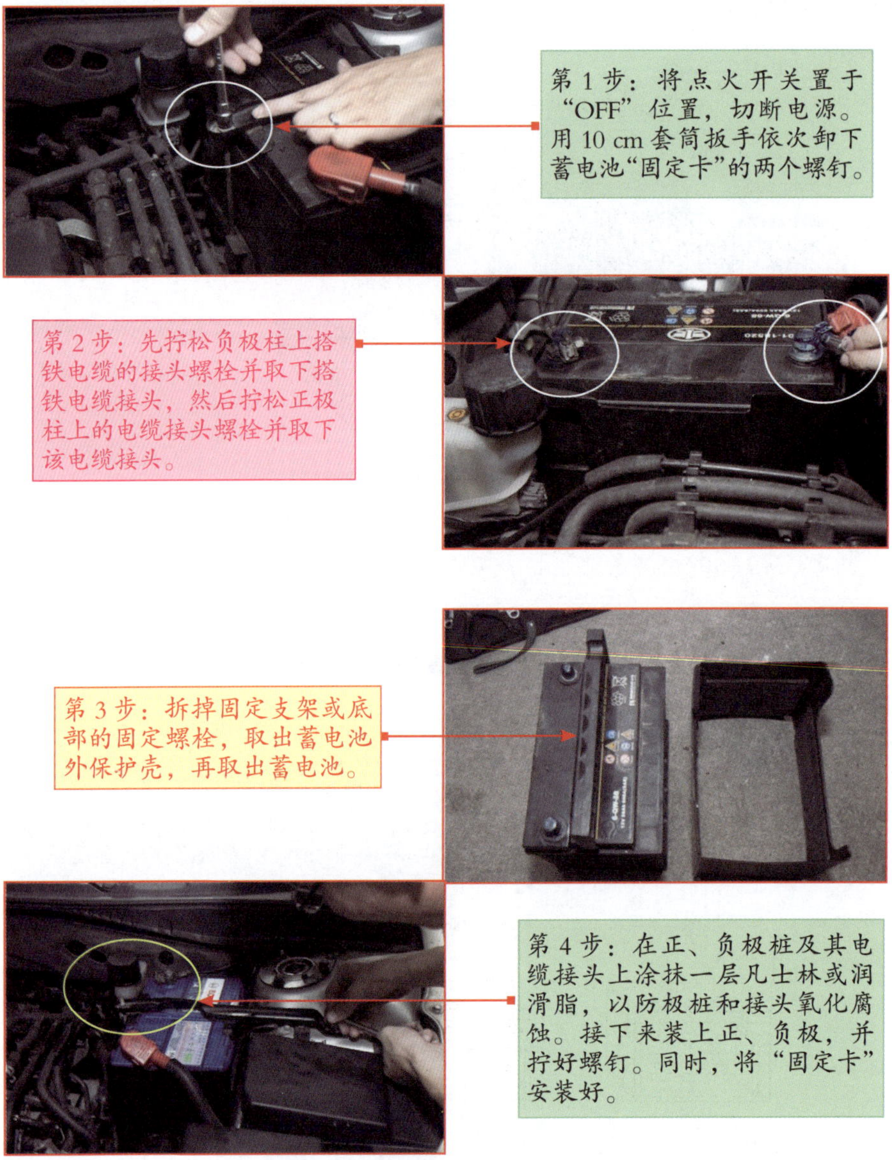


图 4-11 汽车蓄电池拆装方法

## 4.3.3 汽车蓄电池故障检测方法

汽车蓄电池故障检测方法如图 4-12 所示。

第 1 步：首先测量蓄电池的电压。选择万用表直流电压 20 V 电压挡，用万用表的黑表笔接蓄电池负极端，红表笔接蓄电池正极端，测得蓄电池静态电压为 14.57 V（正常电压应不低于 12 V）。起动发动机，仔细观察电压的变化状态，且测得蓄电池电压降最低约为 12 V，电压降偏低会导致发动机无法起动。

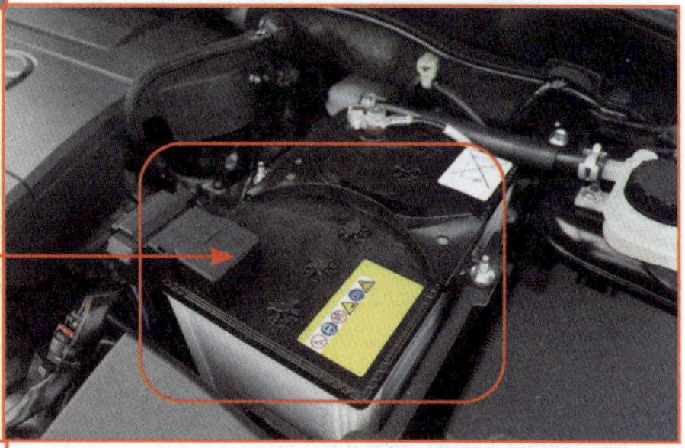

第 2 步：看外观。观察蓄电池两侧是否有比较明显的膨胀变形或出现鼓包的情况。一旦出现这些情况，则代表电瓶的寿命已过半，这时就应该做好更换蓄电池的准备了。

第 3 步：看桩头。观察电瓶桩头四周是否出现一些白色或绿色的粉末状物体（蓄电池中的氧化物）。质量好的或者新的蓄电池一般不会出现这些氧化物，一旦出现了，就意味着蓄电池的性能已经开始走下坡路了。

图 4-12　汽车蓄电池故障检测方法

## 4.4 汽车交流发电机的工作原理及故障检测方法

发电机是汽车的主要电源，其功能是在发动机正常运转时（怠速以上），向所有用电设备（起动机除外）供电，同时向蓄电池充电。

本节中将重点讲述汽车交流发电机的结构和工作原理，并在此基础上向读者展示汽车交流发电机的拆装技巧和故障检测方法。

### 4.4.1　交流发电机的结构与工作原理

交流发电机的结构比较复杂，其通过发电机转子旋转切割磁场感应交流电，然后再通过整流电路转换为直流电，下面本节将详解交流发电机的组成结构及工作原理。

#### 1. 交流发电机的结构

交流发电机的主体是由定子、转子、整流装置和散热装置组成，如图 4-13 所示。

图4-13　交流发电机的结构

## 2. 交流发电机的工作原理

交流发电机的工作原理如图 4-14 所示。

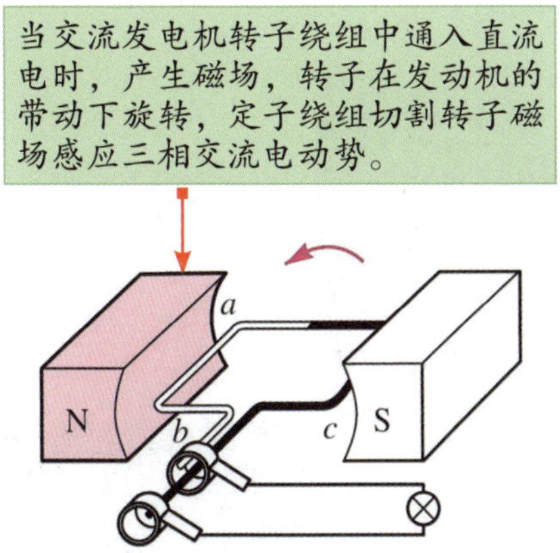


图 4-14　交流发电机的发电原理

汽车交流发电机的工作原理如图 4-15 所示。

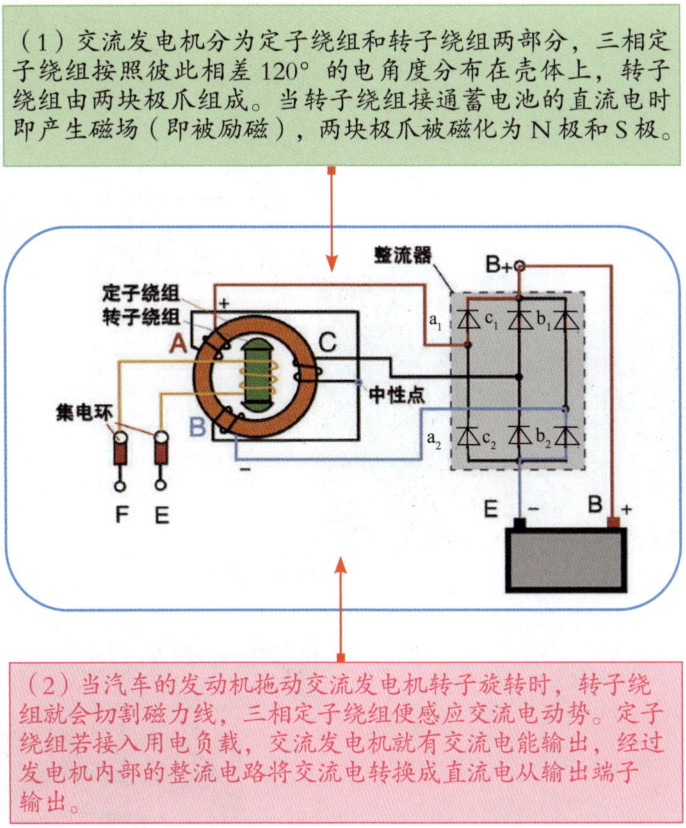


图 4-15　汽车交流发电机的工作原理

## 4.4.2 汽车交流发电机拆装技巧

不同型号的汽车发电机拆卸方法略有不同，不过大同小异，这里以奇瑞汽车为例讲解汽车发电机拆卸方法，如图 4-16 所示。

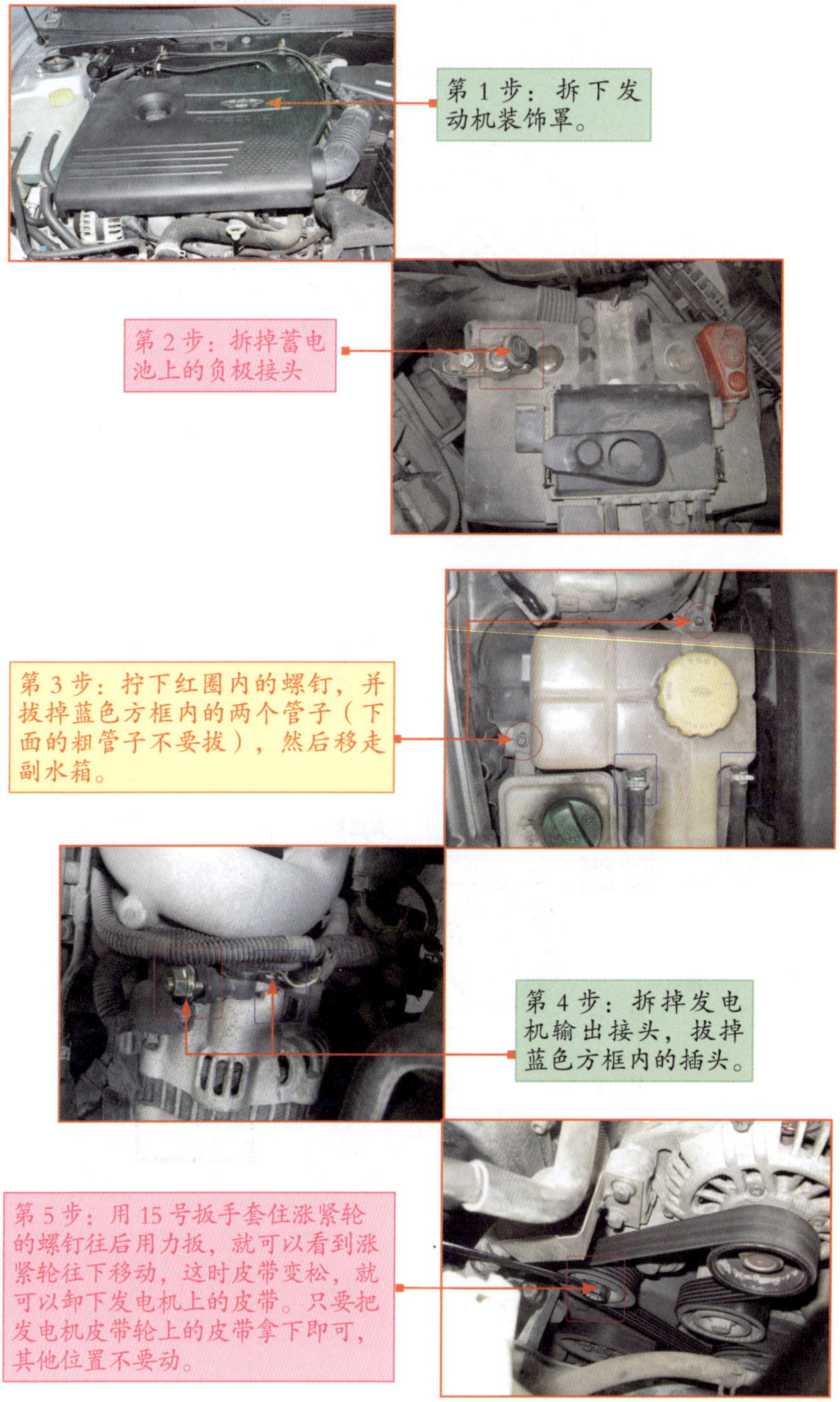


图 4-16　汽车交流发电机拆装技巧

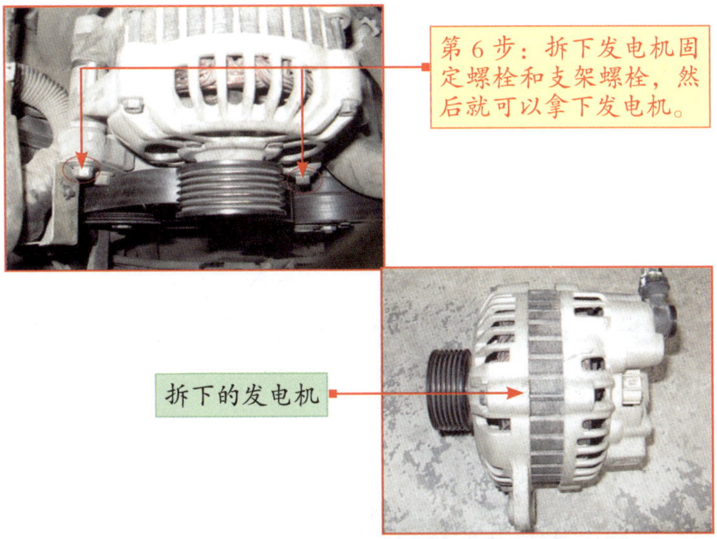


图 4-16　汽车交流发电机拆装技巧（续）

## 4.4.3　交流发电机故障检测方法

汽车交流发电机故障通常是由于碳刷和铜环磨损、接触不良或调节器损坏造成的，出现这个故障时的现象一般是发电量不足、不发电等。交流发电机故障检测方法如图 4-17 所示。

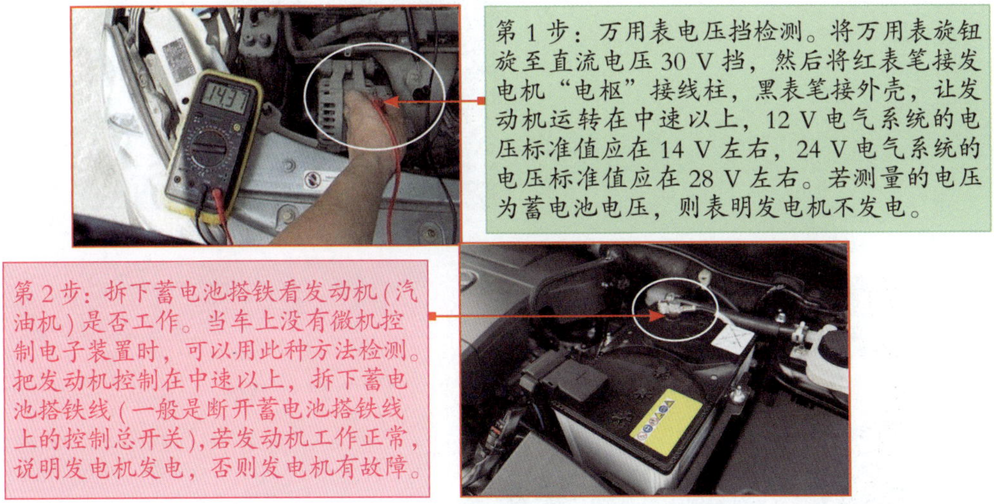


图 4-17　交流发电机故障检测方法

## 4.5 汽车供电系统检测维修实战

光说不练假把式，维修经验的获取主要是来自具体的故障检测实战，这对维修人员来说非常重要。通过实战可以提高维修的成功率，本节通过三个实战案例来讲解汽车供电系统的检测维修。

### 4.5.1 威志汽车忘关车灯蓄电池亏电无法起动故障维修实战

一台威志汽车，早上发现无法用遥控钥匙控制车门，手动打开车门后，发现插上钥匙后，仪表盘指示灯不亮，无法打火起动汽车。经检查发现汽车车灯忘关，估计蓄电池的电放完了。此故障的检测与维修步骤如图 4-18 所示。

❶ 打开故障汽车发动机盖，然后将蓄电池正极的塑料盖掀开。

❷ 将搭线的红色接口加在故障汽车蓄电池的正极，搭线黑色接口夹在电池负极

❸ 将搭线的另一端的红、黑接头连接到救援汽车蓄电池的正负极，并将救援汽车打着火。

图 4-18 电瓶亏电无法起动故障维修

图 4-18　电瓶亏电无法起动故障维修（续）

注意：

（1）在给供电车型接上搭线之前，一定要先将发动机熄火。

（2）给供电车接上搭线之后，一定注意不要让搭线的正、负极有接触，短路很危险。

（3）拆搭线的时候要先拆下负极，再拆下正极。

## 4.5.2　天籁汽车无法起动故障维修实战

一台天籁汽车，早上打火起动时，汽车发出“嗯……嗯……哒哒哒”的响声，无法起动。

根据故障现象分析，首先故障是由于蓄电池没电导致无法打火起动。导致蓄电池亏电的原因可能如下：

（1）发电机发电量不足或不发电。

（2）蓄电池性能下降。

（3）汽车有漏电现象。

（4）在熄火后，有用电设备长时间工作（如灯未关）。

此故障的检测维修具体步骤如图 4-19 所示。

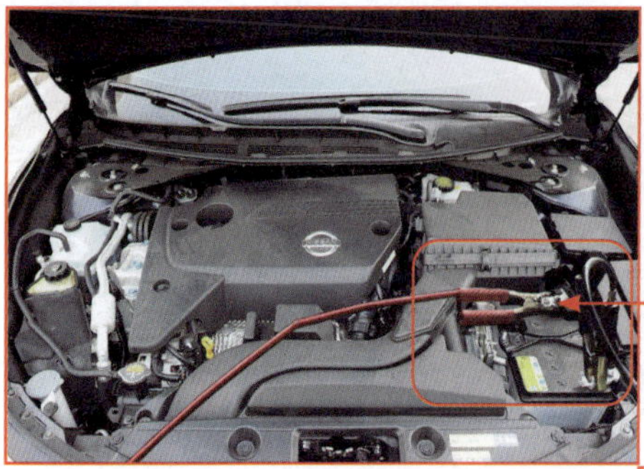

❶ 将搭线的红线接蓄电池的正极，黑线接蓄电池的负极。然后起动汽车。发动机可以正常起动，同时拆下搭线。让发动机运转十几分钟后将汽车熄火，然后重新打火，无法打火起动了。说明汽车蓄电池没有充上电。

❷ 接下来测量发电机。拆下发电机电枢塑料帽，然后用电瓶搭线重新起动发动机。将万用表量程调到直流电压挡，将红表笔接发电机的电枢，黑表笔接发电机外壳，测得发电机发电电压为 13.27 V。说明发电机工作正常。

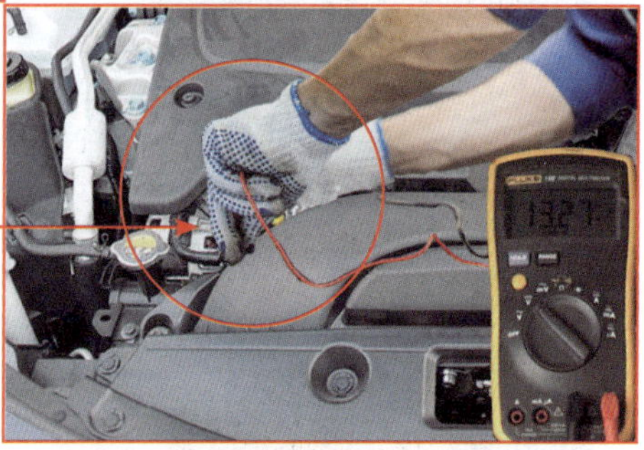

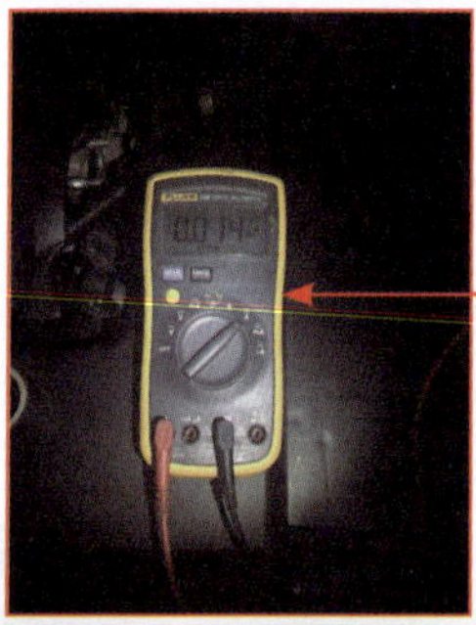

❸ 之后开始检测汽车是否有漏电情况。将发动机关闭，并将车门锁上，30 分钟之后，将万用表挡位调到直流电流挡，将红表笔接蓄电池的正极，黑表笔接蓄电池的负极，测量蓄电池的锁门电流，测量的值为 0.014 A。说明汽车没有漏电。故障是蓄电池问题引起，需要更换蓄电池。

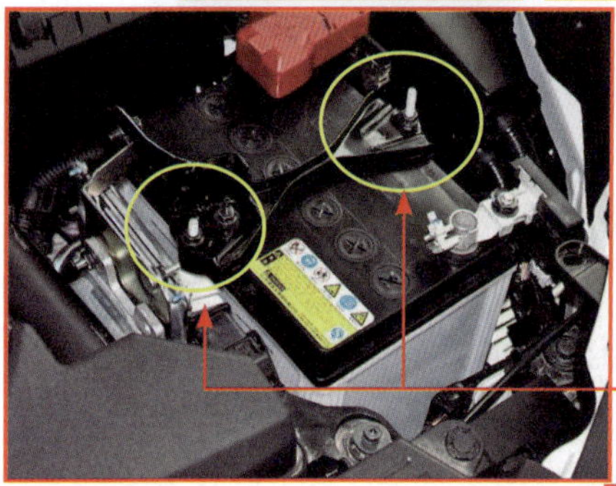

❹ 接着将蓄电池的负极和正极拆下，然后将蓄电池的压板螺钉卸下，拆下蓄电池，准备更换蓄电池。

❺ 接下来将一块新的蓄电池安装到汽车中，并进行打火起动测试，汽车可以正常起动。隔几个小时之后，再次测试，一切正常，故障排除。

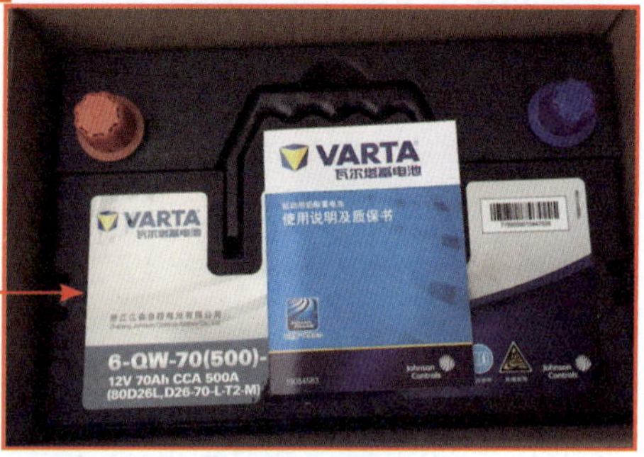


图 4-19　天籁汽车无法起动故障维修方法

## 4.5.3　宝来汽车仪表盘蓄电池指示灯亮故障维修实战

一台宝来汽车，在行驶中突然发现仪表盘电瓶指示灯亮起，客户一直开到维修站中间没有熄火。此故障一般是由于蓄电池问题或发电机问题引起的，应重点检查这两个设备。

此故障的检测维修具体步骤如图 4-20 所示。

图 4-20　汽车仪表盘电瓶指示灯亮故障维修

❺ 继续拆解发电机，先卸下发电机的固定螺钉。

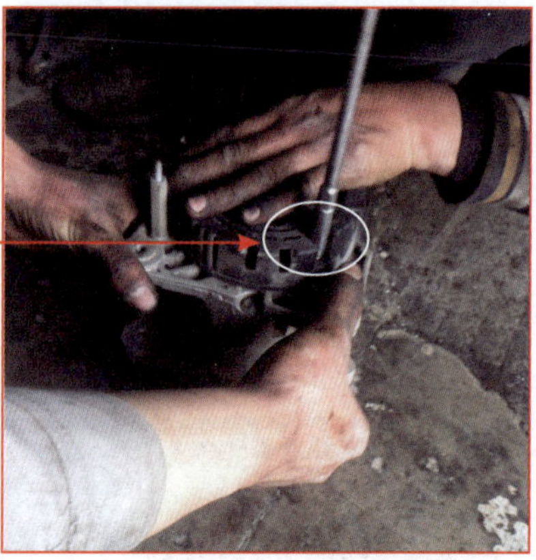

❻ 拆下外壳及整流器。

❼ 检查拆下的整流器，发现碳刷几乎磨损完了。故障应该是此问题引起的。

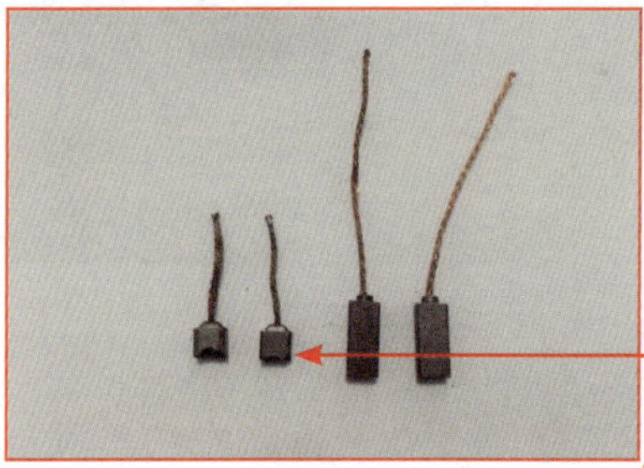

磨损的碳刷和新碳刷对比。

❽ 将新的碳刷安装到整流器上。

图 4-20　汽车仪表盘电瓶指示灯亮故障维修（续）

❾ 将整流器安装到发电机上。

⑩ 将发电机安装到汽车上。发动汽车，测试发电机的输出电压，电压为 14.27 V。发电机输出电压正常，故障排除。

图 4-20　汽车仪表盘电瓶指示灯亮故障维修（续）

# 第5章 汽车起动系统检测维修实战

汽车的主要动力都来自发动机，而汽车发动机在运转之前，必须通过外力带动曲轴旋转，促使发动机气缸内燃料发生爆燃，使发动机进入自行运转状态，这个过程就叫作发动机的起动过程。而发动机的起动过程目前主要通过起动系统来实现，本章将重点讲解汽车起动系统常见故障的检测维修方法。

# 5.1 看图识汽车起动系统

汽车起动系统主要由蓄电池、点火开关、起动机、起动继电器、发动机飞轮等部分组成，如图 5-1 所示。

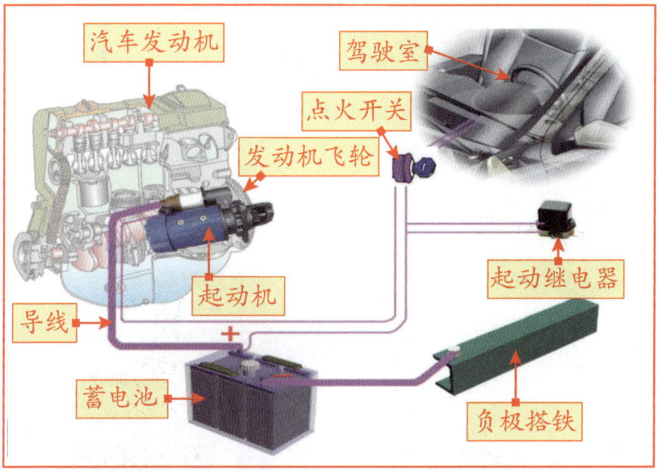


（a）汽车起动系统

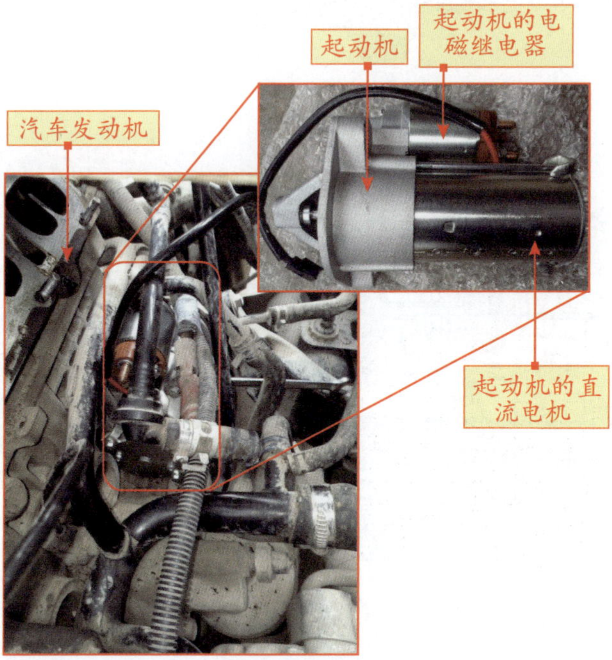


（b）起动机的安装部位

图 5-1　看图识汽车起动系统

（b）起动机的安装部位

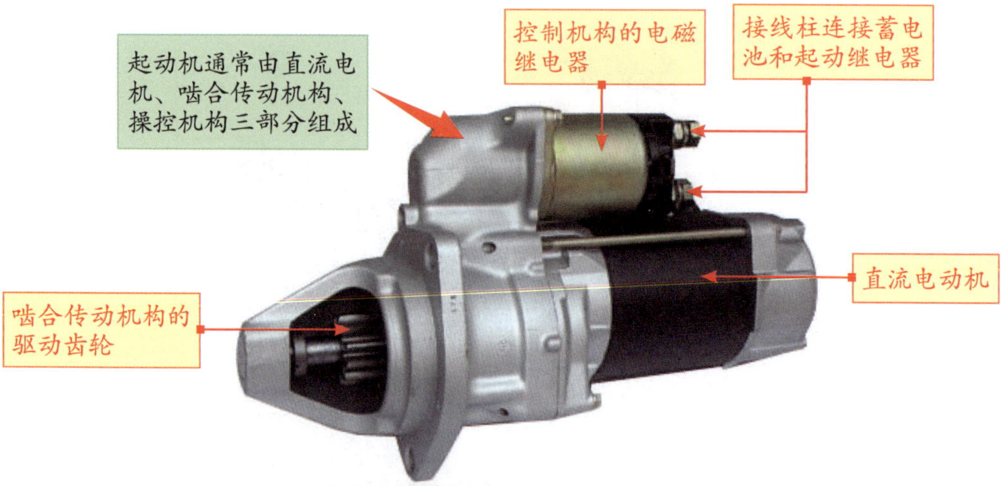


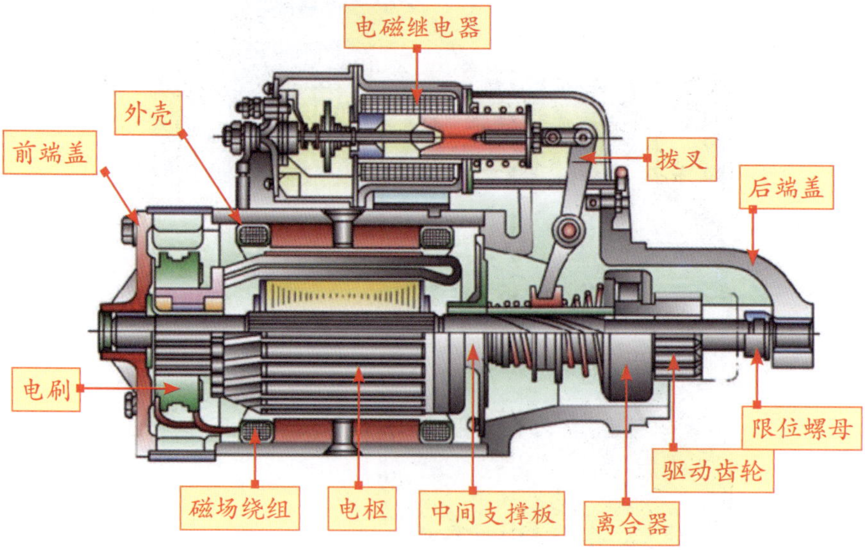


（c）起动机的组成结构

图 5-1　看图识汽车起动系统（续）

# 5.2 汽车起动系统的组成和原理

汽车起动系统是发动汽车的关键系统，其组成结构和工作原理是我们掌握起动系统故障维修方法的前提条件，尤其是其重要组成部分的特点和工作机制更是我们要学习的重中之重。

## 5.2.1 起动系统的组成

汽车起动系统主要由蓄电池、点火开关、起动机、继电器或电磁开关、起动机啮合传动机构和起动机安全开关几部分组成，如图 5-2 所示。

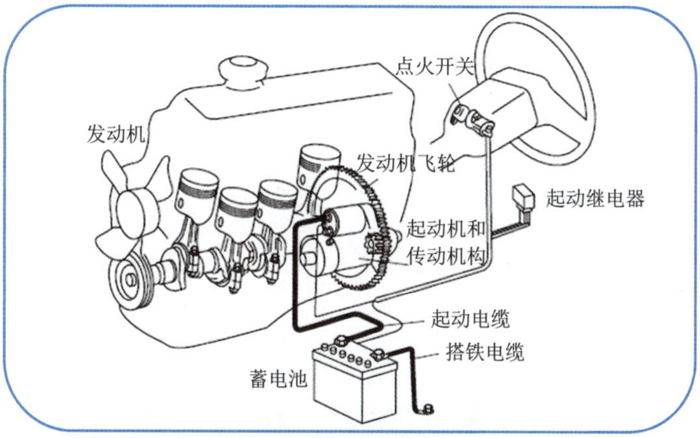


图 5-2　汽车起动系统组成

## 5.2.2 起动系统的工作原理

汽车起动系统的工作原理：由蓄电池提供电能，在点火开关和起动继电器的控制下，起动机将电能转化为机械能，带动发动机飞轮齿圈和曲轴转动，从而使发动机进入自行运转状态，如图 5-3 所示。

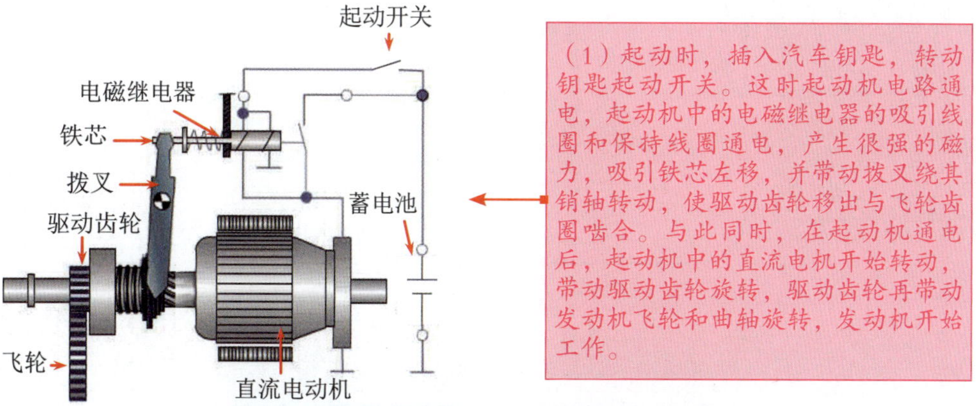


图 5-3　起动机的工作原理

（2）当发动机起动后，松开起动开关，切断起动电源，起动机的电磁继电器线圈电路被切断，铁芯退磁，触点张开。此时，电磁继电器中的铁芯和接触盘在复位弹簧作用下退回原位，接触盘与两主接线柱触点脱开，切断起动机主电路，同时，拨叉将传动机构拨回原位，使驱动齿轮脱离啮合，起动机停止工作。

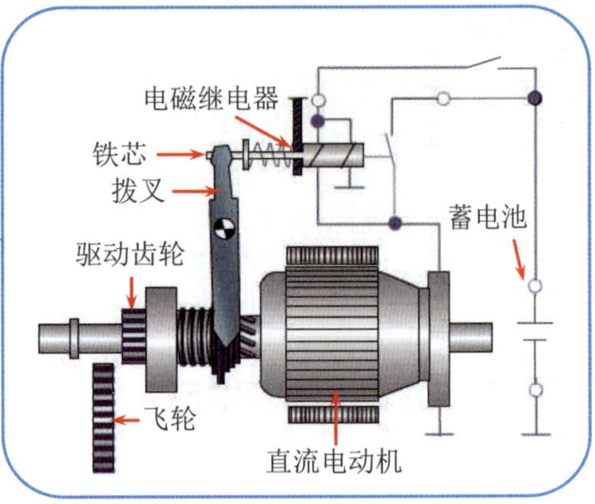


图 5-3　起动机的工作原理（续）

至此，一次正常的起动就完成了。现在一般的起动系统还带有安全保护电路，这是为了保证在发动机转动的时候，起动机不会因为误操作而起动。通常是通过监测发动机的运转情况来控制是否能开启起动机。

## 5.3 起动机的组成与结构

起动机是故障率较高的部件，起动机的核心部件是直流电机和传动机构，接下来本节将带领大家一块学习起动机的组成结构、直流电机的结构与原理、电磁开关结构与原理以及啮合传动机构的结构与原理等知识。

### 5.3.1　起动机的组成

起动机也就是我们俗称的“起动马达”。通常是由直流电机、啮合传动机构、操控机构三部分组成的，如图 5-4 所示。

操控机构：操控机构是控制起动机通电、断电，并控制传动结构中的拨叉运动，有些起动机还有附加电阻短路开关，能在起动时将点火线圈附加电阻短路，起到增加点火动能的作用。

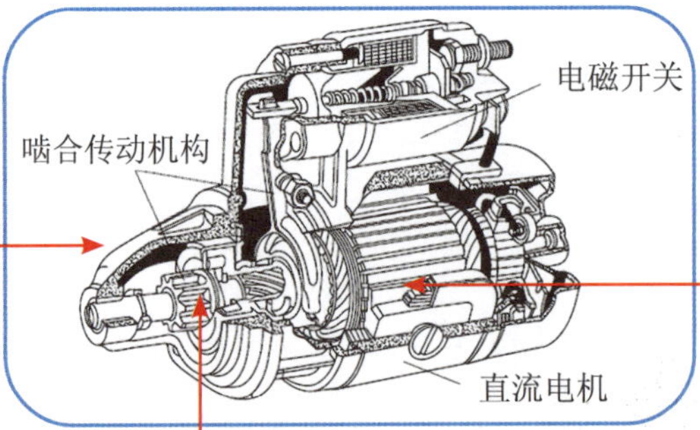


直流电机：直流电机的作用是将电能转化为让齿轮转动的机械能，也是起动机的核心装置。

啮合传动机构：啮合传动机构是能够自动啮合和脱离发动机飞轮的传动齿轮组合装置，它既保证在起动时齿轮能够啮合飞轮，也保证在发动机起动后自动脱离，避免起动机被发动机反拖。

图 5-4　起动机的组成

## 5.3.2 起动机的结构

起动机结构复杂，根据起动方式不同分为不同的结构，其工作原理各有差异。要想掌握起动机的维修技巧，就需要先熟悉起动机的组成结构。

### 1. 直接起动式起动机

直接起动式起动机是最普通的起动机，也是其他各型起动机的结构基础，如图 5-5 所示。

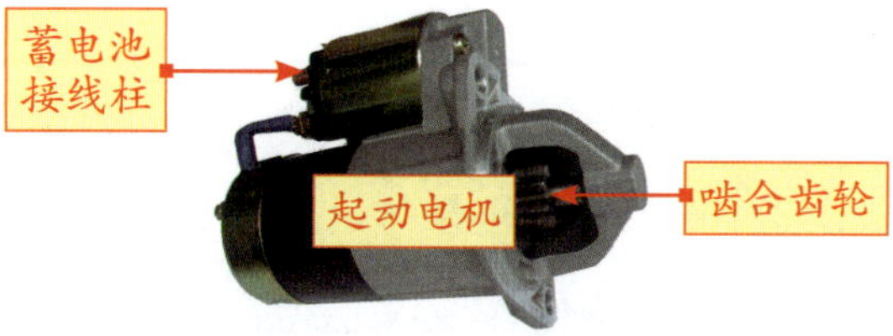


图 5-5 直接起动式起动机

直接起动起动机通过电磁线圈控制电路通断，驱动直流电机的转动，同时电磁线圈还通过电磁力吸引铁芯，控制拨叉和啮合机构的动作，如图 5-6 所示。

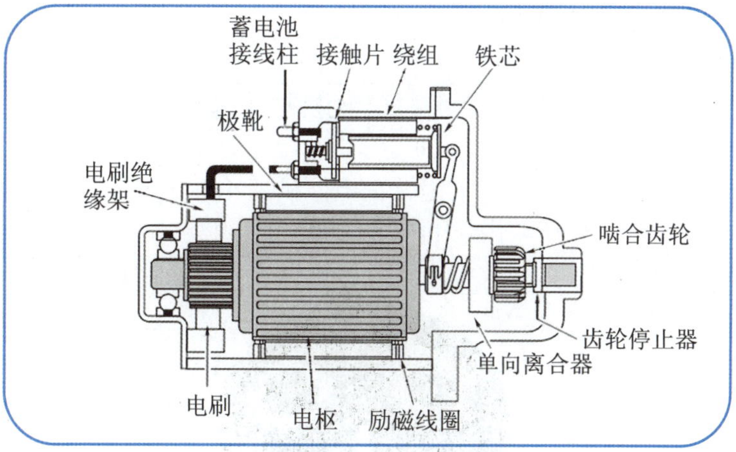


图 5-6 直接起动式起动机结构

啮合机构在拨叉的作用下，与发动机飞轮啮合，在发动机起动后，单向离合器会自动脱离发动机飞轮，避免起动机被发动机反拖。

### 2. 永磁式起动机

永磁式起动机是用铁氧体或安铁硼等磁性材料作为极靴的直流电动机。因为不需要励磁绕组，所以永磁式起动机有结构简单、体积小、重量轻的优点，如图 5-7 所示。

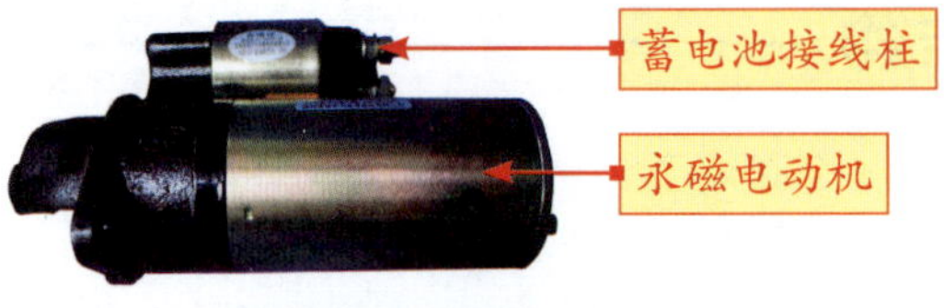


图 5-7 永磁式起动机

与直接起动式起动机相比，永磁式起动机只是用 4 ～ 6 个永磁铁作为磁场，电流经过换向器和电刷直接传递到电枢上，降低了不少发热量，如图 5-8 所示。

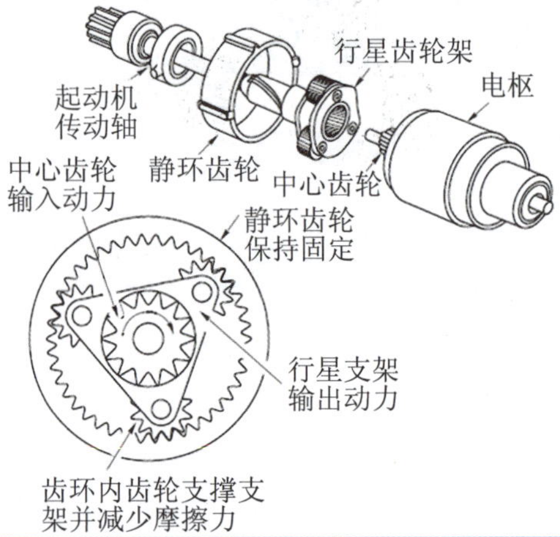


图 5-8 永磁式起动机的传动齿轮

永磁式起动机通常使用星形传动齿轮在电枢和齿轮轴之间传动（见图 5-9），以具有更大的速度和转矩。这种传动齿轮的减速比通常是 4.5 ∶ 1。

图 5-9 行星传动齿轮实物

### 3. 齿轮减速式起动机

齿轮减速式起动机配备了齿轮减速装置，这样可以增加起动时的转矩，如图 5-10所示。

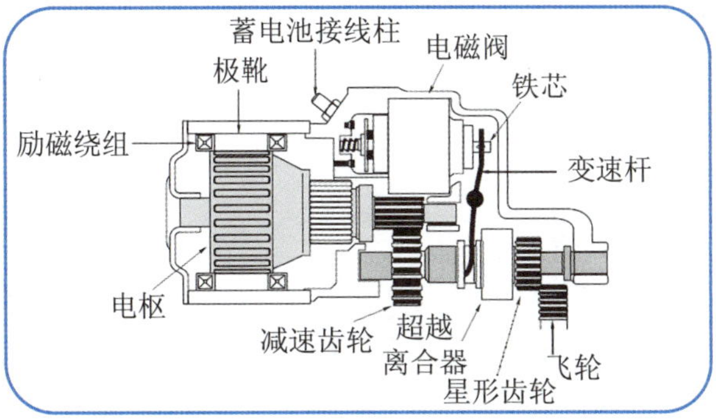


图 5-10 齿轮减速式起动机结构

在普通起动机的基础上，增加了一组减速齿轮，这使得起动机可以采用高速、小型、低转矩的直流电机。在相同功率的条件下，减速式起动机可以比普通起动机减少 30%～35% 的质量和体积。由于体积小、重量轻、便于安装、电枢不易变形、起动转矩大、低温不易受影响等优势，很多日本车型喜欢使用减速式起动机。

常用的齿轮减速的啮合方式有三种：外啮合式、内啮合式、行星啮合式如图 5-11 所示。外啮合式减速效率为 95%～98%，多用于轻型柴油机汽车。内啮合式减速效率为 95%～98%，多用于高档汽车和轿车。行星啮合式减速效率为 90%～95%，多用于低档汽车。

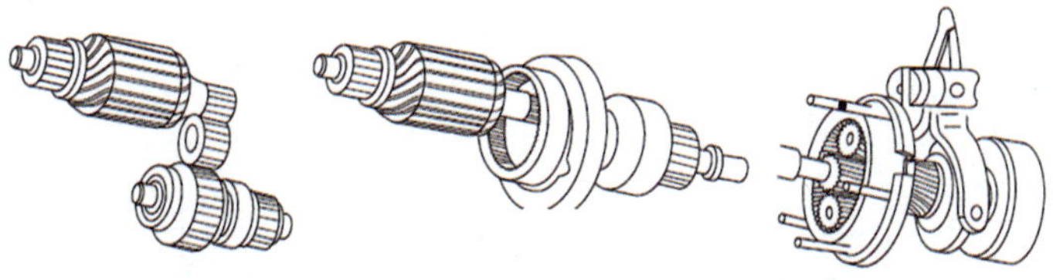

（a）外啮合式　（b）内啮合式　（c）行星啮合式

图 5-11 齿轮减速的三种啮合方式

#### 4. 强制啮合式起动机

强制啮合式起动机又叫作可动极靴式起动机。在起动时利用起动机的并联线圈绕组来移动电动机传动装置。起动时大电流由蓄电池附近的起动机继电器控制。继电器闭合时，电流流过起动绕组，起动绕组建立磁场，磁场吸引可动极靴，可动极靴通过拨叉与传动机构连接。当可动极靴移动时，起动驱动齿轮啮入发动机飞轮齿圈，带动飞轮转动，如图 5-12 所示。

为了防止起动电动机传动装置与飞轮齿圈脱离啮合，可用保持线圈压紧可动极靴使其不离位。保持线圈是在起动绕组里面较少匝数的绕组，有足够的磁力维持驱动齿轮与飞轮齿圈的啮合。

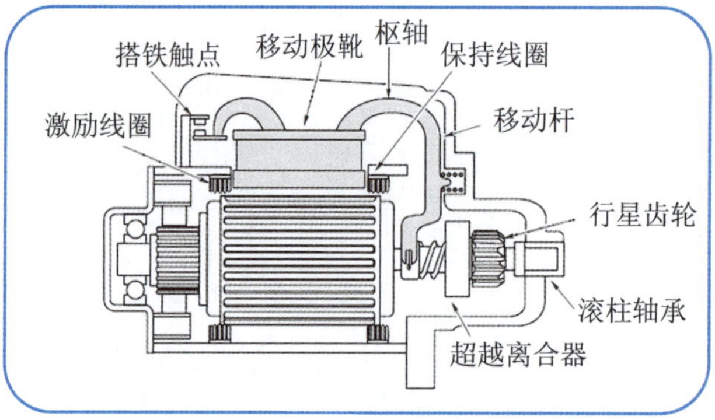


图 5-12 强制啮合式起动机

## 5.3.3 直流电机的组成结构与工作原理

直流电机无疑是起动机中的核心部件，无论哪种形式的起动机，都必须依靠直流电机将电能转化为转矩，才能达到起动发动机的目的，如图 5-13 所示。

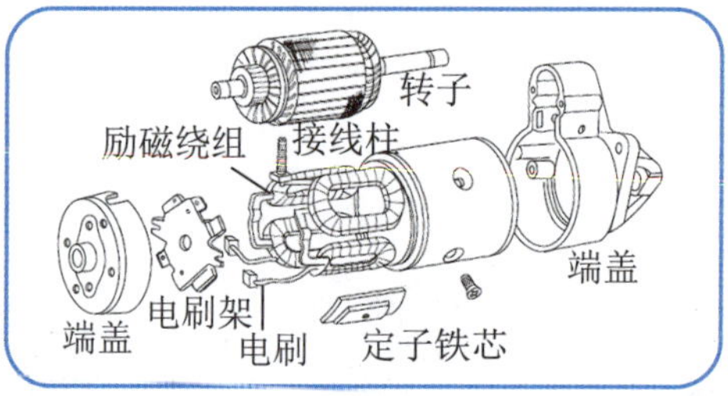


图 5-13 直流电机的组成

汽车起动机的直流电机主要由外壳端盖、定子、转子、转向器、电刷组成。

### 1. 直流电机的定子

定子的作用是产生磁场，有励磁绕组式和永磁式两种。为了增加转矩，定子通常采用两对四个磁极交错安装的方式，形成磁力线回路，如图 5-14 所示。

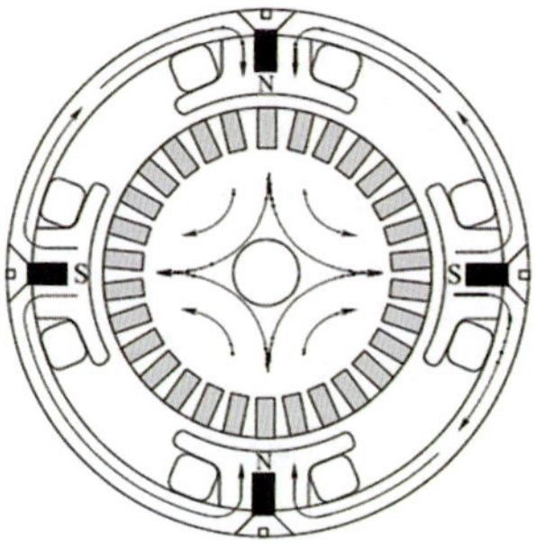


图 5-14 直流电机定子磁极

（1）励磁式电动机定子

励磁式电动机的定子铁芯是低碳钢材质。铁芯磁场是绕在上面的励磁绕组（励磁线圈）通电后产生的电磁场。一般励磁电机的励磁绕组与转子使用串联的方式连接，所以也叫作串励式电动机，如图 5-15 所示。

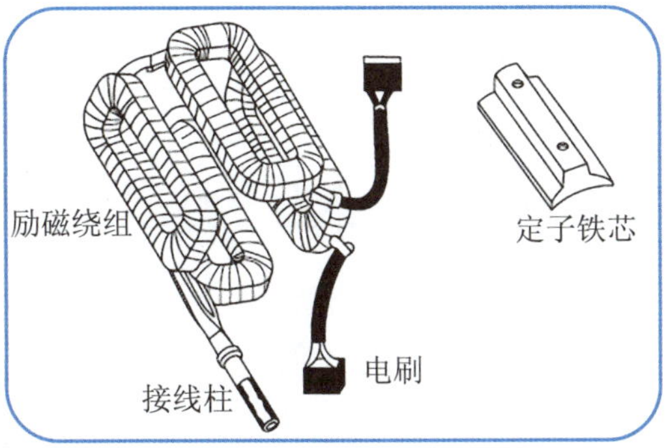


图 5-15　励磁绕组和定子铁芯

（2）永磁式电动机定子

永磁式电动机的磁场由永磁铁或稀土钕铁栅等永久性磁铁产生，由于取消了励磁绕组，所以减轻了主开关接触点火花、换向器火花等缺陷。体积、质量上相对励磁式电机也有相当的优势。

## 2. 直流电机的转子

直流电机的转子也叫作电枢，是由转子轴（电枢轴）、铁芯、电枢绕组、换向器等组成的。作用是产生电磁场，并在定子磁场的影响下输出转矩，如图 5-16 所示。

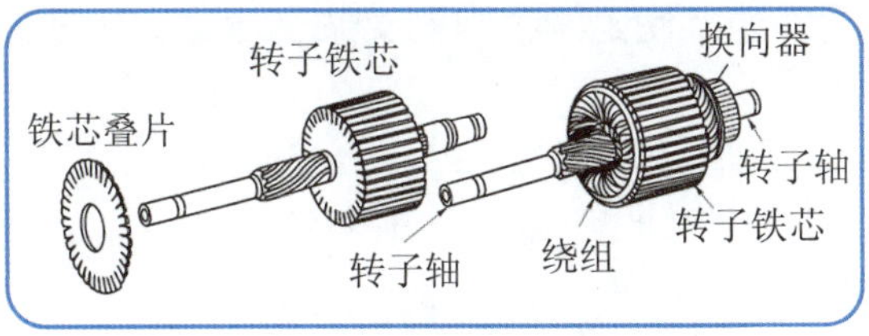


图 5-16　直流电机的转子

转子铁芯由一个个铁芯叠片叠加组合而成，固定在转子轴上。这样是为了减少磁场产生的涡流在铁芯上感应出反电压，消耗能量。直流电机转子实物如图 5-17 所示。

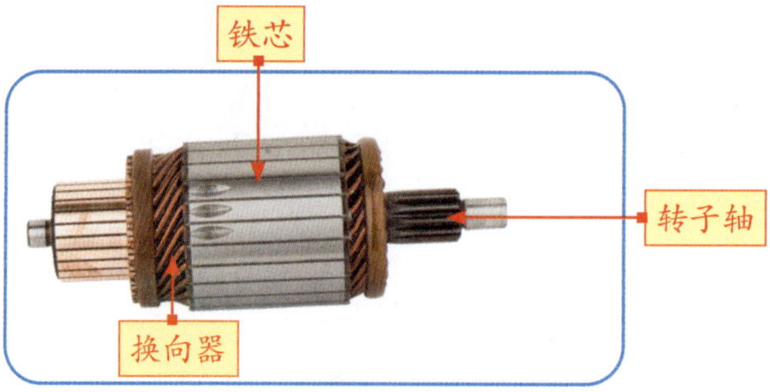


图 5-17　直流电机转子实物

转子绕组盘绕在铁芯周围的凹槽上，两端与换向器相连。换向器的作用是将通入电刷的直流电流转换为电枢绕组中导体所需的交变电流，使不同磁极下导体中电流的方向保持不变，如图 5-18 所示。

换向器结构由截面呈燕尾形的铜片围合而成，该燕尾形铜片称为换向片。换向片与换向片之间，以及换向片与轴套、压环之间采用云母绝缘，因为云母的耐磨性较好。

图 5-18　直流电机中转子的换向器

### 3. 直流电机的端盖和电刷

直流电机的两端端盖和电机机身组成了整体的外壳，起着保护和支撑整个电机的作用。除此之外两端的端盖还各有结构特点。

靠近电刷与接线柱一端的端盖叫作电刷端盖，盖内装有四个电刷与电刷支架。其中一对是搭铁电刷，直接与电机外壳相连，作为转子电枢的负极搭铁。另一对是电枢的正极电流导入端，必须保证与电机壳体绝缘，否则就会造成短路，所以这一对电刷支架下面带有绝缘层。此外为了使电刷在电刷支架上压紧，电刷支架上还带有盘形弹簧，如图 5-19 所示。

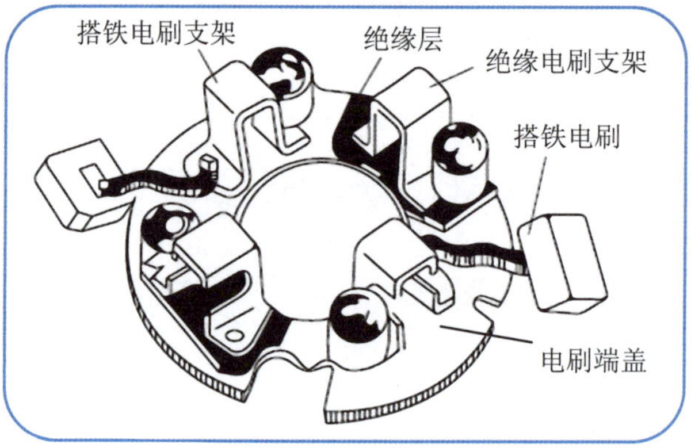


图 5-19　直流电机电刷端盖

电刷作为电机的重要导电设备，必须具有低电阻和耐磨的特性，所以通常使用铜粉与石墨粉混合压制而成。这样既提高了耐磨性，又降低了电阻值，如图 5-20 所示。

图 5-20 直流电机中的电刷

电机另一端的端盖叫作驱动端盖，端盖上有拨叉座、拨叉的支撑轴销孔和驱动齿轮。为了避免转子轴变形弯曲，有些起动机还装有钟祥支撑板。

### 4. 直流电机的工作原理

上面我们讲了直流电机的结构，那么直流电机是怎样将电能转化为动能的呢？这一节我们就以永磁电机为例，简单讲述一下直流电机的工作原理。

直流电机是根据导体在磁场中受到磁力而运动的原理制作的，如图 5-21 所示。

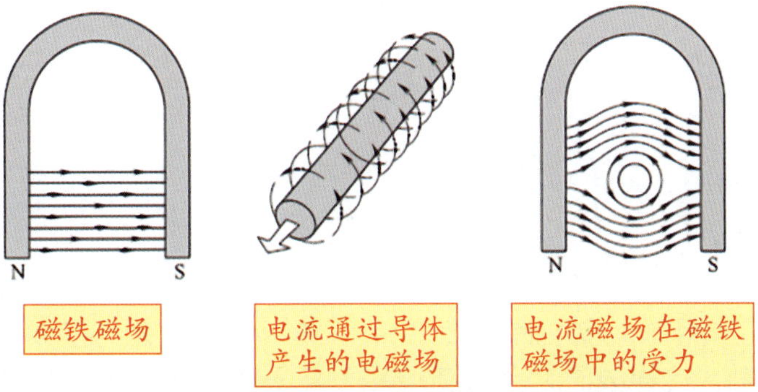


图 5-21 电流磁场在磁铁磁场中的受力

一根通电导体放进磁场，由于电流切割磁力线的作用，在导体周围也会形成磁场。导体磁场的磁力线是环绕导体的方向，在导体下边的磁力线方向相同，磁力线的磁通密度变浓而产生较强的磁场，在导体上边的磁力线彼此方向相反磁场减弱，导体会从强磁场向弱磁场的方向移动，这就是起动机将电能转换为机械能的原理。

上面我们讲过直流电机的主要组成部分是有定子、转子、换向器、电刷等等。让我们看看这些设备在电磁转化的过程中都起到了什么作用，如图 5-22 所示。

图 5-22 中将通电导体（转子）做成环状，两端磁铁（定子）固定在电机外壳上，A 和 B 是电刷，E 和 F 是转子上的换向器，我们来梳理一下直流电机中电磁转化的工作原理。

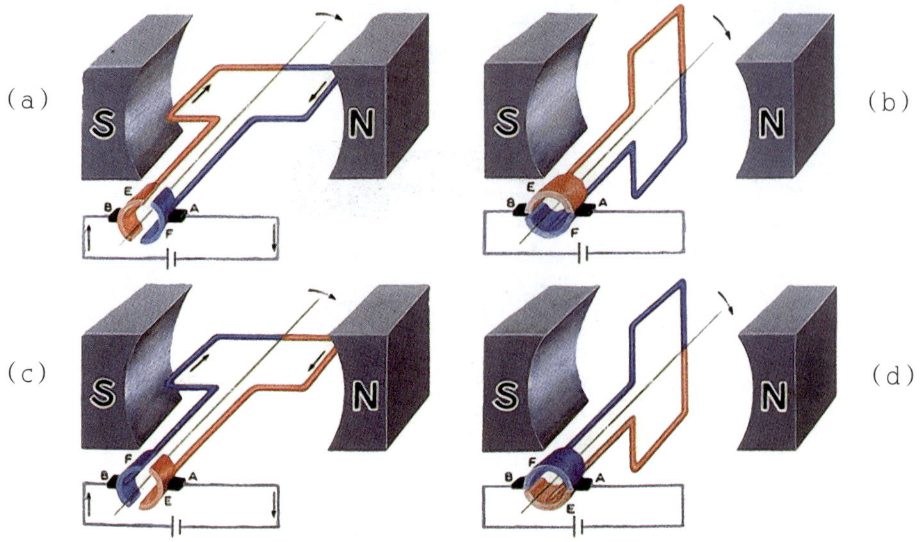


图 5-22　直流电机中的电磁转化

（1）在图 5-22（a）中，电流通过蓄电池流经电刷 B 和换向器 E，流过导体再从换向器 F 和电刷 A 上流回蓄电池负极（这里通常使用电刷 A 搭铁减少导线数量）。导体转子在电流经过时产生磁场，并在两端 N 极和 S 极磁铁的作用下，按顺时针方向绕轴线转动。

（2）转子转动到（b）位置的时候，电刷与换向器分离，转子中不再有电流经过，磁场消失。在惯性的作用下转子会继续向前转动一段距离。（如果是多组绕组的定子和转子，这里就不会出现没有磁场的空档期。）

（3）在惯性作用下，转子转动到（c）位置，电刷 B 会与换向器 F 接触，电刷 A 会与换向器 E 接触，这样电流就会重新按 B → F →转子→ E → A 的方向流动，转子中重新产生磁场，与两端 N 极 S 极磁场作用，使得转子继续顺时针方向转动。

当转子转动到（d）位置的时候，又会出现电流磁场空档期，同样在惯性作用下转动，到电刷与换向器想接触后，重新产生电流磁场。

（4）这样转子就在 N 极和 S 极的磁场中转动了一圈，只要电流输入不停，转子就会在磁场中不停地做这样的绕轴转动，从而达到输出转矩的效果。

需要强调的是，我们在实际使用直流电机的时候，不会只使用一组定子、转子，我们通常是将两组或多组定子、转子同时安装在电机中，这样就使电机的转动更加平稳，输出更为稳定了。

### 5.3.4　啮合传动机构

起动机中还有一个重要的设备，就是啮合传动机构。啮合传动机构的作用上面已经介绍了很多次，这一节我们讲解啮合传动机构的结构和原理。

啮合传动机构由拨叉、驱动齿轮和单向离合器组成，如图 5-23 所示。

图 5-23 拨叉实物图

### 1. 拨叉

在起动机中拨叉是一个既简单又重要的零件。在电磁开关的控制下，其负责将驱动齿轮送入发动机飞轮啮合位置，如图 5-24 所示。

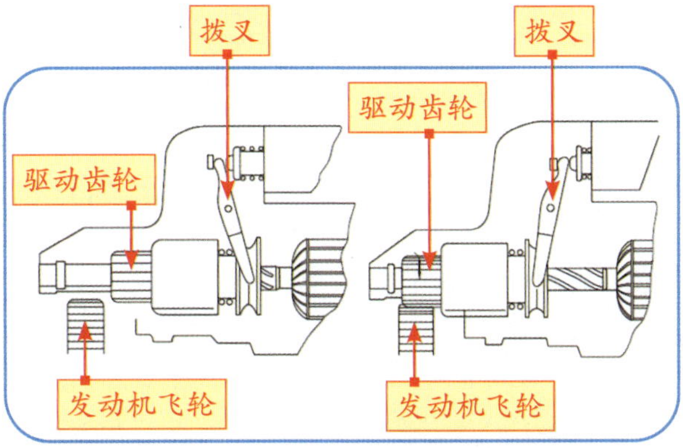


图 5-24 起动机中拨叉控制驱动齿轮

### 2. 驱动齿轮

驱动齿轮是专门用于起动机与发动机飞轮之间啮合的重要零件。为了避免齿轮啮合时相互碰撞造成崩齿、磨损，驱动齿轮的齿端都制作成倒角的形式，并采用优质钢材处理，具有抗撞击、耐磨损等特性，如图 5-25 所示。

图 5-25 起动机驱动齿轮

### 3. 单向离合器

单向离合器与驱动齿轮装在一起，在起动之初将电动机电磁转矩通过驱动齿轮传递给曲轴，带动曲轴旋转，发动机运转后，驱动齿轮仍处于啮合状态时，单向离合器避免发动机飞轮带动电枢转子高速旋转而损坏起动机。常用的单向离合器有滚柱式（见图 5-26）、弹簧式和摩擦式三种。

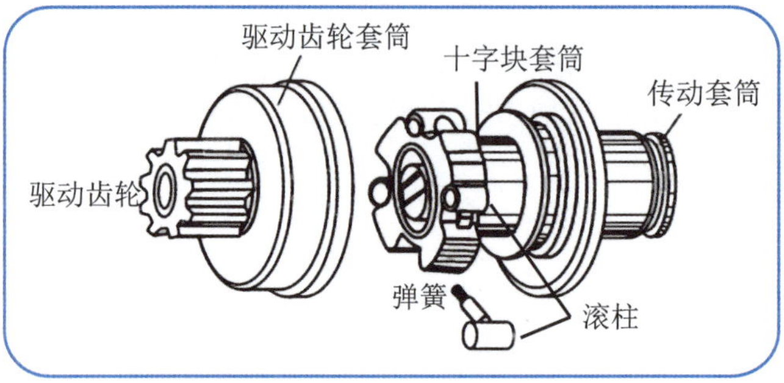


图 5-26 滚柱式单向离合器

滚柱式单向离合器是通过改变滚柱在楔槽中的位置实现分离和接合的。分为十字块式和十字槽式两种。图 5-26 所示为十字块式滚柱单向离合器。主要由驱动齿轮、外壳、十字块套筒、滚柱、弹簧、传动套筒等组成。

离合器的套筒内有螺旋花键，这些花键与起动机转子轴前端的花键结合。单向离合器既可在拨叉的作用下沿电枢轴轴向移动，又可在电枢驱动下做旋轴运动。当起动机带动发电机飞轮旋转时，滚柱被挤到楔形槽的窄端并越挤越紧，使花键套筒与驱动齿轮形成一体，电动机转矩便由此输出。

## 5.3.5 电磁开关和继电器

起动机的控制机构中有两个很重要的部件：电磁开关和继电器，它们起到控制和保护的作用，下面本节将详细讲解这两个部件的结构和功能。

### 1. 电磁开关

在设有电磁开关的起动系统中，电磁开关是直接装在直流电机顶上的，与直流电机和传动机构一起组成完整的起动机，如图 5-27 所示。

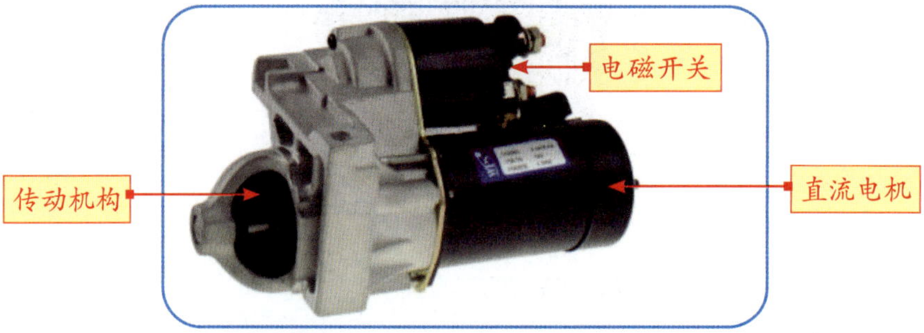


图 5-27 起动机上的电磁开关

电磁开关的作用主要有两个，一是控制起动电路的通断，二是驱动拨叉来控制传动机构的啮合，如图 5-28 所示。

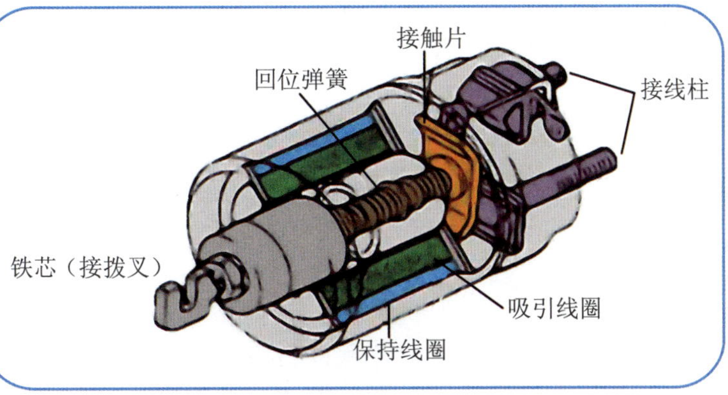


图 5-28　激励电磁开关内部结构

下面以普通的激励式电磁开关为例进行介绍。当打开点火开关，接通起动电路时，电流分为两组流过电磁开关，一组流过吸引线圈，产生磁力将铁芯和拨叉向后拉动。另一组流过保持线圈，产生磁力使铁芯保持在拉动后的位置，直到起动结束。拉动活动铁芯需要的磁力比活动铁芯到位后保持住所需的磁力大得多。因为有两组线圈同时被激励以建立拉动活铁芯的联合磁场，所以待活动铁芯移动后，保持活动铁芯所需的电流就会大大减少。

## 2. 继电器

继电器的作用是点火开关接通起动电路时，流过继电器的小电流通过线圈产生磁力，磁力吸引衔铁并接通大电流通路，从而达到小电流控制大电流通断的效果，这样做是为了保护控制开关不会被大电流损坏，如图 5-29 所示。

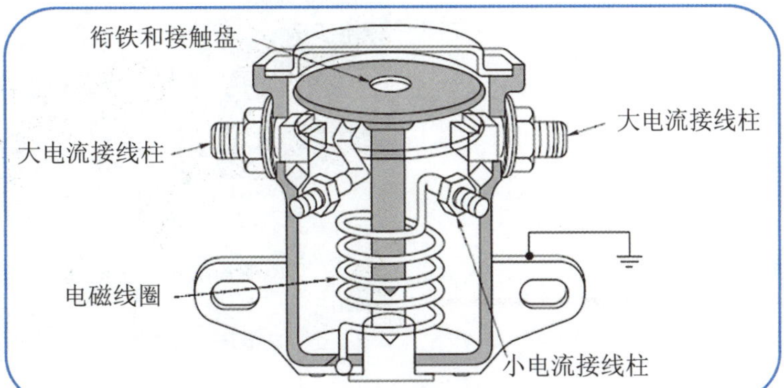


图 5-29　起动继电器

起动继电器主要由大电流接线柱、小电流接线柱、电磁线圈、衔铁和接触盘等组成。一般安装在靠近蓄电池的护板或散热支架上。

当点火开关接通时，从点火开关传来的电流流过继电器线圈，线圈产生磁场，拉下衔铁和接触盘，接触盘便与蓄电池和起动机接线柱的内触头接触形成电闭合，大电流便流到了起动机。

## 5.4 汽车起动系统故障检测方法

起动系统是汽车重要的系统之一，它起着起动汽车发动机的作用，如果起动系统出现故障，将会造成汽车发动机无法起动或者工作异常。接下来讲解起动机的拆卸技巧和起动系统常见故障检测方法。

### 5.4.1 起动机的拆卸技巧

检修汽车起动机时，先断开蓄电池电缆，将起动机从车上卸下，再分解起动机各部。拆卸方法如图 5-30 所示。（以奇瑞瑞麒 5 汽车为例）

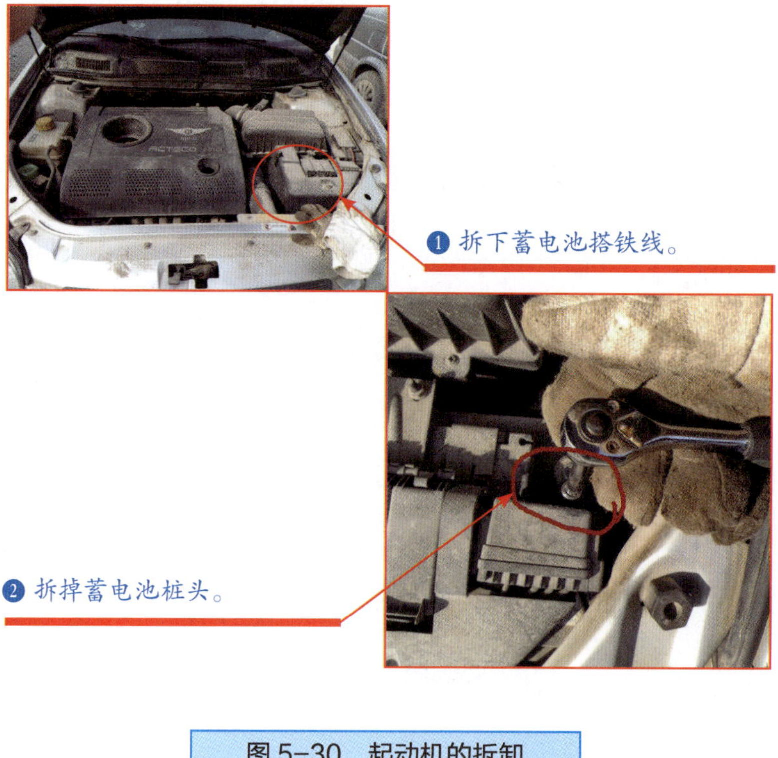


图 5-30　起动机的拆卸

❸ 拆下起动机固定螺钉。

❹ 用 16 号梅花扳手卡住张紧轮中间螺钉，尽全力往侧面压住涨紧轮。注意需要用力。压住涨紧轮以后取皮带。

❺ 拆下发电机总成。

❻ 拆掉发电机侧面的两个固定螺钉，再拆掉主火线，拔掉发电机面的励磁线圈插头，然后拆下发电机。

图 5-30 起动机的拆卸（续）

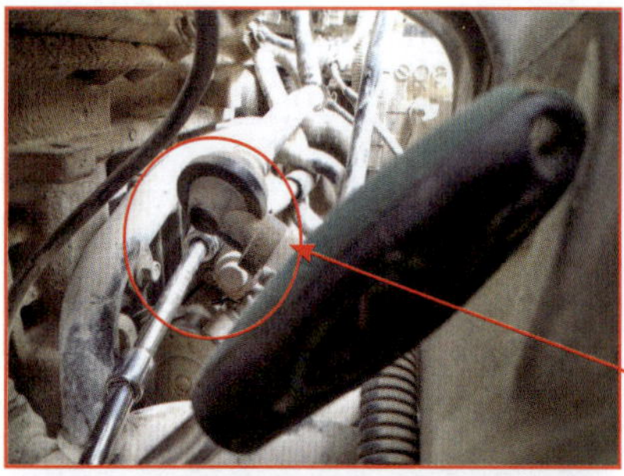

❼ 发电机拆掉以后，可以看到起动机，接着拆掉起动机面主火线。

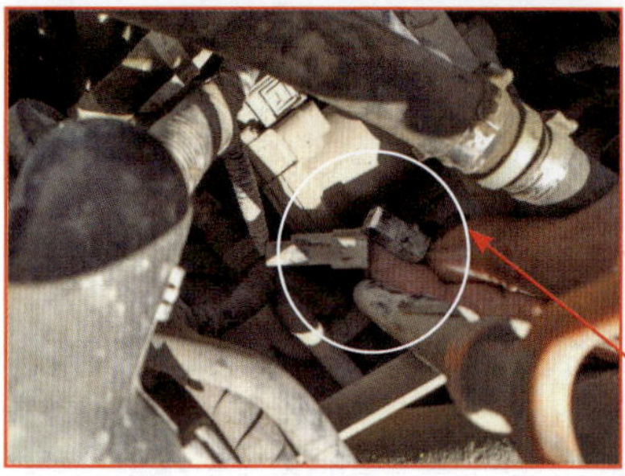

❽ 拔掉起动机上面开关的控制线插头。

❾ 拆掉起动机电源线正极。因为我们已经拆掉电瓶接线柱负极所以现在会出现短路现象。

❿ 拆掉起动机部固定螺钉，然后拆下起动机。

图 5-30　起动机的拆卸（续）

## 5.4.2　起动机故障检测方法

起动机的主要故障包括：起动机不转、起动机起动无力、起动机空转等。

### 1. 起动机不转故障分析

造成起动机不转故障的原因如图 5-31 所示。

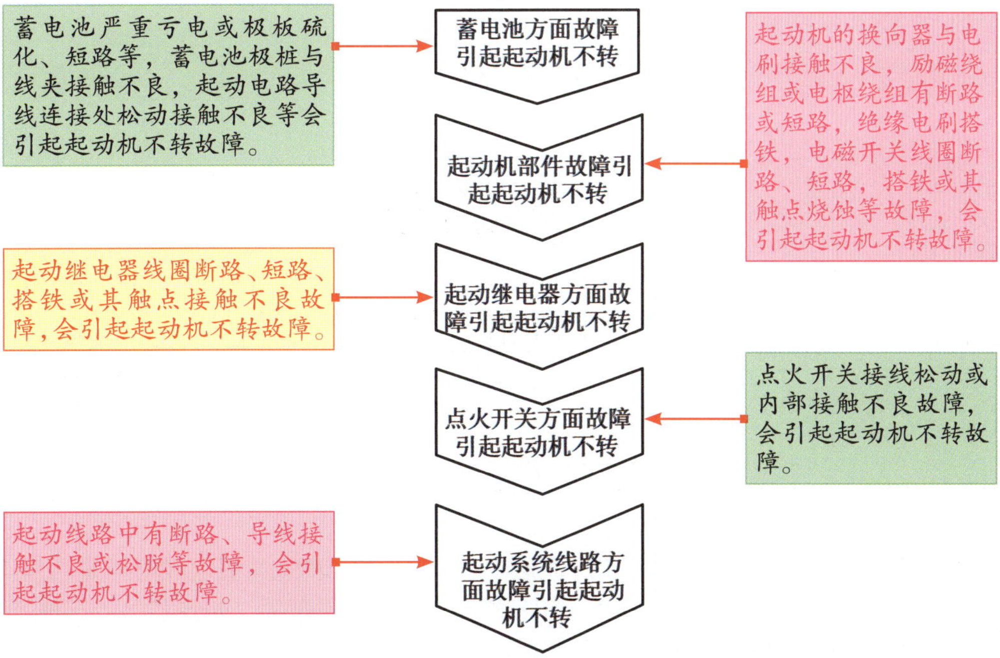


图 5-31　造成起动机不转故障的原因

起动机不转故障的检测方法如图 5-32 所示。

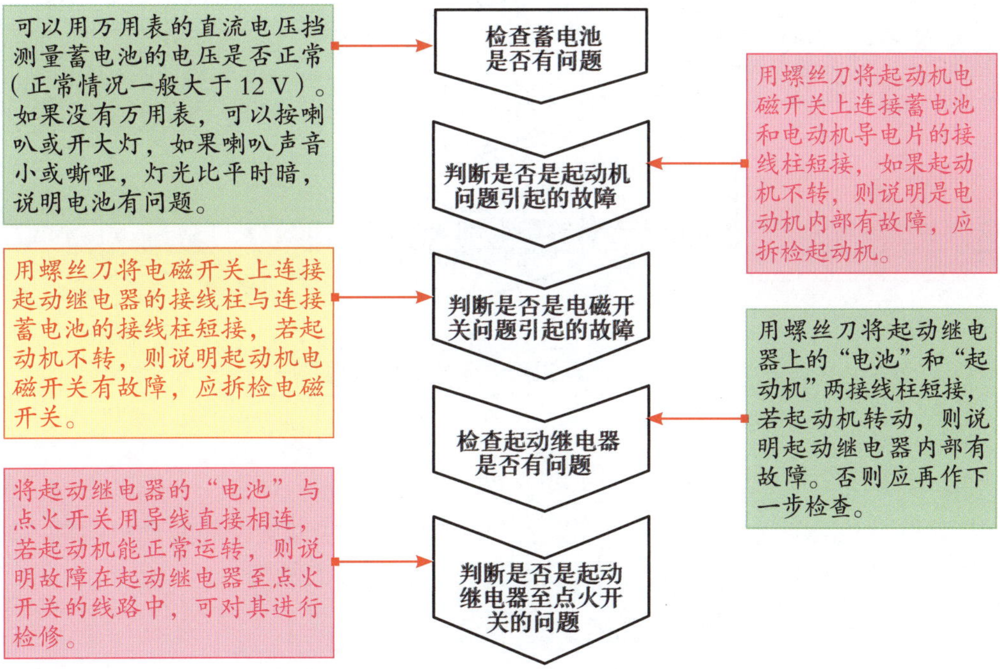


图 5-32　起动机不转故障检测方法

## 2. 起动机起动无力故障分析

造成起动机起动无力故障的原因如图 5-33 所示。

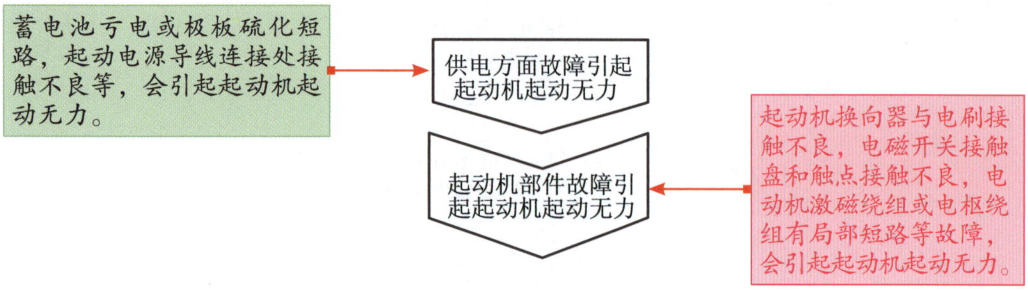


图 5-33　造成起动机起动无力故障的原因

对于起动机起动无力的故障，我们应当先用汽车万用表检测蓄电池电压是否正常；若电压正常，然后再检查起动机本身引起的故障，如：电磁开关、换向器等的接触不良，励磁绕组和电枢绕组短路等问题。

起动机起动无力故障的检测方法如图 5-34 所示。

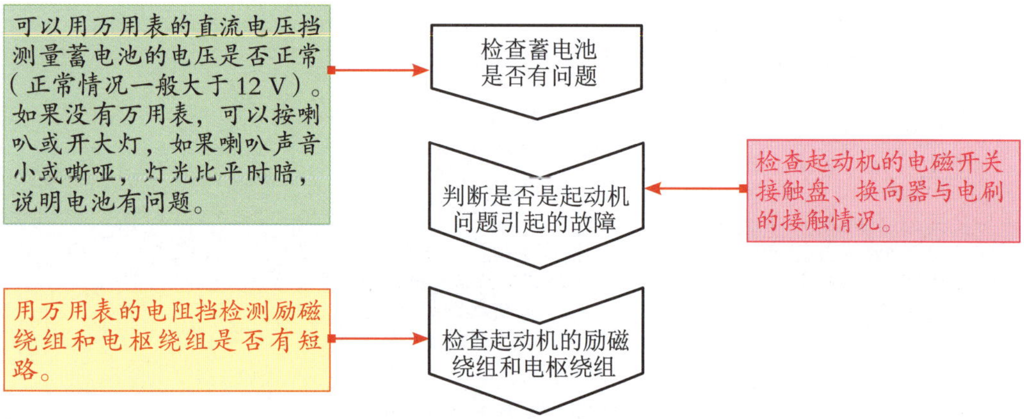


图 5-34　起动机起动无力故障检测方法

## 3. 起动机空转故障分析

起动机空转故障是指接通起动开关后，只有起动机快速旋转而发动机曲轴不转。这种故障的原因主要在于起动机的传动装置和飞轮齿圈等有故障。

起动机空转故障的检测方法如图 5-35 所示。

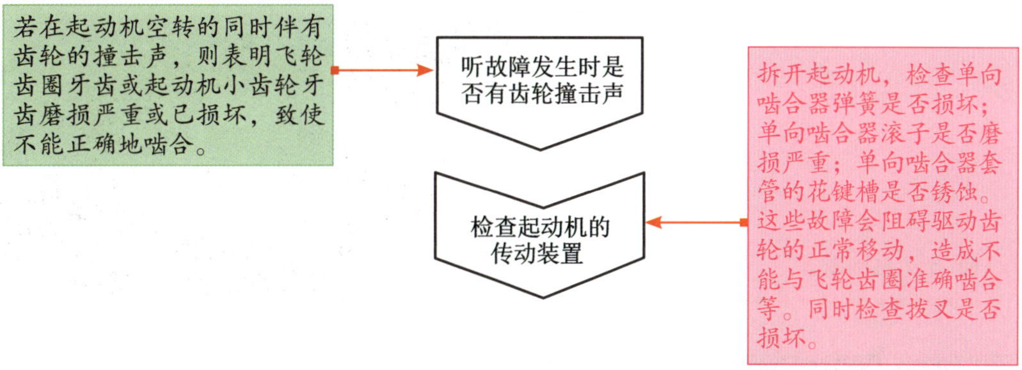


图 5-35 起动机空转故障的检测方法

## 5.5 汽车起动系统检测维修实战

光说不练假把式，维修经验的获取主要是来自具体的故障检测实战，这对维修人员来说非常重要。通过实战可以提高维修的成功率。本节通过两个实战案例来讲解汽车起动系统的检测维修方法。

### 5.5.1 荣威550汽车起动机异响故障维修实战

客户一台荣威550汽车，最近几天早上打火时发现起动机有一声清脆的打齿的响声，热车不明显。根据故障现象分析，可能是起动机的驱动齿轮卡涩回位慢引起。需要拆下起动机进行检查。

起动机异响故障维修具体步骤如图 5-36 所示。

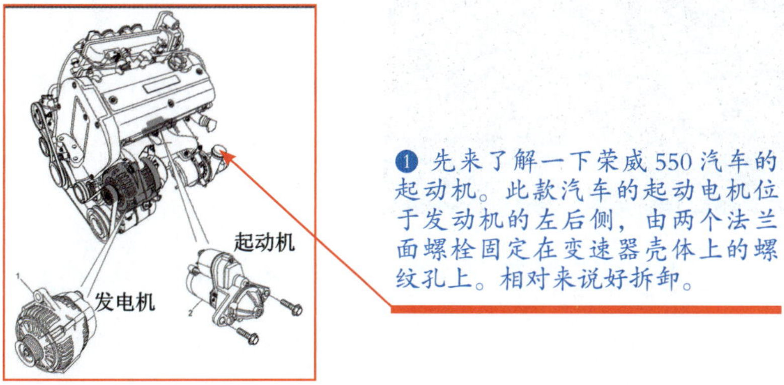


图 5-36 荣威汽车起动机异响故障维修实战

❷ 打开前机箱盖。

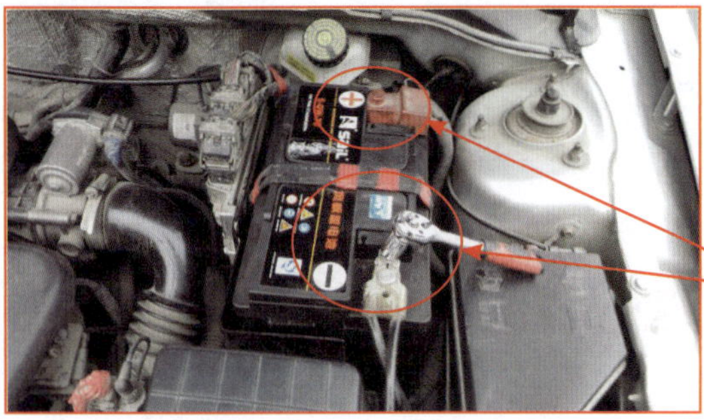

❸ 用 M13 的套筒断掉电瓶线的正极和负极。

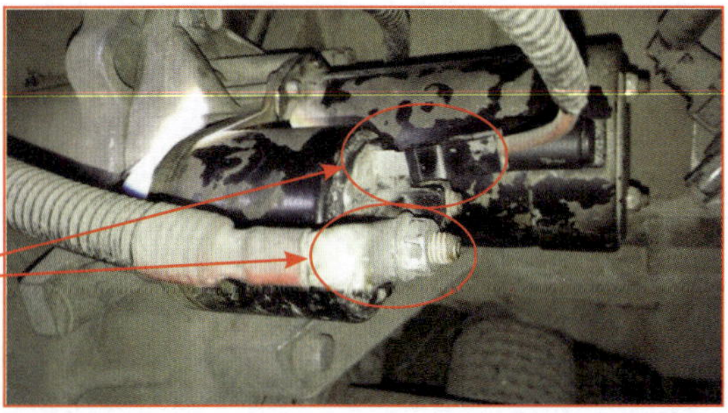

❹ 先用 M13 的套筒卸掉 30 线柱，然后拔掉电磁开关插头。

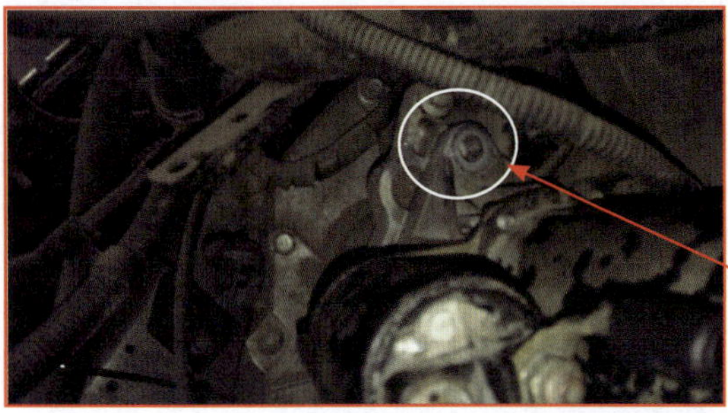

❺ 用 M13 的套筒卸掉起动机上部的固定螺钉。

图 5-36　荣威汽车起动机异响故障维修实战（续）

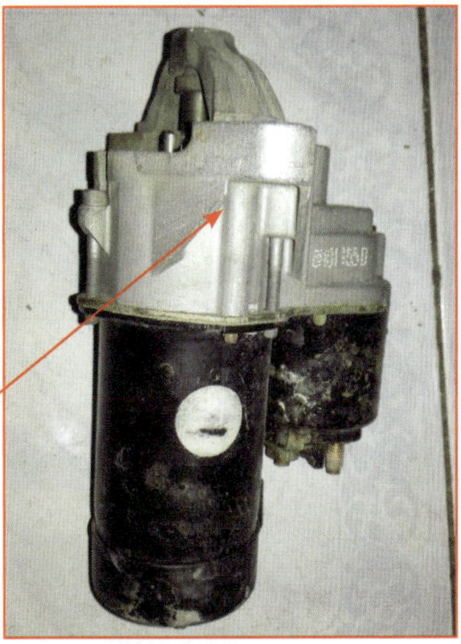

❻ 拆下固定螺钉后，拆下起动机。

❼ 开始拆卸起动机，用内六方扳手卸掉3个固定螺钉和一个梅花螺钉。然后卸掉起动机前部外壳，可以看见齿轮、拨叉、电磁开关等。

❽ 去掉两个铆钉，拆下起动电机。然后把驱动齿轮拨到最上部，下面是斜齿轮，发现里面润滑油都干了，难怪卡涩。

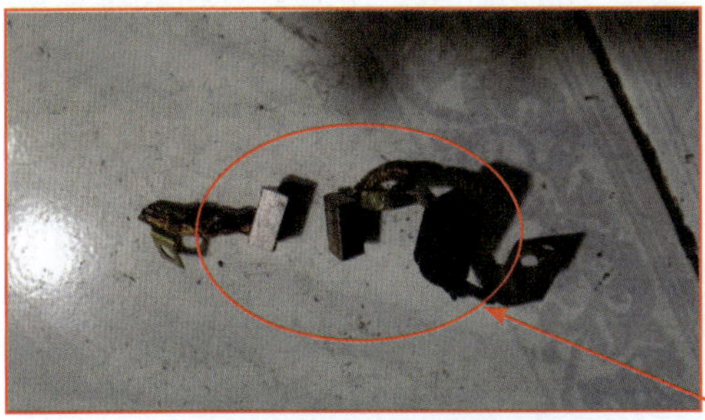

❾ 继续拆解起动机的电动机，检查电动机的电刷，电刷还可以正常使用。接下来将起动机的各个部件装好，然后进行测试。

图5-36 荣威汽车起动机异响故障维修实战（续）

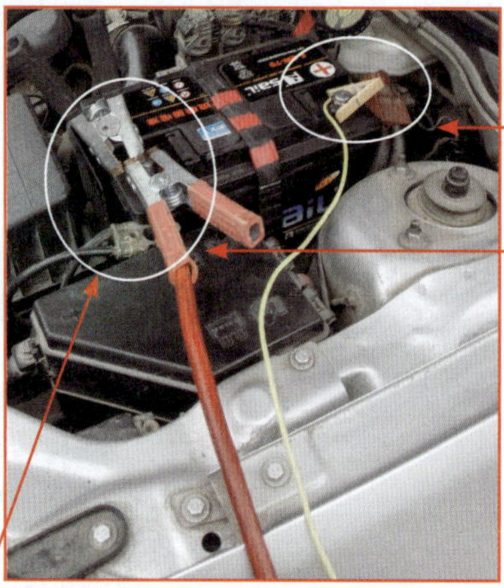


⑩ 首先在蓄电池的正极接根线到电磁开关接线插头（即50端子），然后从蓄电池的负极引两根线，一个接起动机外壳，一个接起动机的C端子。

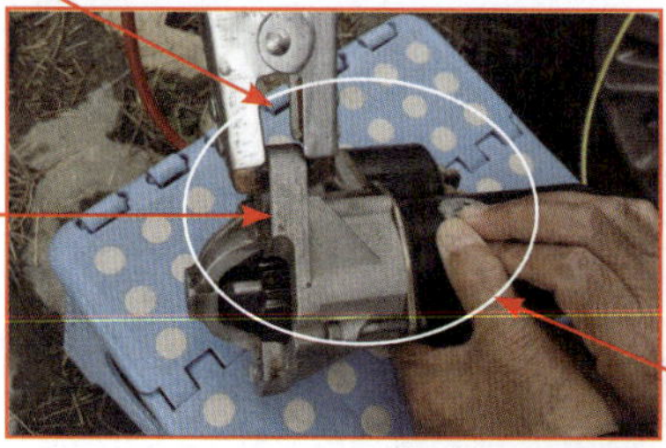


⑪ 观察电磁开关两个线圈未发现损坏；接电后驱动齿轮可以伸出并保持；断开起动机外壳和C端子接线，齿轮可以缩回。说明起动机工作正常。注意：测试时间要超过5秒。

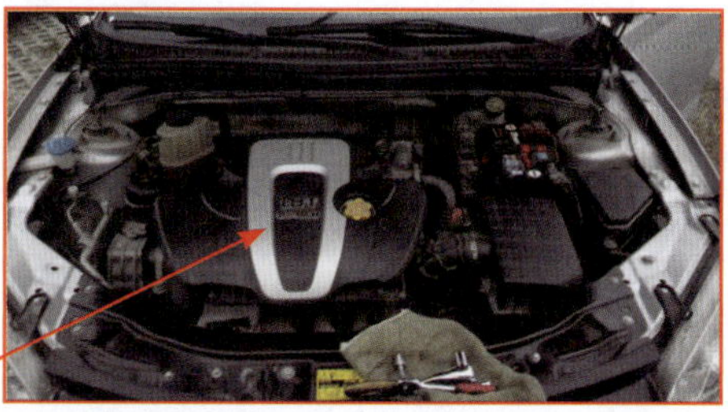

⑫ 将起动机安装回汽车，然后打火测试，异响消除，故障排除。

图5-36　荣威汽车起动机异响故障维修实战（续）

提示：测试起动电机转动时，先安装C端子的电机进线和螺帽，蓄电池的正极引两根线。一根接起动机的50端子，另一根接蓄电池的30端子。负极引一根接电机外壳。观察驱动齿轮伸出并高速转动，断开负极引线后，齿轮缩回并停止转动，说明起动机工作正常。

提示：起动机电磁开关的接线柱介绍，如图5-37所示。

图 5-37 起动机电磁开关接线柱介绍

## 5.5.2 雪铁龙凯旋汽车起动机转动无力故障维修实战

一台雪铁龙凯旋汽车，早上起动的时候，发现声音明显异常，粗狂无力，发动机无法正常起动。首先按汽车的喇叭，声音很响，说明供电正常，故障可能是起动机老化造成的。需要拆开起动机检查，此故障的维修具体步骤如图 5-38 所示。

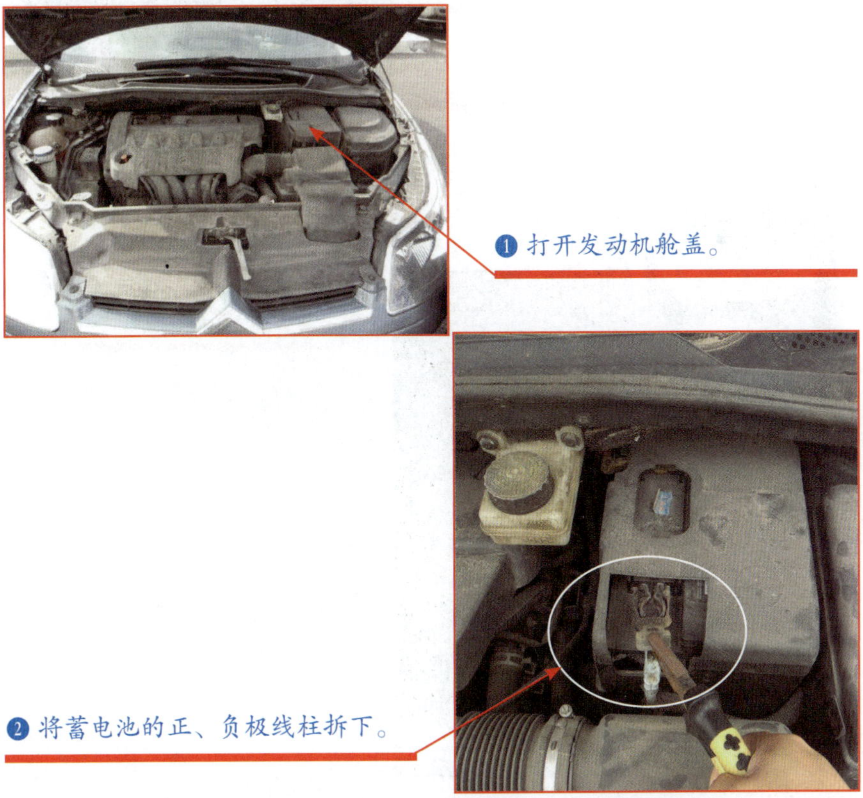


图 5-38 凯旋汽车起动机转动无力故障维修

③ 拆下空滤总成。

④ 拆下进气歧管

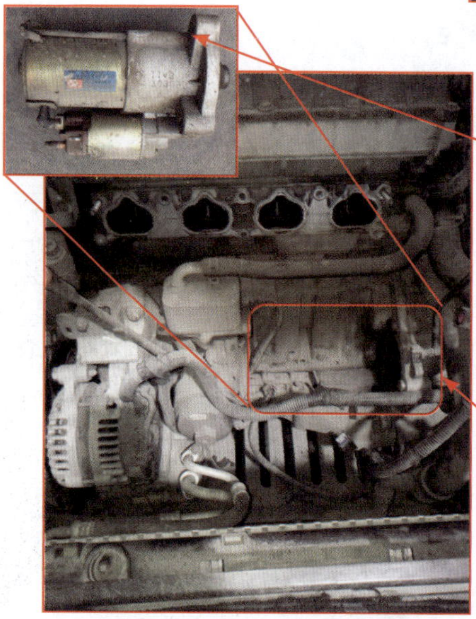

⑥ 检查起动机，发现起动机老化无法继续使用。

⑤ 拆下起动机的连线和固定螺钉，将起动机卸下。

图 5-38　凯旋汽车起动机转动无力故障维修（续）

❼ 更换同型号的起动机。

❽ 安装进气歧管和空滤总成，并接上蓄电池的接线柱，然后进行测试，起动正常，故障排除。

图 5-38　凯旋汽车起动机转动无力故障维修（续）

# 第6章

# 汽车点火系统检测维修实战

在燃油汽车发动机中，发动机气缸内的可燃混合气体是靠电火花点燃的，为此在气缸盖上装有火花塞，火花塞头部伸入燃烧室内。能够按时在火花塞电极间产生电火花的全部设备称为点火系统。本章将重点讲解汽车点火系统常见故障的检测维修方法和实践案例。

## 6.1 看图识汽车点火系统

汽车点火系统分为传统电子点火系统和微机控制点火系统。这两种点火系统都是以蓄电池为电源，由点火线圈将低电压转变为高电压。不同的是电子点火系统通过分电器分配到各缸火花塞，而微机控制点火系统则是由微机控制系统发出点火控制信号，控制点火时刻。

### 1. 传统电子点火系统

汽车传统电子点火系统主要由蓄电池、点火开关、分电器、点火线圈和火花塞等组成，如图6-1所示。

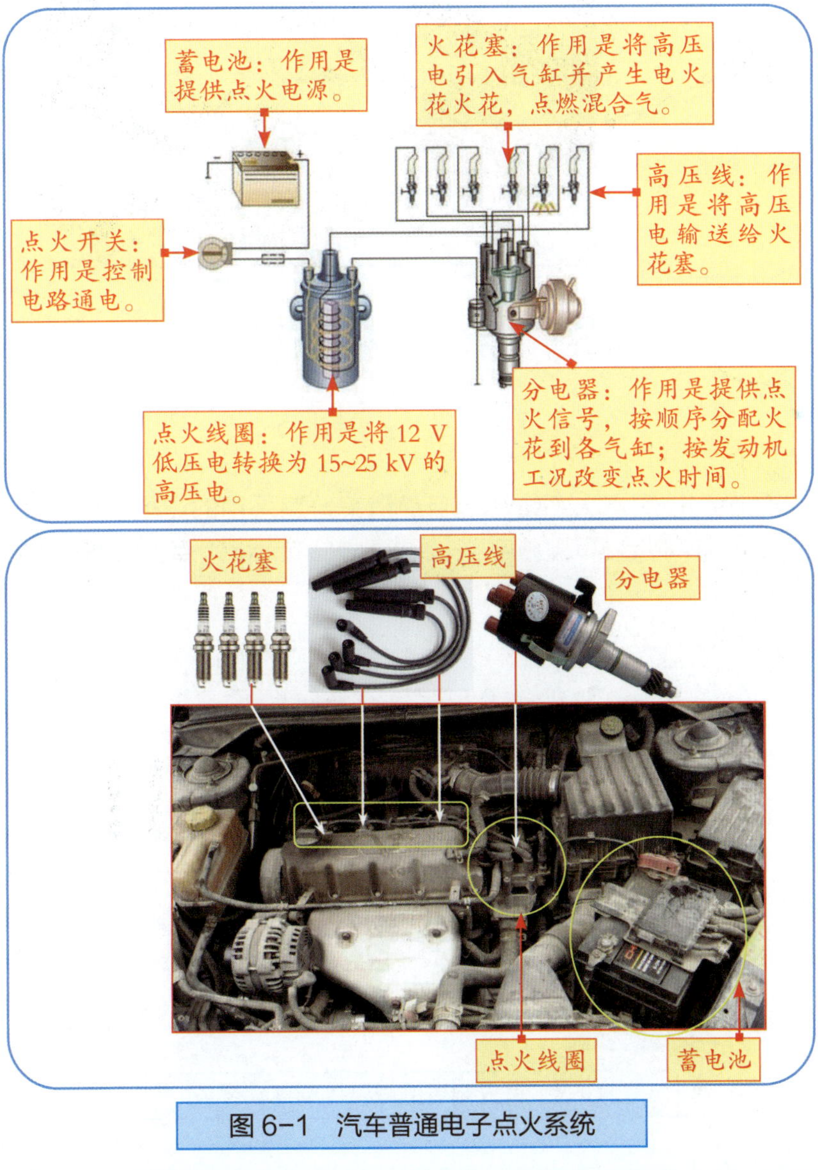


图6-1 汽车普通电子点火系统

### 2. 无分电器的微机控制点火系统

无分电器的微机控制点火系统是目前汽车普遍采用的点火系统。此点火系统主要由蓄电池、发动机控制器 ECU、点火开关、传感器、点火线圈和火花塞等组成，如图 6-2 所示。

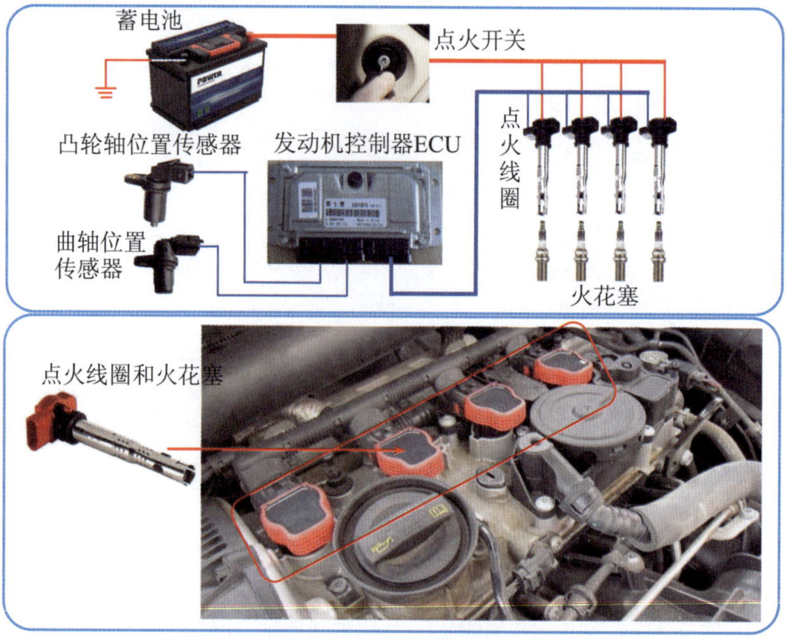


图 6-2　无分电器的微机控制点火系统

### 3. 有分电器的微机控制点火系统

有分电器的微机控制点火系统也是目前汽车普遍采用的点火系统。此点火系统主要由蓄电池、发动机控制器 ECU、分电器、点火开关、传感器、点火线圈和火花塞等组成，如图 6-3 所示。

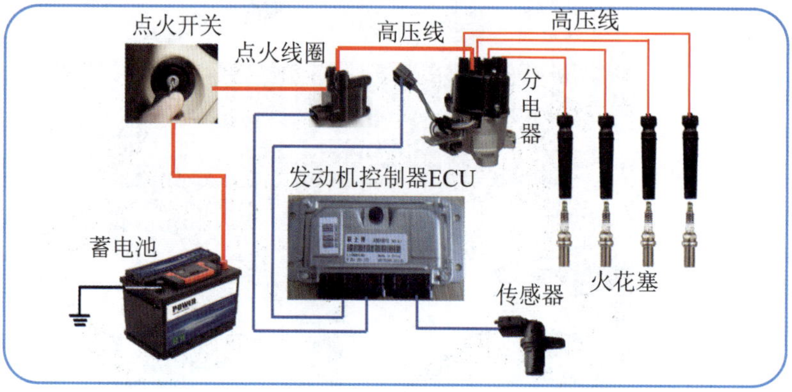


图 6-3　有分电器的微机控制点火系统

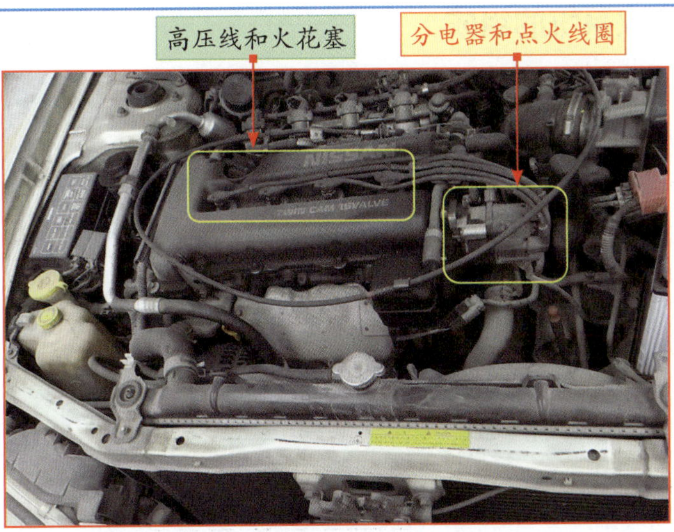


图6-3 有分电器的微机控制点火系统（续）

## 6.2 电控点火系统的组成和原理

电子控制单元控制发动机点火系统简称电控点火系统，其废除了点火提前装置（真空和离心式点火提前装置），点火提前角由ECU控制，这使发动机在各种工况下都具有最佳的点火提前角，提高了发动机的动力，节约了燃油消耗，减少了尾气中有害物的排放，如图6-4所示。

图6-4 电控点火系统

## 6.2.1　电控点火系统的组成

电控点火系统主要是由传感器、ECU、执行器组成，如图 6-5 所示。

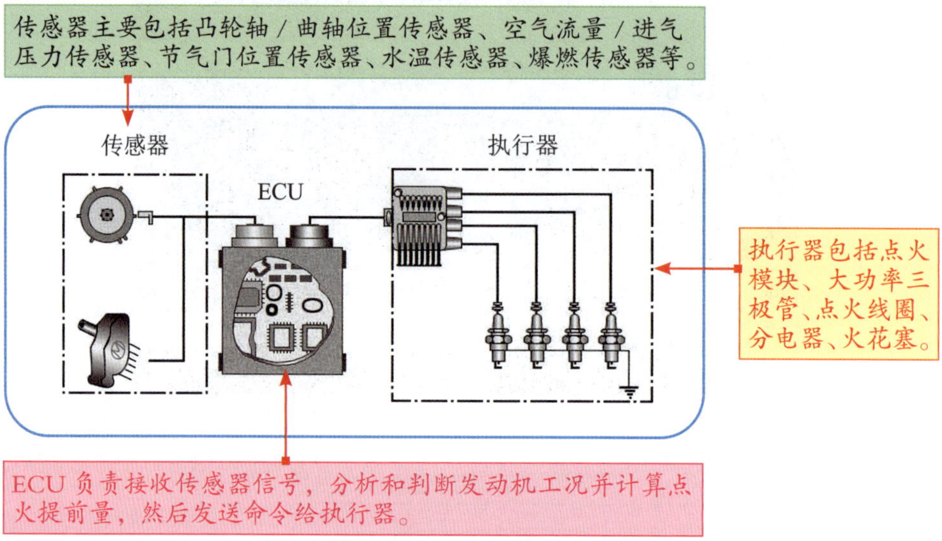


图 6-5　电控点火系统

## 6.2.2　电控点火系统的工作原理

首先各个传感器将检测到的反映发动机运行状况的信号输送至 ECU。ECU 根据各传感信号计算出最佳点火提前角，并在适当时刻向点火控制器发出点火信号。点火控制器通过其内部的大功率三极管控制点火系统初级电路周期性通断，次级线圈产生高电压使火花塞放电点燃缸内的空燃混合气，如图 6-6 所示。

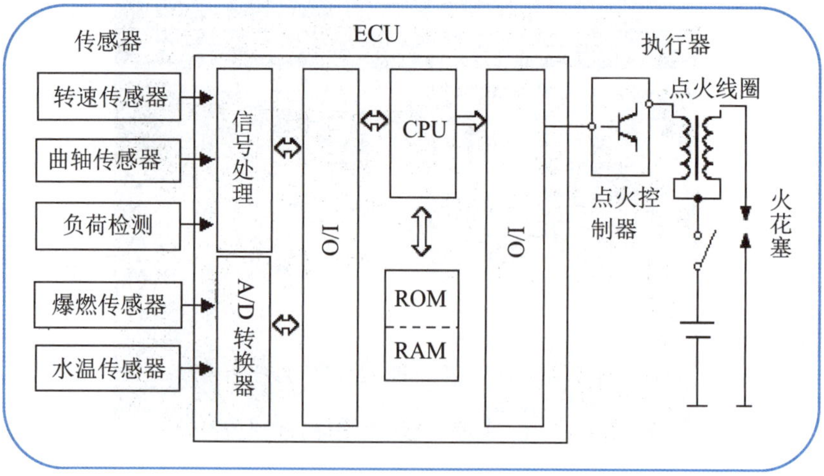


图 6-6　电控点火系统的工作原理

电控点火系统是从传统点火系统和电子点火系统发展而来的。原理都是通过判断点火时间，发送命令使点火线圈产生高压电，从而让火花塞放电打火。但具体执行的过程因结构不同还是略有差异，下一节我们来具体分析每种类型点火系统的特点和工作方式。

## 6.2.3　点火线圈的工作原理

点火线圈由初级绕组、次级绕组、铁芯、高低压接线柱等组成。两个绕组都绕在同一个铁芯上，次级绕组在内，初级绕组在外。次级绕组的匝数大于初级绕组的匝数，相当于一个变压器，如图 6-7 所示。

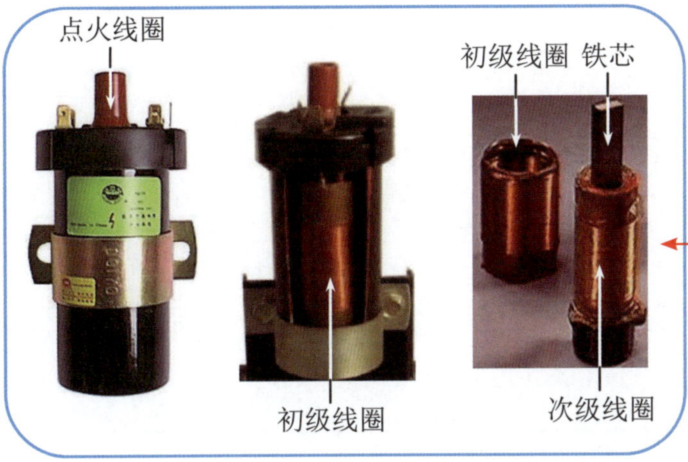


开磁式点火线圈一般为罐状结构。它以数片硅钢片叠合成棒状铁芯，次级线圈和初级线圈分别绕在铁芯的外侧。闭磁式点火线圈的铁芯是封闭的，磁通全部经过铁芯内部，铁芯的导磁能力约为空气的一万倍。故开磁式点火线圈欲获得与闭磁式点火线圈相同的磁通，必须采用匝数较多、线径较大的初级线圈，这样就不易做到小型化。

（a）开磁式点火线圈

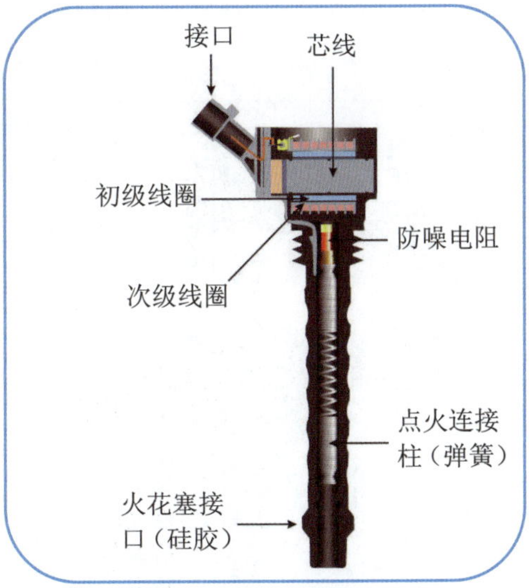


（b）闭磁式点火线圈

图 6-7　点火线圈的组成

点火线圈的工作原理如图 6-8 所示。

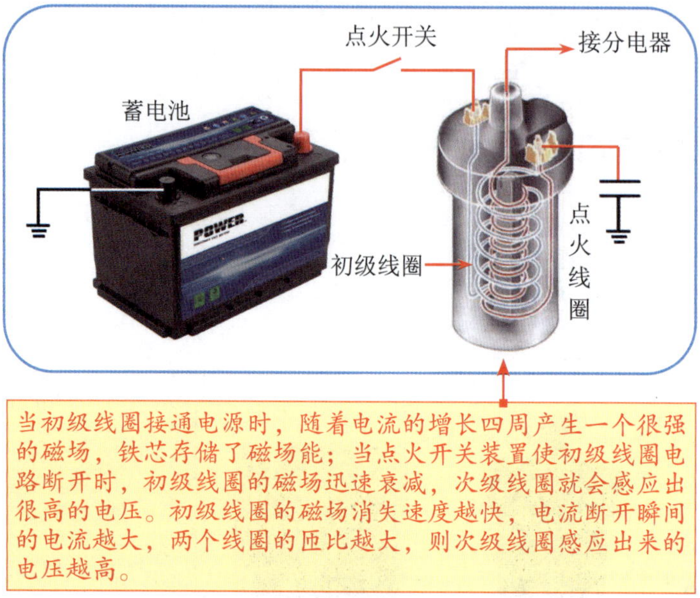


图 6-8　点火线圈的工作原理

## 6.2.4　分电器的工作原理

分电器是点火系统中适时控制初级电路通断，并按顺序分配火花到各缸火花塞的部件。分电器由断电器、配电器、电容器和点火提前调节装置等组成，如图 6-9 所示。

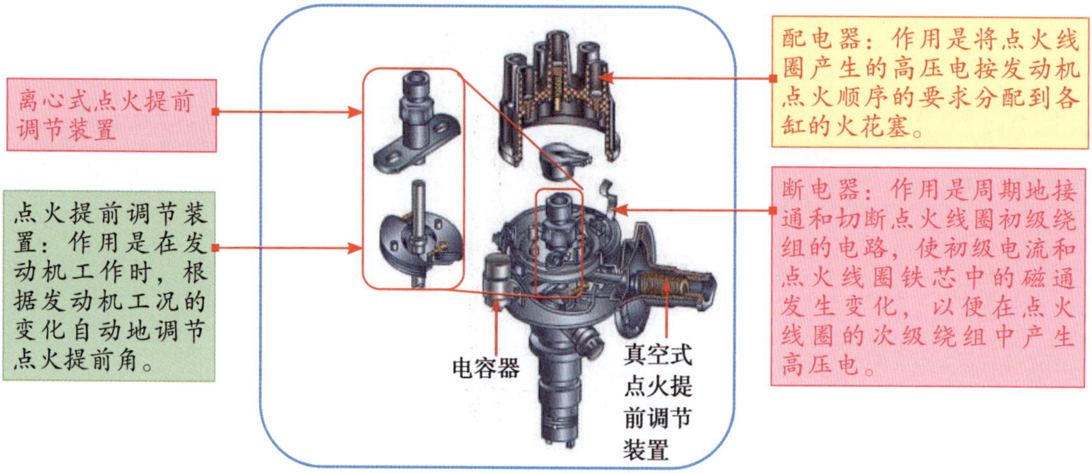


图 6-9　分电器的组成

分电器的工作原理如图 6-10 所示。

（1）分电器是汽油机点火系统中按气缸点火次序定时地将高压电有效流传至各气缸火花塞的一个部件。在分电器中，通常将配电器和断电器做在同一轴上，并由配气凸轮轴进行驱动。它还带有点火提前角调整装置和电容器等。而断电器的断电臂用弹簧片能有效地使触点闭合，利用断电凸轮使触点开启，开启间隙为 0.30 ~ 0.45 mm。断电凸轮的凸起数与气缸数相同。

（2）当触点有效地进行开启时，分电器的分电臂是正好对准相应的侧电极，能感应到产生的高压电由次级线圈经过分电臂、侧电极、高压导线传至相应气缸的火花塞。在使用不同辛烷值的汽油时，可手动调整初置点火提前角。

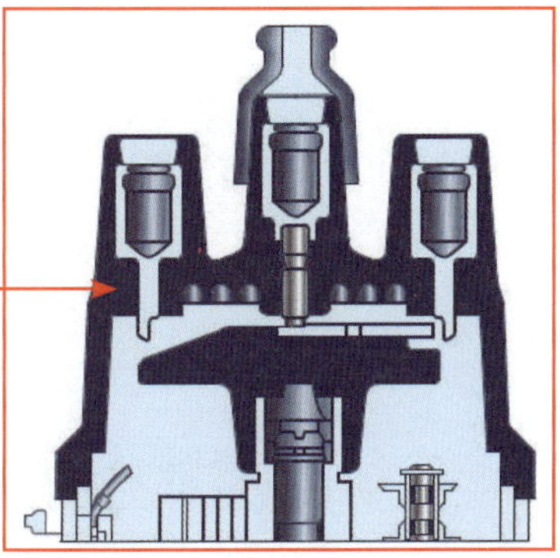

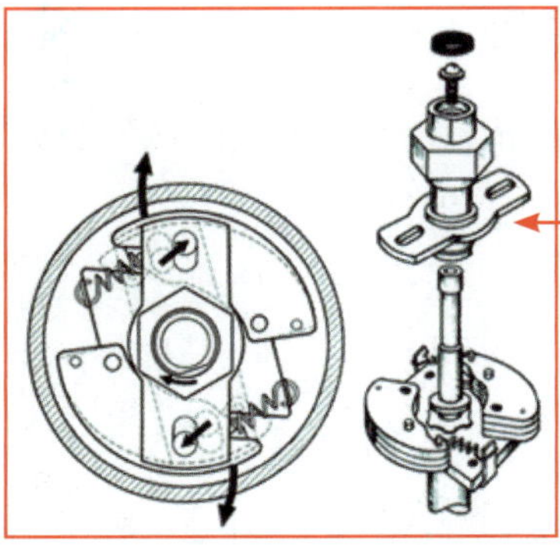

（3）当内燃机转速上升时，离心式点火提前角调节装置使点火提前，反之则点火后延。内燃机负荷降低时，进气总管中的真空度加大，通过连接管传到真空式点火提前角调节装置，使点火提前。这样的调节可以保证内燃机在适当的点火提前角下运转。

图 6-10　分电器的工作原理

## 6.2.5　传统点火系统的工作原理

传统点火系统工作原理如图 6-11 所示。

（1）接通点火开关，发动机开始运转。发动机运转过程中，断电器凸轮不断旋转，使断电器触点不断地打开、闭合。当断电器触点闭合时，蓄电池的电流从蓄电池正极出发，经点火开关、点火线圈的初级绕组、断电器活动触点臂、触点、分电器壳体搭铁，流回蓄电池的负极。当断电器的触点被凸轮顶开时，初级电路被切断，点火线圈初级绕组中的电流迅速下降到零，线圈周围和铁芯中的磁场也迅速衰减以至消失，因此在点火线圈的次级绕组中产生感应电压，其电压高达 300 V。它将在火花塞的电极间产生强烈的电火花，点燃油气混合物。

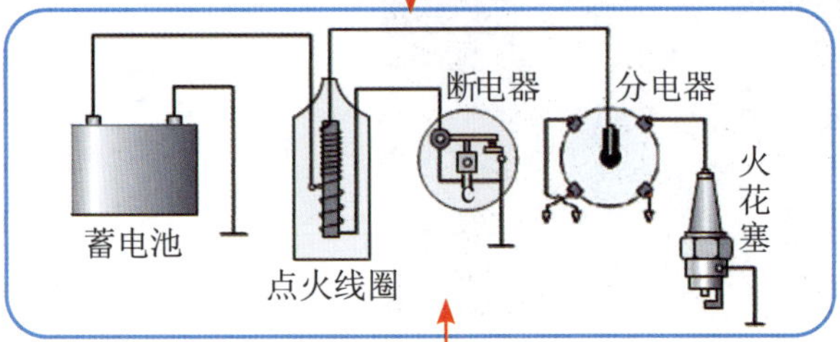


（2）由于在断电器触点分开、初级电流下降的瞬间，自感电流的方向与原初级电流的方向相同，其电压高达 300 V，这会使触点迅速氧化、烧蚀，影响断电器正常工作，同时使初级电流的变化率下降，次级绕组中感应的电压降低，火花塞间隙中的火花变弱，以致难以点燃混合气。为了消除自感电压和电流的不利影响，在断电器触点之间并联电容器。在触点分开瞬间，自感电流向电容器充电，可以减小触点之间的火花，加速初级电流和磁通的衰减，并提高次级电压。

图 6-11　传统点火系统工作原理

## 6.2.6　微机控制点火系统的工作原理

微机控制点火系统工作原理如图 6-12 所示。（以大众朗逸汽车为例）

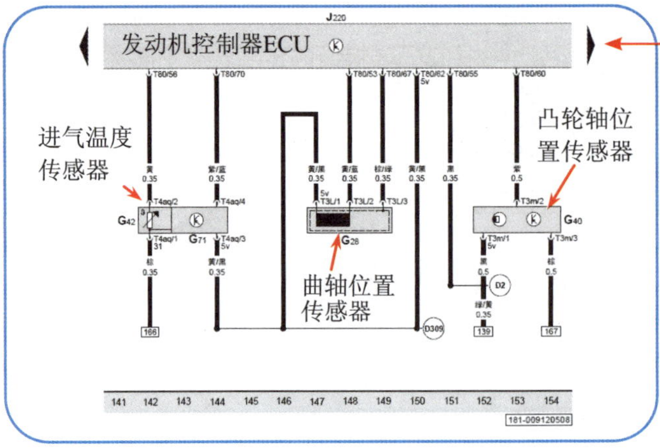


（1）当发动机运行时，ECU 不断地采集发动机的转速、负荷、冷却水温度、进气温度等信息，并根据存储器 ROM 中存储的有关程序与有关数据，确定出该工况下最佳点火提前角和初级电路的最佳导通角，并以此向点火控制模块发出指令。

图 6-12　微机控制点火系统工作原理

（2）点火控制模块根据 ECU 的点火指令，控制点火线圈初级回路的导通和截止。当电路导通时，有电流从点火线圈中的初级线圈通过，点火线圈此时将点火能量以磁场的形式储存起来。当初级线圈中电流被切断时，在其次级线圈中将产生很高的感应电动势 (15~20 kV)，经分电器送至工作气缸的火花塞，点火能量被瞬间释放，并迅速点燃气缸内的混合气，发动机完成做功过程。

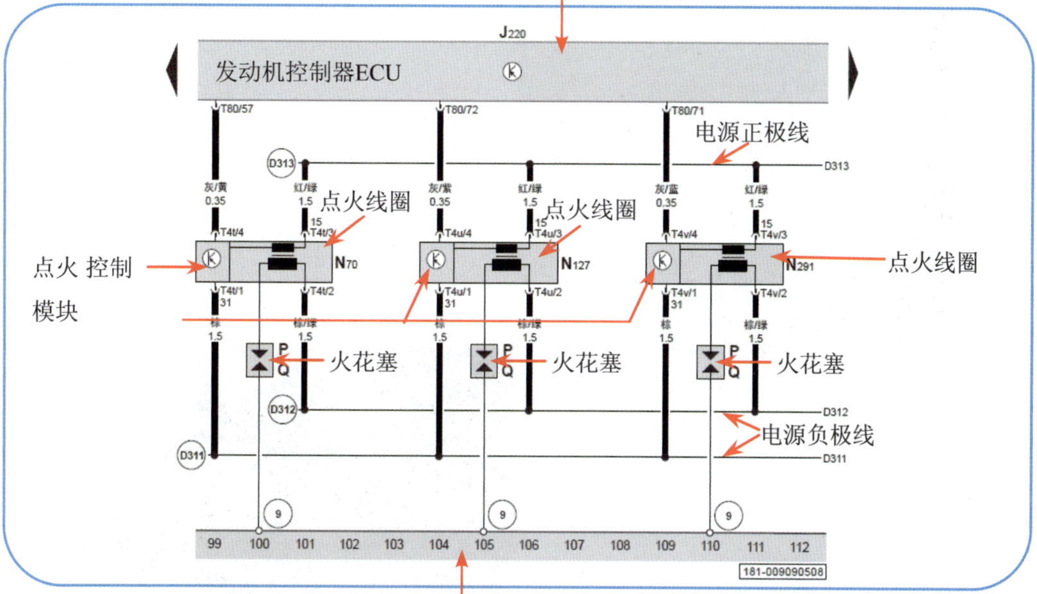


（3）此外，在带有爆燃传感器的点火提前角闭环控制系统中，ECU 还可根据爆燃传感器的输入信号来判断发动机的爆燃程度，并将点火提前角控制在轻微爆燃的范围内，使发动机能获得较高的燃烧效率。

图 6-12　微机控制点火系统工作原理（续）

## 6.3 汽车点火系统故障检测方法

汽车点火系统的故障会导致汽车无法打火起动，想要维修这方面故障，除了掌握易出故障部件的拆装技巧，更要梳理掌握点火系统常见故障的检测维修方法 。

### 6.3.1 点火系统主要部件的拆装技巧

点火系统中易出现故障的部件是点火线圈、火花塞以及分电器帽，而要维修这三个部件前需要先掌握它们的拆装方法，接下来本节将详细讲解点火系统主要部件的拆装技巧。

## 1. 拆卸点火线圈和火花塞

汽车点火线圈和火花塞的拆卸步骤如图 6-13 所示。

图 6-13　汽车火花塞的拆装方法

❹ 拧下点火线圈上的固定螺钉。

❺ 拔出点火线圈。

❻ 用工具拆下火花塞。

拆下的火花塞

图 6-13　汽车火花塞的拆装方法（续）

## 2. 拆卸分电器帽

汽车分电器帽的拆卸步骤如图 6-14 所示。

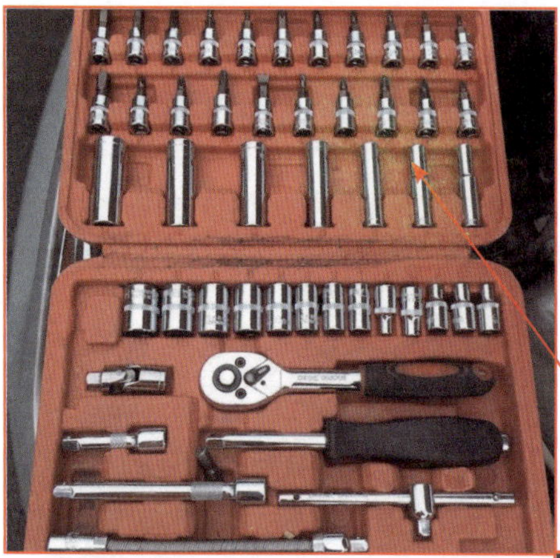

❶ 准备拆卸工具

❷ 拆下发动机罩

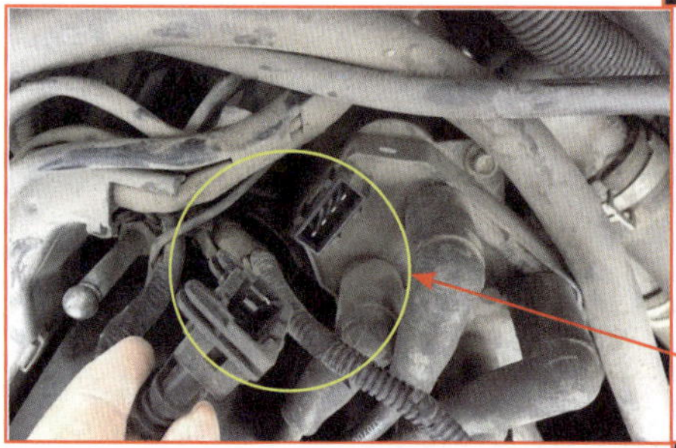

❸ 接着拔下点火线圈的接头。接头用卡子固定，拆的时候捏住卡子拔下。

❹ 拧下分电器上的固定螺钉。

图 6-14 汽车分电器帽的拆装方法

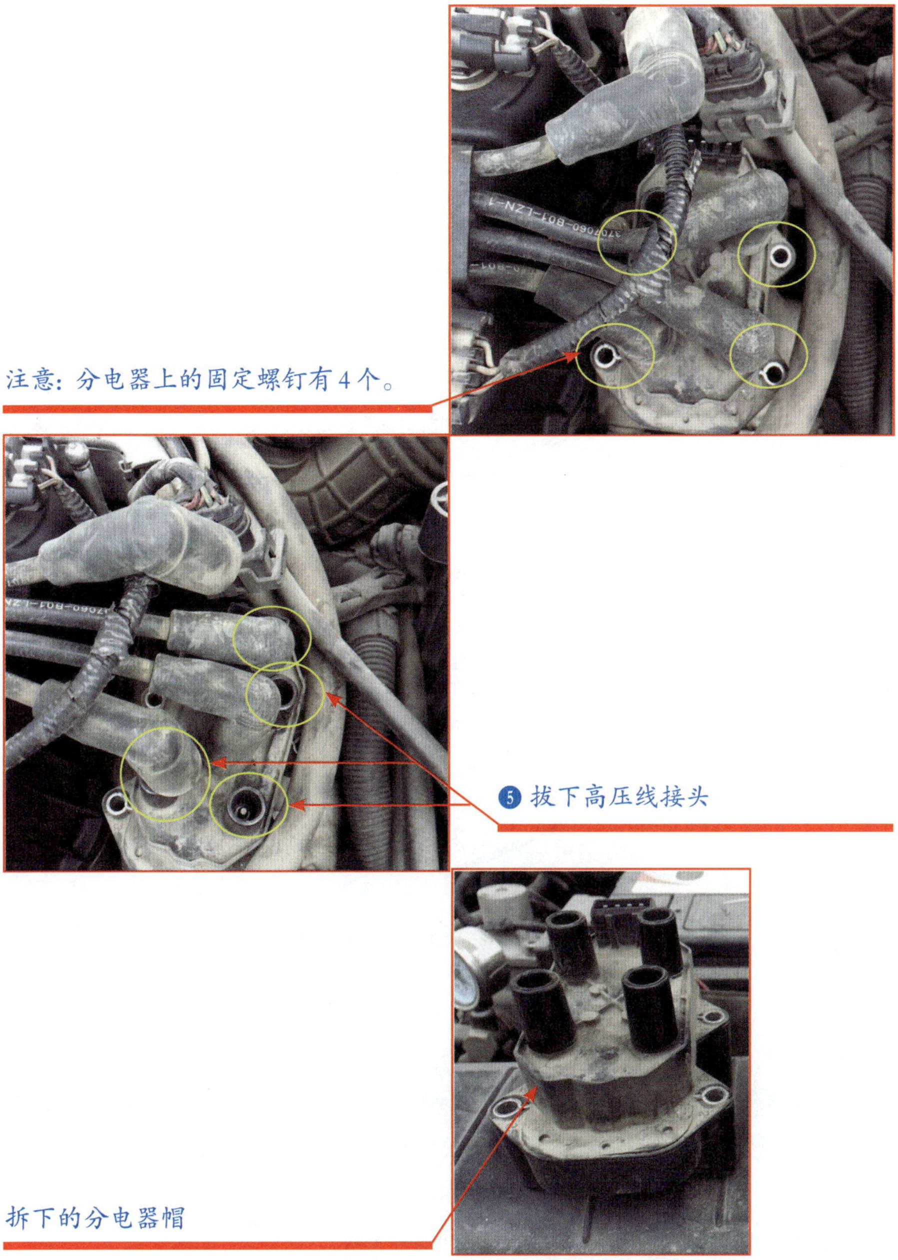


图 6-14　汽车分电器帽的拆装方法（续）

## 6.3.2　点火系统故障检测方法

汽车点火系统常见的故障包括：点火正时不准、点火系统无高压火、点火系统缺火等。点火系统故障总体检测方法如图 6-15 所示。

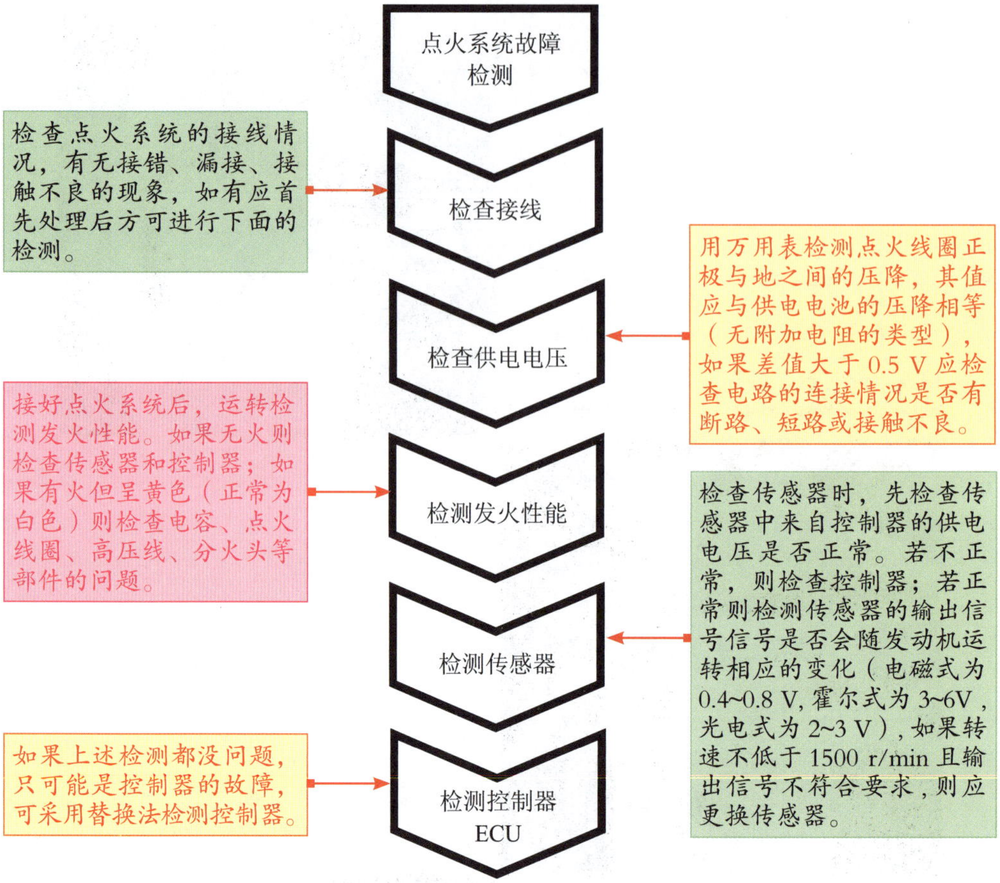


图 6-15　点火系统故障总体检测方法

## 1. 点火正时不准故障检测方法

出现点火正时不准故障时，发动机不易起动，怠速不稳；发动机动力不足，水温偏高；发动机易爆燃。点火正时不准故障检测方法如图 6-16 所示。

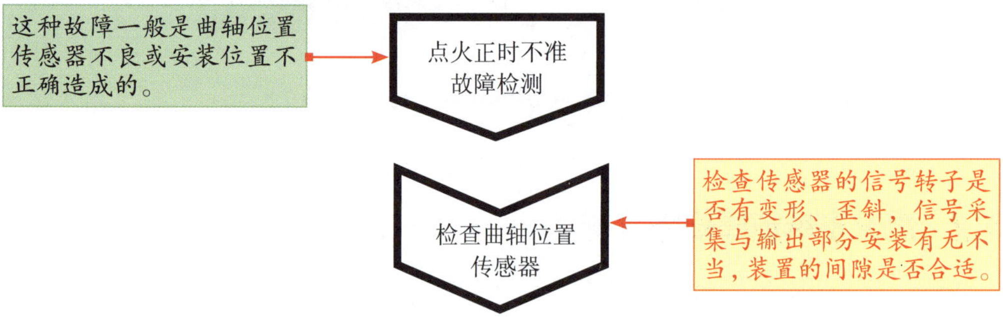


图 6-16　点火正时不准故障检测方法

### 2. 点火系统无高压火故障检测方法

出现点火系统无高压火故障时，接通点火开关，起动机能带动发动机曲轴运转，点火系统无高压火。点火系统无高压火故障如图 6-17 所示。

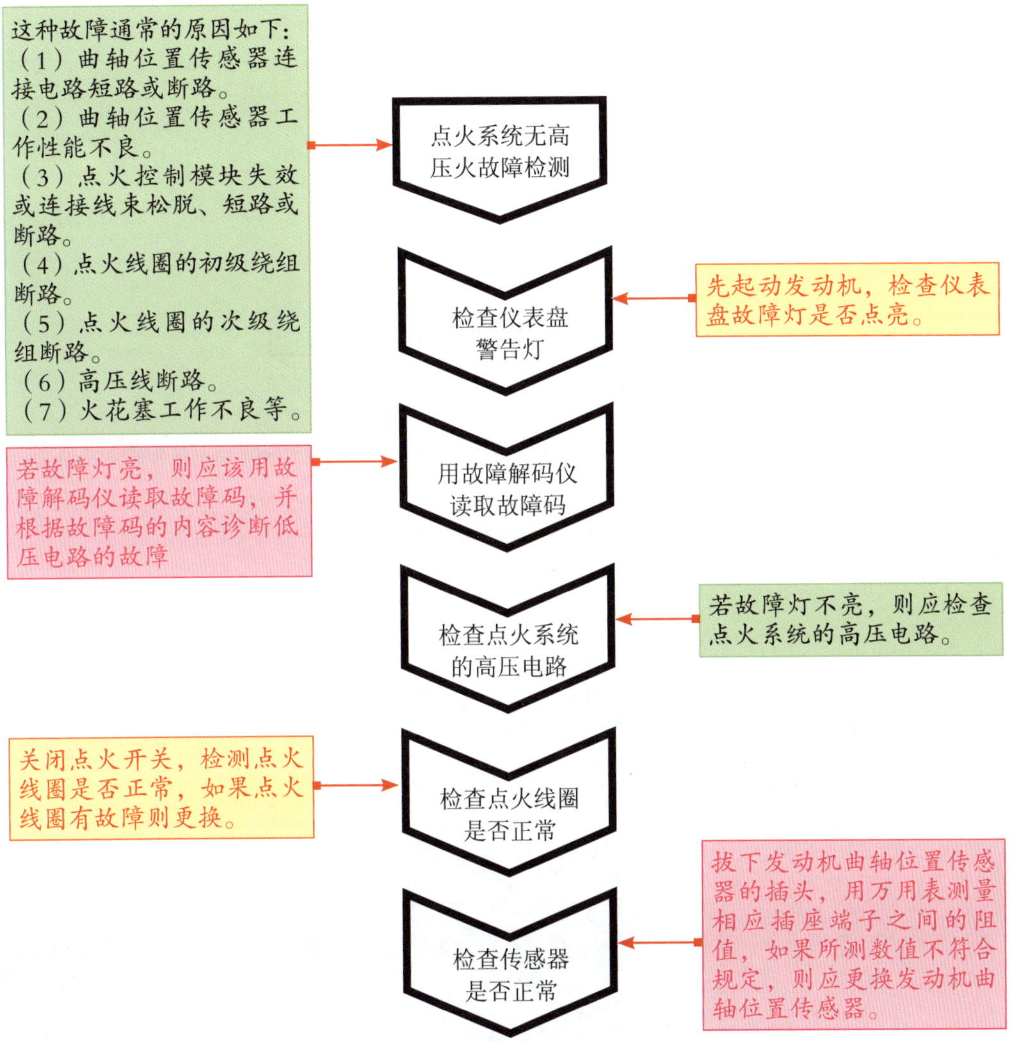


图 6-17　点火系统无高压故障检测方法

### 3. 火花塞故障检测方法

火花塞的故障率较高。当火花塞出现问题时，会造成发动机缺火或不能工作、点火性能下降或断火等故障。火花塞故障检测方法如图 6-18 所示。

火花塞故障检测

这种故障的原因：绝缘体起皱、破裂、电极烧蚀、熔化等，导致使火花塞漏电或击穿电压升高；或者火花塞有沉积物，使火花塞漏电或击穿电压升高；或者火花塞间隙过大或过小。

检查火花塞外观

先直观检查火花塞的绝缘体外观，有无绝缘体起皱、破裂、电极烧蚀、熔化等现象，有的话更换火花塞。

检查火花塞电极

检查电极是否有积碳等沉积物，有的话清理沉积物

图 6-18　火花塞故障检测方法

### 4. 点火系统缺火故障检测方法

出现点火系统缺火故障时，汽车发动后发动机会怠速抖动。点火系统缺火故障检测方法如图 6-19 所示。

点火系统缺火故障检测

这种故障一般的原因如下：

（1）线圈初级端无电压或电压过低。

（2）点火线圈不牢。

（3）点火电阻过高、分缸线断路。

（4）点火线圈初级绕组负极侧搭铁回路没有受到点火模块的通断控制。

（5）曲轴位置传感器损坏。

（6）点火模块或 ECU 损坏等。

检查点火系统有无明显异常

先观察点火系统有无明显异常。有的话，直接检查异常部件。

用诊断仪读取故障代码

用诊断仪读取故障码，根据故障码判断故障原因。

检查点火线圈的供电电压

如果没有故障码，接着用万用表检查点火线圈供电电路电压是否正常。如果电压不正常，检查供电线路的接头是否接触不良或损坏；如果电压正常，则接着检查高压线，可以用万用表测量导线的电阻，若阻值大于 25 kΩ，则需要更换导线。

检查传感器是否正常

如果电压正常，再用万用表测量曲轴／凸轮轴位置传感器的阻值，看传感器是否正常，若有损坏直接更换传感器即可。

检查 ECU 控制信号

如果以上都没有问题，则最后可能是 ECU 的控制信号有问题，检查控制线路即可。

图 6-19　点火系统缺火故障检测方法

### 5. 点火线圈的故障检测方法

当点火线圈出现故障时，会造成发动机不能点火、发动机不易起动、怠速不稳、功率下降、排气污染增加等故障。点火线圈的故障检测方法如图 6-20 所示。

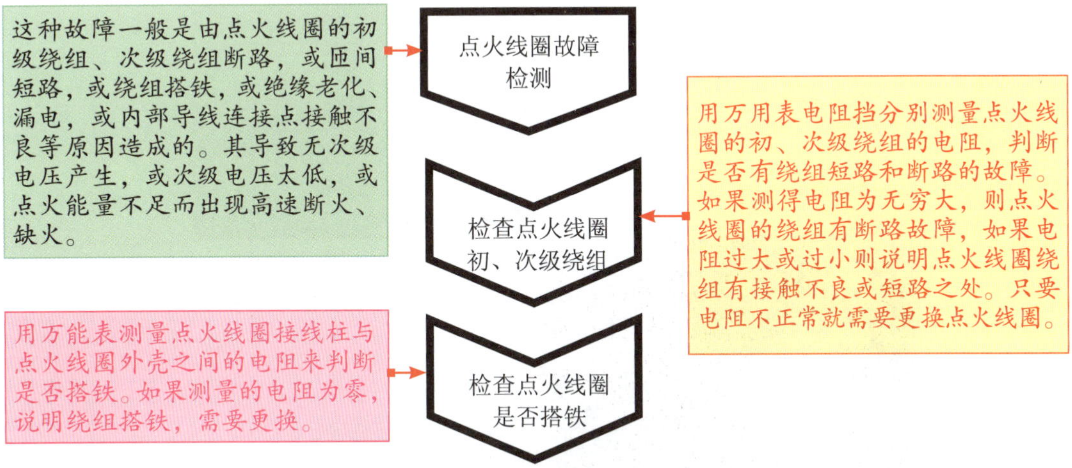


图 6-20　点火线圈的故障检测方法

## 6.4 汽车点火系统检测维修实战

光说不练假把式，维修经验的获取主要是来自具体的故障检测实战，这对维修人员来说非常重要。通过实战可以提高维修的成功率。本节通过两个实战案例来讲解汽车点火系统的检测维修方法。

### 6.4.1 明锐汽车点火线圈故障维修实战

一辆明锐故障车，早上发车后，发现车子有明显的抖动，排气管声音异常，发出“突突”的声音，在行驶 200 米后，发现仪表盘发动机故障灯亮了。

根据故障现象分析，有点像缺缸的故障。此故障的维修步骤如图 6-21 所示。

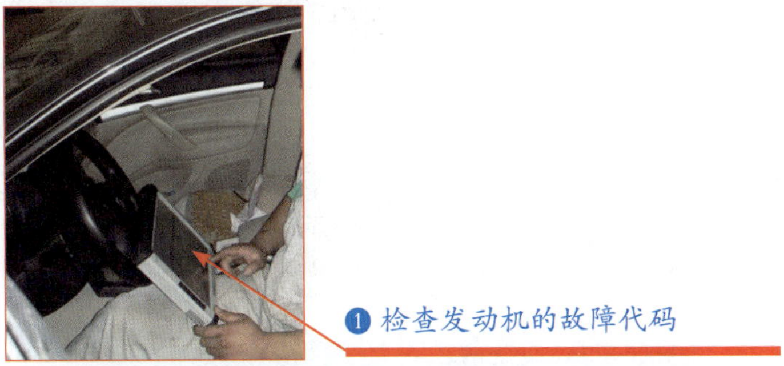


图 6-21　明锐汽车点火线圈故障维修

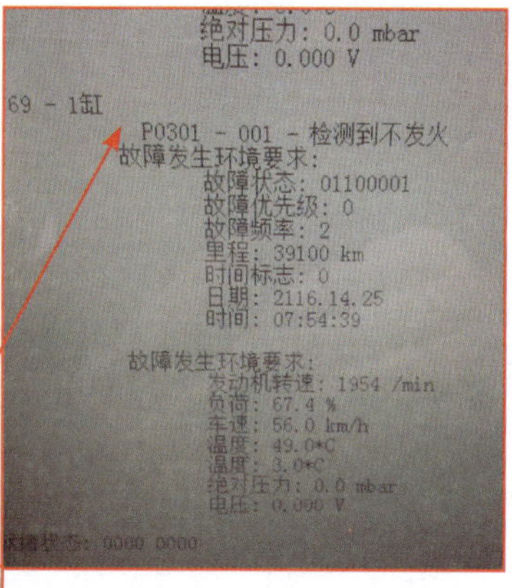


❷ 故障代码显示有一个缸不点火，怀疑是火花塞或点火线圈有问题。

❸ 拆下发动机罩。

❹ 拆下点火线圈。

❺ 再拆下火花塞。

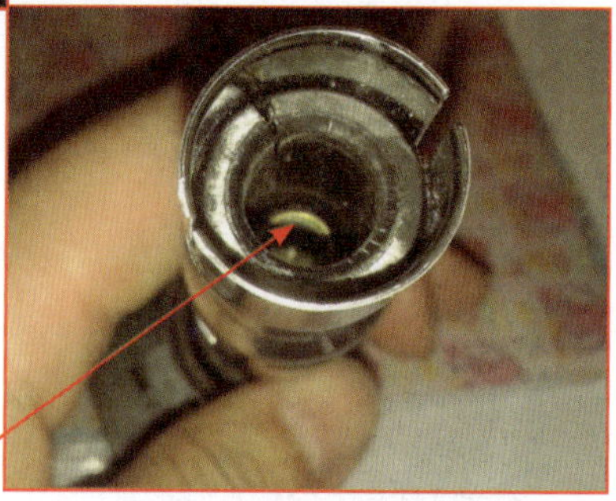

❻ 检查点火线圈和火花塞，发现有一个点火线圈损坏，出现裂缝。

图 6-21　明锐汽车点火线圈故障维修（续）

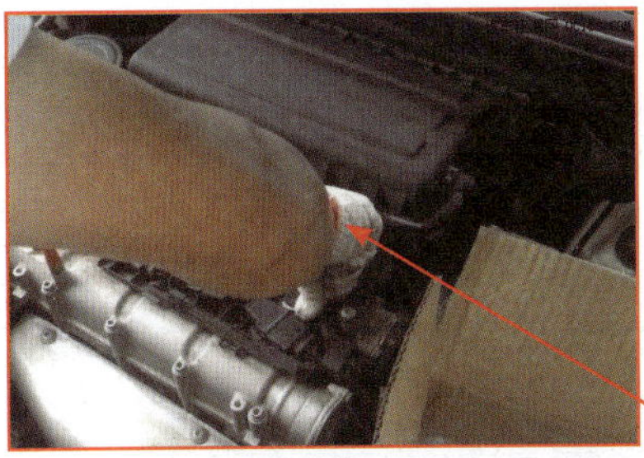

❼ 将损坏的点火线圈更换，装好火花塞和点火线圈，试车，运行正常，故障排除。

图6-21 明锐汽车点火线圈故障维修（续）

## 6.4.2 汉兰达汽车发动机抖动，有“哒哒哒”响声故障的维修实战

一辆汉兰达故障汽车，运行时，有抖动，且发动机有“哒哒哒”的响声。根据故障现象分析，首先查看行车里程已经跑了5万多公里，而且车主没有更换过火花塞，怀疑问题是由火花塞引起的。此故障维修检测步骤如图6-22所示。

❶ 拆开发动机机罩。

❷ 拆下发动机罩后可以看到点火线圈。

❸ 接着捏住点火线圈插头，轻轻拆下点火线圈连线接头。

图6-22 汉兰达汽车发动机抖动，有“哒哒哒”响声故障维修实战

❹ 拧下点火线圈的固定螺钉。

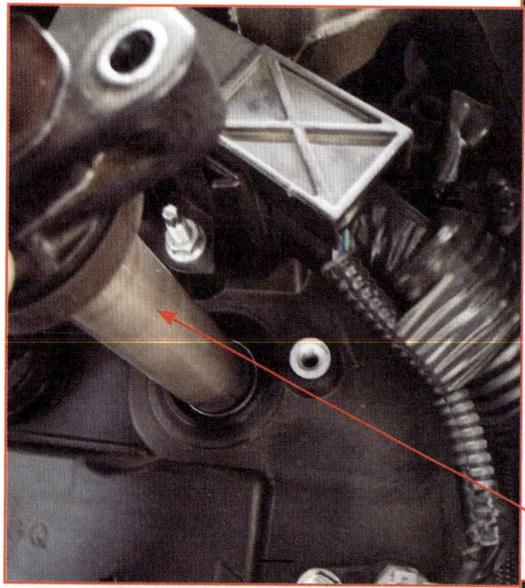

❺ 轻轻拔出点火线圈。

❻ 用套筒螺丝刀卸下火花塞。

图 6-22　汉兰达汽车发动机抖动，有“哒哒哒”响声故障维修实战（续）

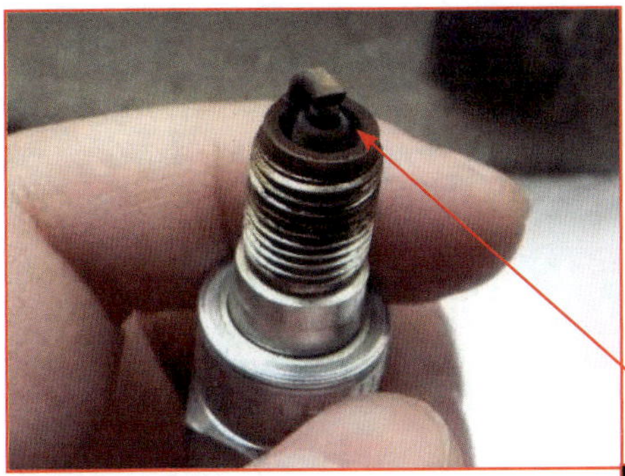

❼ 检查火花塞，发现火花塞已经老化，需要更换火花塞。

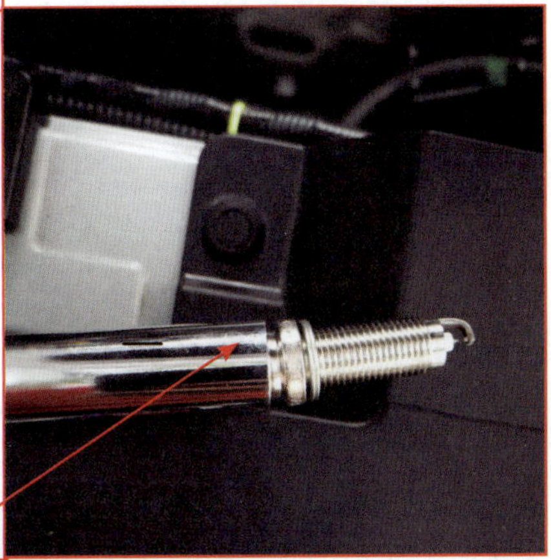

❽ 准备好新的火花塞

❾ 将新的火花塞安装好，然后再安装好点火线圈。之后打火测试，发动机抖动消失，故障排除。

图 6-22 汉兰达汽车发动机抖动，有“哒哒哒”响声故障维修实战（续）

# 第7章 汽车照明系统检测维修实战

为了方便汽车行驶，保证行车安全，汽车上都装有多种照明及信号设备。汽车照明及信号装置构成了汽车电气设备中一个独立电路系统——汽车照明系统。本章将重点讲解汽车照明系统常见故障的检测维修方法与实践。

# 7.1 看图识汽车照明系统

汽车照明系统由电源（包括蓄电池和发电机）、照明装置（包括各种灯）及其控制部分（包括灯光开关和熔丝）组成，如图 7-1 所示。

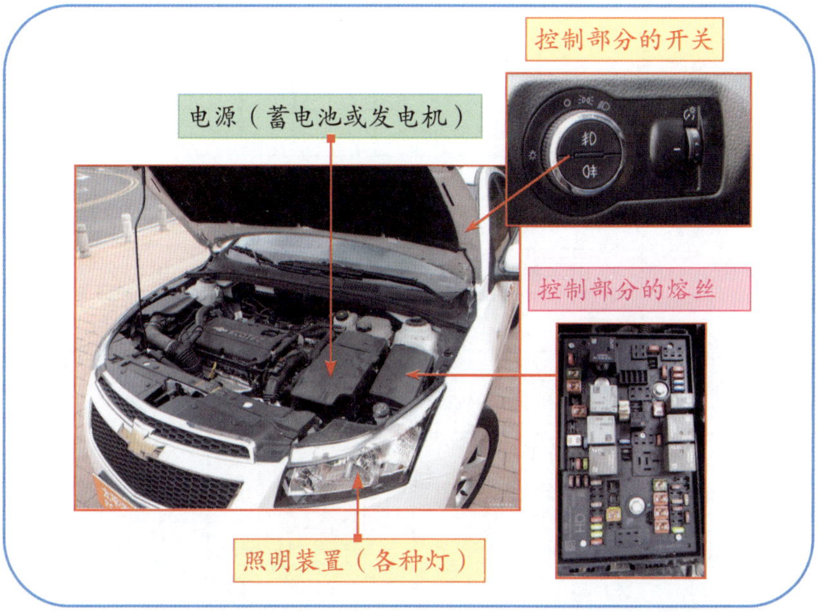


（a）汽车中的照明系统

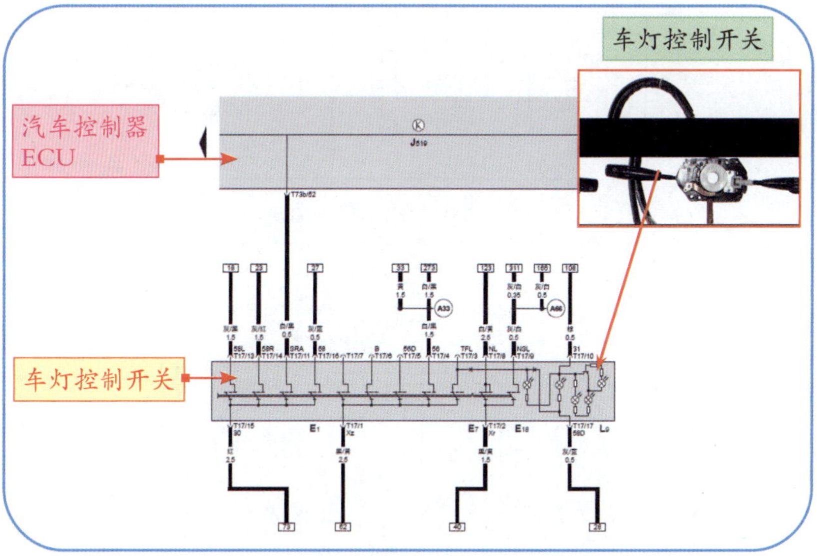


（b）汽车照明系统示意图

图 7-1　汽车照明系统

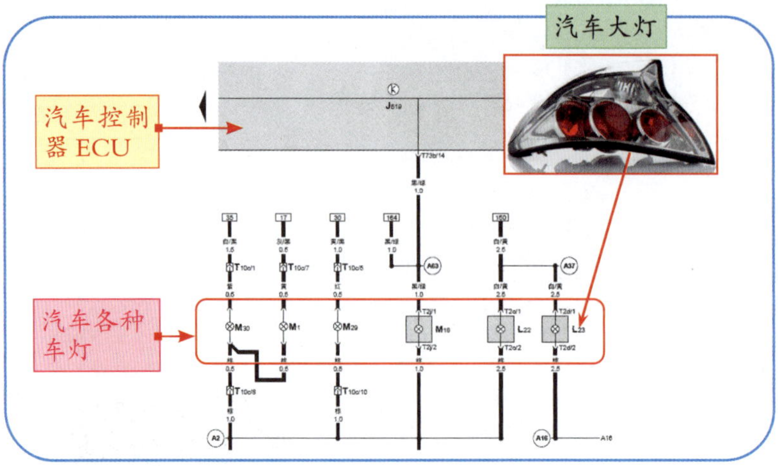


（b）汽车照明系统示意图

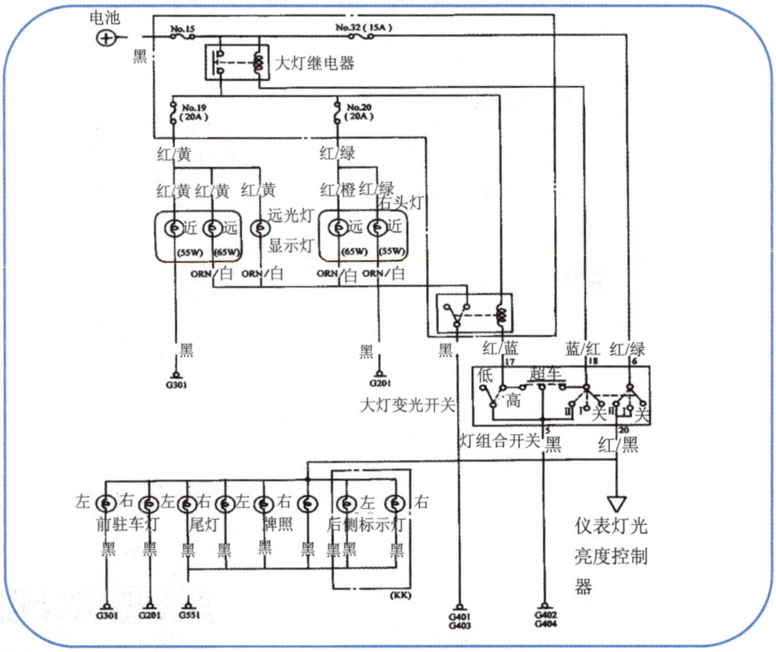


（c）雅阁照明系统示意图

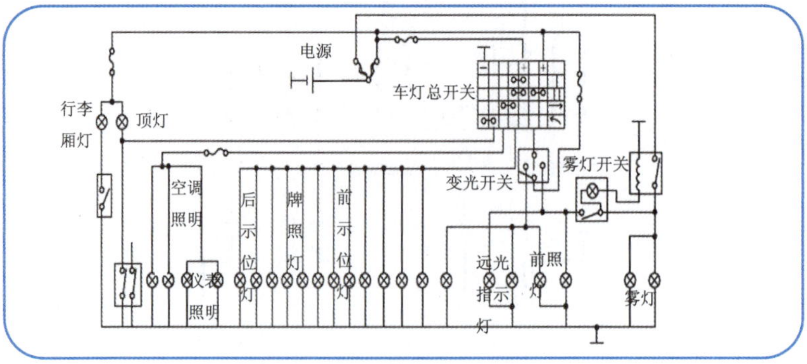


（d）切诺基照明系统示意图

**图 7-1 汽车照明系统（续）**

照明装置包括外部照明灯、内部照明灯和仪表灯等，如图 7-2 所示。

常见的外部照明灯有远光灯、近光灯、转向灯、雾灯、制动灯、倒车灯、牌照灯、制动灯、示宽灯等

常见的内部照明仪表灯有顶灯、阅读灯、行李厢灯、门灯、踏步灯、仪表照明灯、仪表报警灯、工作灯、指示灯、氛围灯等

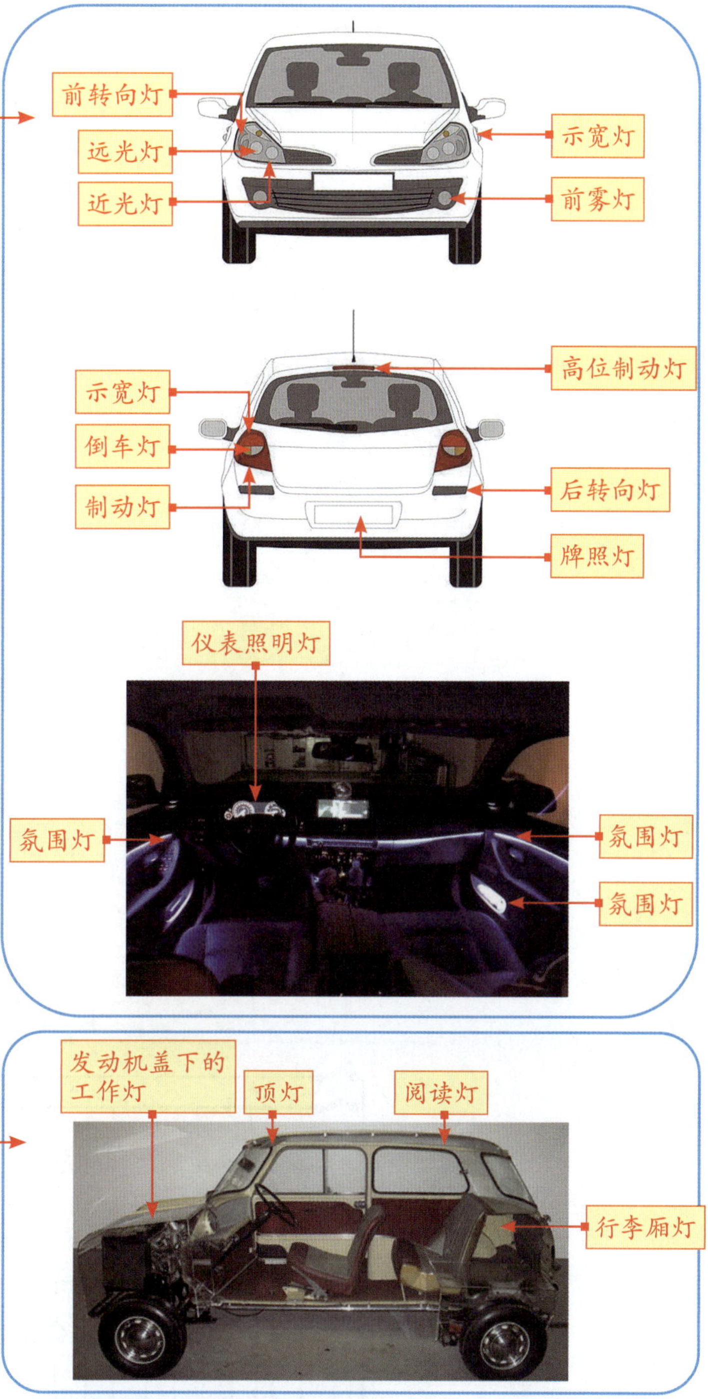


图 7-2　照明装置常用灯

# 7.2 汽车照明系统工作原理与重要电路分析

汽车照明系统主要用于夜间行车照明、倒车照明、车内照明、转向信号及停车信号等，照明系统电路的结构原理相对比较简单，容易掌握。本节将首先介绍汽车照明系统的工作原理，然后详细分析前照明灯电路、转向灯电路和倒车灯电路等照明系统的电路。

## 7.2.1 照明系统电路的工作原理

汽车的照明系统和仪表警示灯系统的电路相比发动机电路要简单得多，根据汽车电路的特点，电路都是由蓄电池正极出发，经过保险装置、开关、用电器（这里是灯泡），到负极搭铁结束，如图 7-3 所示。

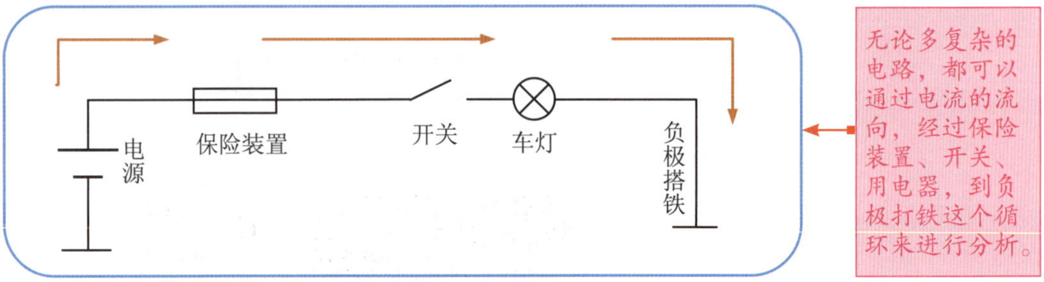


图 7-3　汽车电路的分析方法

我们以一个简单的汽车照明电路，即天津夏利汽车照明电路来进行分析，如图7-4所示。

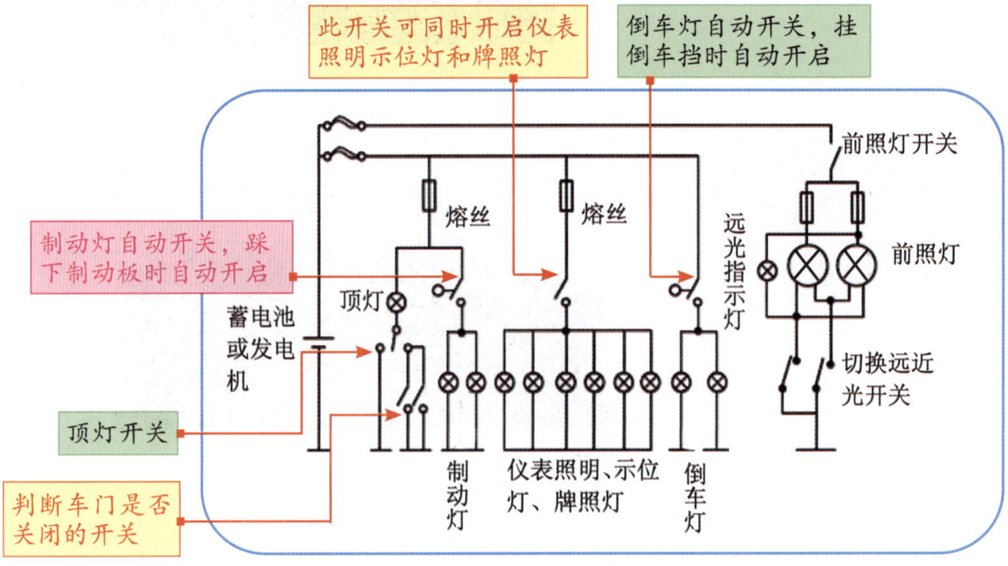


图 7-4　天津夏利照明电路图

我们试着分析其中一条电路，比如前照灯电路。电流从蓄电池正极出发经过熔断器，经过前照灯开关，来到近光（左）远光（右）灯保险电路时分成两路，来到近光和远光灯泡及远光指示灯，然后经过近光远光切换开关，最后来到负极搭铁电路结束。

分析近光远光和远光指示灯三条电路，当照明灯开关闭合，切换开关近光灯侧闭合时，近光灯电路导通，近光灯亮起。同时远光灯和远光指示灯电路都处于断开状态，所以远光灯及远光指示灯熄灭。当切换开关、远光灯侧闭合时，近光灯电路断开，近光灯熄灭，远光灯和远光指示灯电路导通，远光灯及远光指示灯亮起。

其他灯光电路都可以通过这种方法进行分析。

## 7.2.2 照明系统中的重要电路

了解了照明系统的工作原理后，我们再来分析一下照明系统中几个重要的电路，包括前照明灯电路、转向灯电路和倒车灯电路等。

### 1. 前照灯电路

前照灯俗称大灯，有远光和近光的功能，主要用于夜间行车道路的照明。我们来看前照灯电路，如图 7-5 所示。

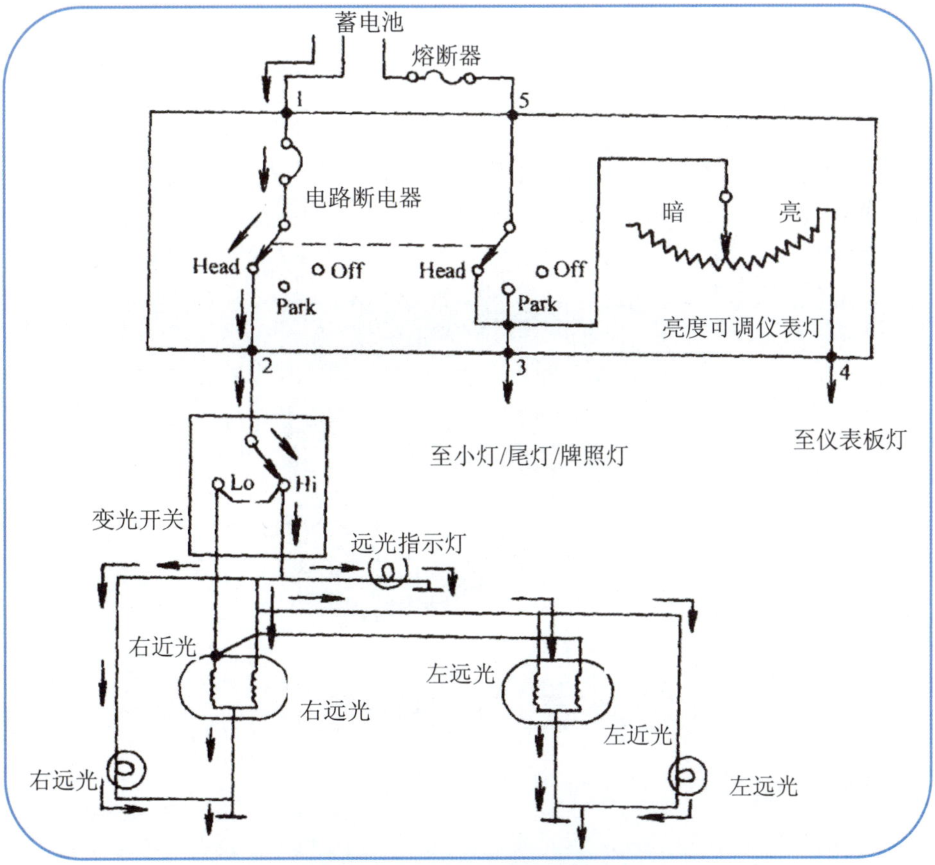


图 7-5 前照灯电路

还有一种通过开关搭铁的前照灯电路，如图 7-6 所示。

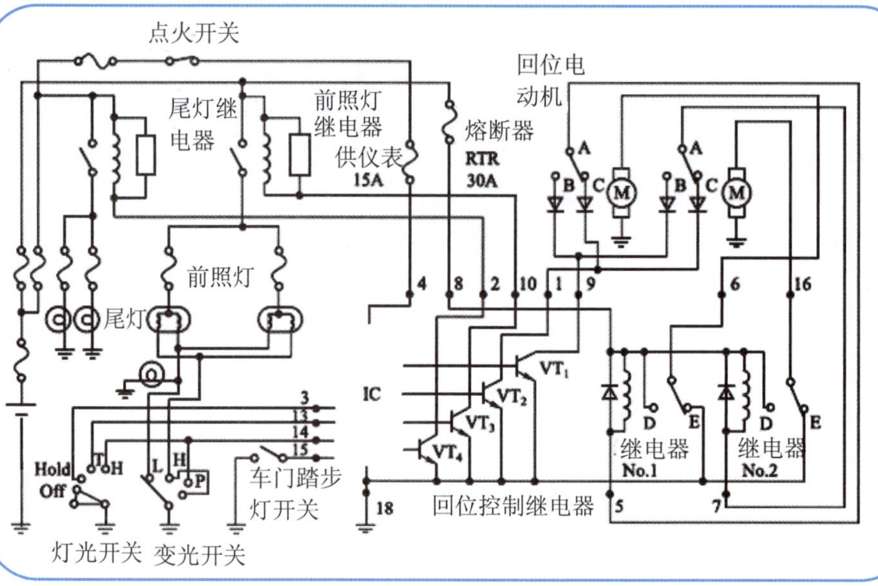


图 7-6　开关搭铁的前照灯电路

常见的前照灯分为全封闭式、半封闭式、投射式和高亮度弧光灯四种。

（1）全封闭式前照灯

全封闭式前照灯又称为真空灯，由于封闭式结构完全避免了反射镜受到灰尘、水雾等杂质的污染，照明效果是最好的。但这种灯的成本也是最高的，如图 7-7 所示。

图 7-7　全封闭式前照灯

（2）半封闭式前照灯

半封闭式前照灯的灯泡可以从反射镜后拆卸下来。灯泡坏了，只要更换灯泡就可以了，这样一来成本相对降低了很多。半封闭式前照灯是使用最广的前照灯，如图 7-8 所示。

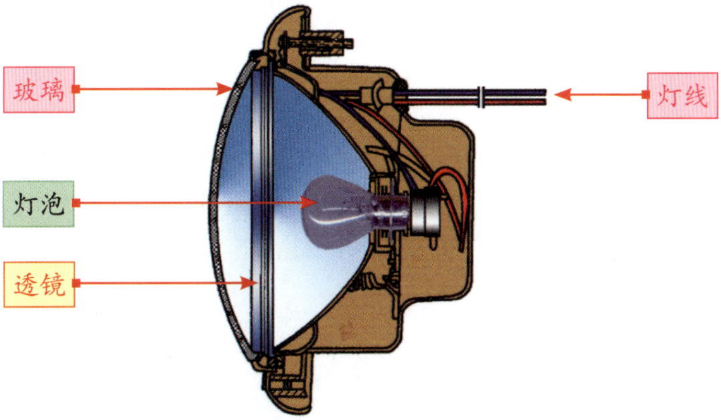


图 7-8 半封闭式前照灯

（3）透射式前照灯

透射式前照灯的反射镜呈椭圆形状，有两个聚光焦点，在灯罩内安装两个灯泡，这样就可以将远光灯和近光灯放在一个灯罩内了，这种设计也很普遍，如图 7-9 所示。

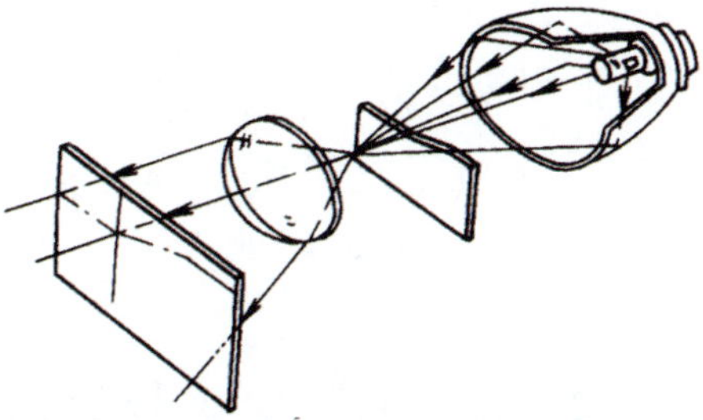

图 7-9 投射式前照灯

（4）高强度弧光灯

除了上面介绍的这几种前照灯外，近年来还有一种高亮度的弧光灯，也有不少车辆使用，如图 7-10 所示。

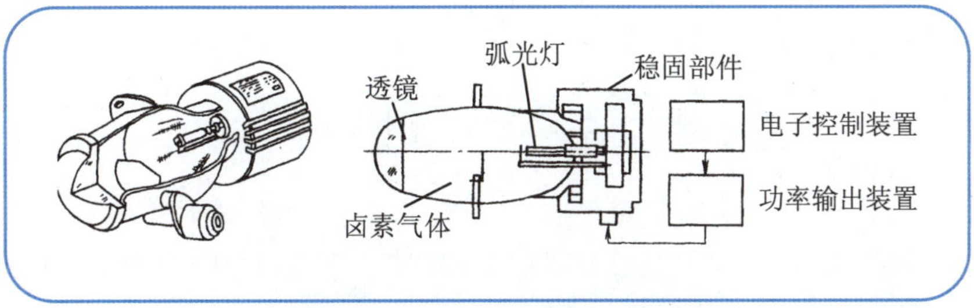


图 7-10 高亮度弧光灯

弧光灯的特点是没有灯丝，不会造成灯丝熔断和弧光放电发光，所以具有亮度高、寿命长、耗能少的优点。

### 2. 转向灯电路

转向灯电路系统是用来提示汽车变道或转弯用的，开关在转向盘下（左侧）的转向柱上。

转向灯电路系统除了蓄电池、熔断器等通用电路设备外，还有转向开关、闪光器、灯泡等，如图 7-11 所示。

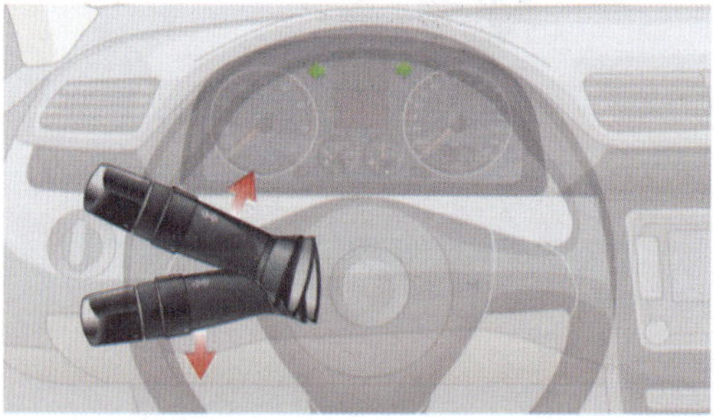

图 7-11　汽车转向灯开关

我们先来看一下汽车转向灯系统电路，如图 7-12 所示。

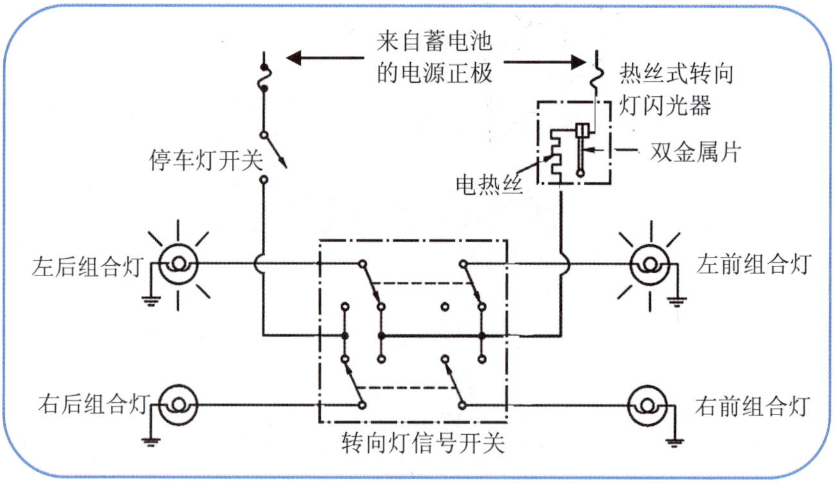


图 7-12　汽车转向灯系统电路

转向灯开关闭合时，左侧（或右侧）前后组合灯中的转向灯电路接通，电流经过闪光器流向开关和灯泡，闪光器的作用是使转向灯电路有规律地接通、断开，使转向灯规律不同地闪烁，如图 7-13 所示。

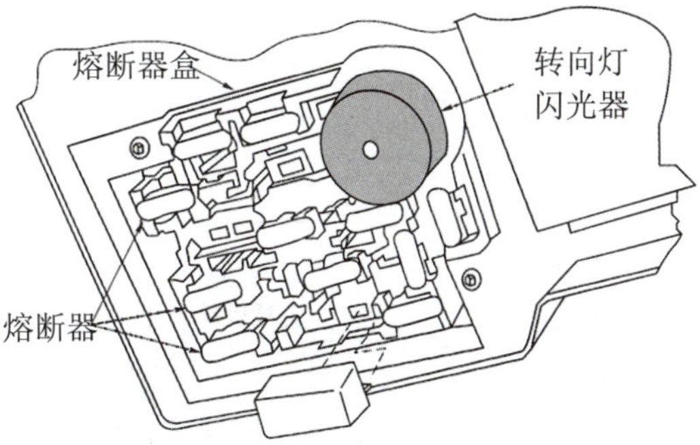


图 7-13　转向灯闪光器

除了上面电路中的热丝式转向灯闪光器，常见的还有电容式、电子式（见图 7-14）和水银式闪光器。

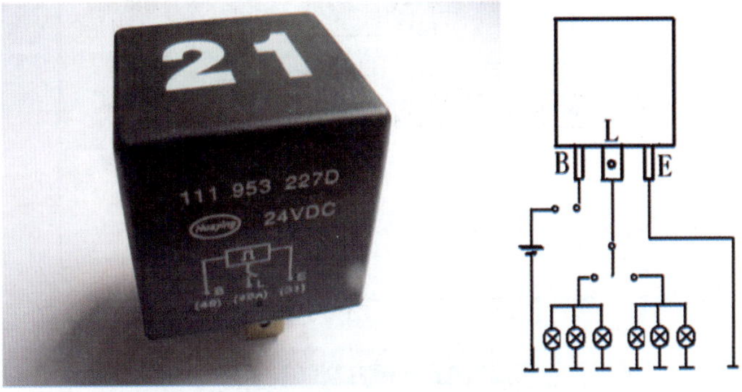


图 7-14　电子式转向灯闪光器

电子式转向灯闪光器也分为不同的型号，但共同的特点是有三个接线柱（B、L、E），闪光频率与灯泡功率无关（这一点热丝式和电容式转向灯闪光器都无法做到），还有就是无法维修，出现故障时需要更换新的。

检测闪光器的好坏，可以通过串联一个灯泡来进行判断，能够闪烁说明闪光器是好的，否则就必须更换了，如图 7-15 所示。

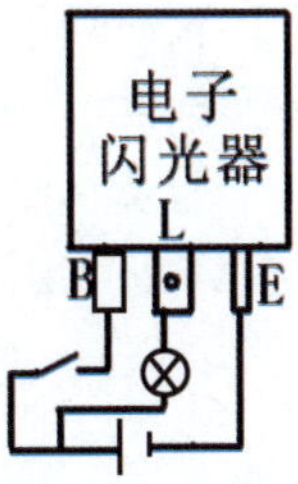


图 7-15　检测电子闪光器

### 3. 倒车灯电路

倒车灯电路相对简单，如图 7-16 所示。

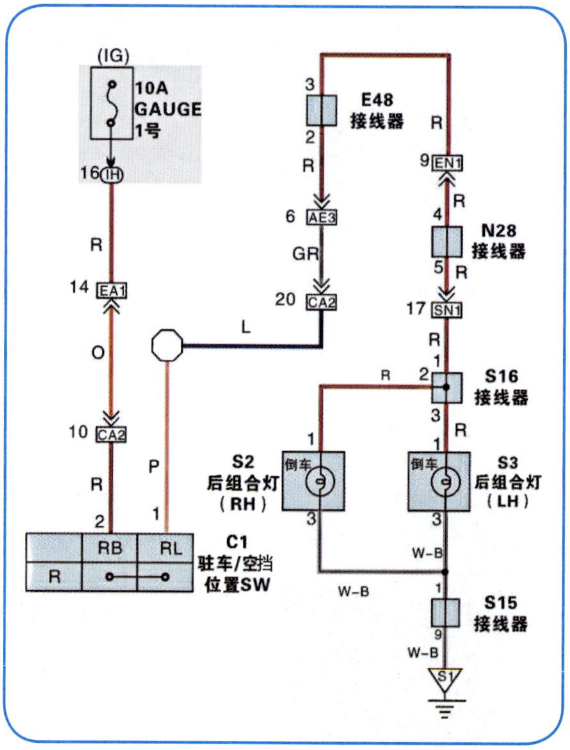


图 7-16　倒车灯电路图

倒车灯电路相对简单，当汽车挡位调到倒车挡时，倒车开关被接通，此时蓄电池的电源通过熔丝 GAUGE 1 号，倒车位置开关，接线器 E18、N28、S16 连接到倒车灯 S2 和 S3，倒车灯被点亮。当挡位不在倒车挡时，倒车开关被断开，倒车灯电路断开，倒车灯熄灭。

## 7.3 汽车照明系统故障检测方法

现代汽车的照明系统使用了几十个不同类型的灯泡和若干线束。每条电路上又使用着各种保护器、继电器、开关、接插器等部件，电控汽车上还加入了电子控制单元（ECU）的控制和传感器的监控，可以说是一个十分庞大的电路系统。当某一个系统出现问题时，就会导致相应的车灯不亮。本节我们会详细讲解前大灯和大灯组合的拆装技巧，并重点描述故障检测方法和流程。

## 7.3.1　照明系统主要部件的拆装技巧

维修汽车照明系统除了检查电路外，还有一项非常重要的工作就是拆装照明灯，由于汽车照明系统设计巧妙，拆装照明系统需要一些技巧，下面本节将详细讲解照明灯的拆装方法。

### 1. 前大灯拆卸技巧

汽车前大灯拆卸具体步骤如图 7-17 所示（以中华 H330 汽车为例）。

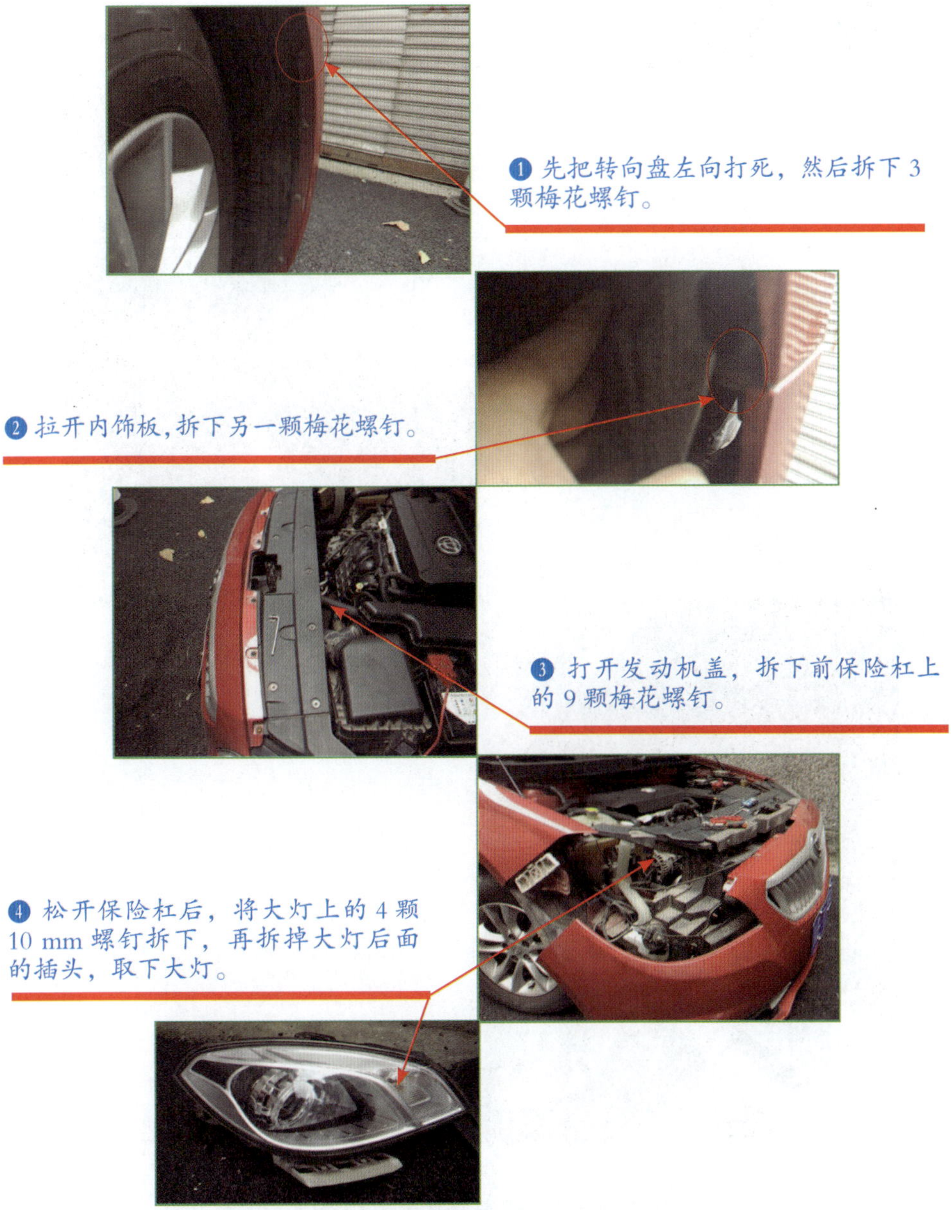


图 7-17　汽车前大灯拆卸方法

## 2. 拆卸大灯组合开关

大灯组合开关拆卸具体步骤如图 7-18 所示。

图 7-18　大灯组合开关拆卸方法

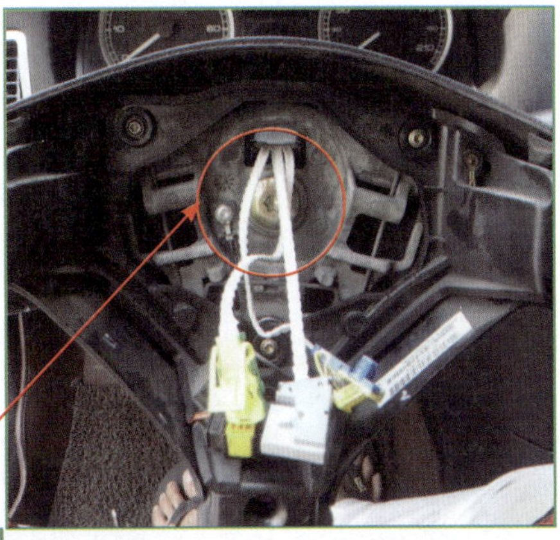

❹ 拧下中间的大螺钉。

❺ 将转向盘拆下，同时将数据线从中间孔穿过。

❻ 拆下转向盘后，可以直接看到大灯组合开关。

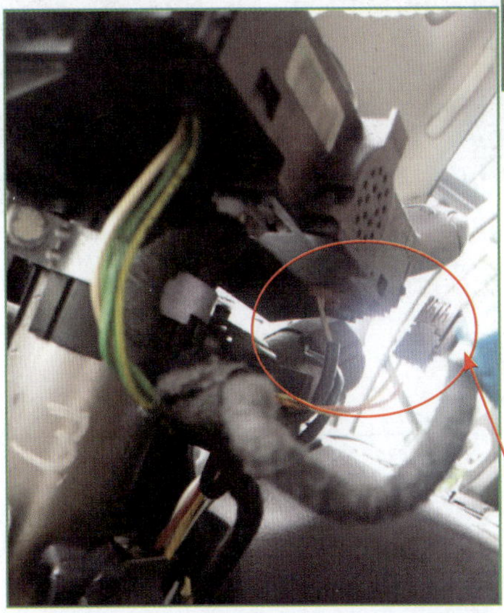

❼ 将大灯组合开关上连接的数据线全部拆下。

图7-18　大灯组合开关拆卸方法（续）

❽ 拧下大灯组合开关的固定螺钉。

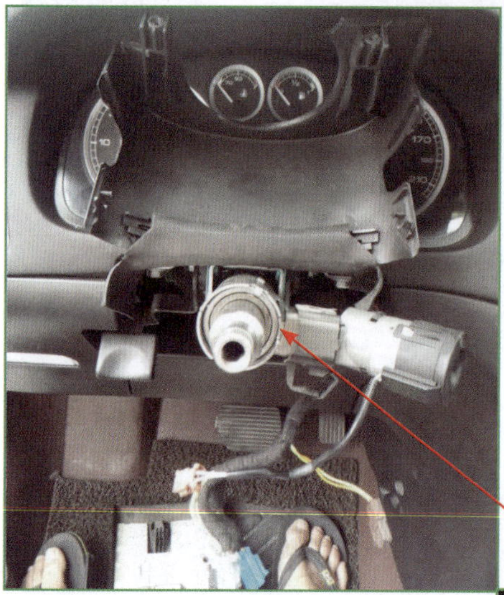

❾ 将大灯组合开关拆下。

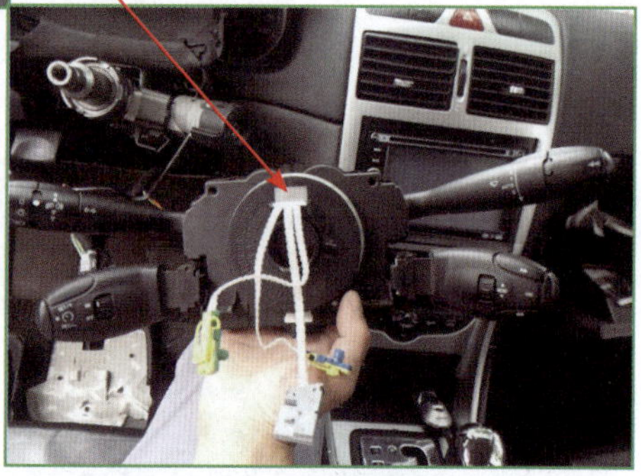

图 7-18　大灯组合开关拆卸方法（续）

## 7.3.2　照明系统故障检测方法

汽车照明系统故障主要包括：前照灯不亮、前照灯暗淡、前照灯灯丝经常烧坏、小灯 / 尾灯 / 仪表灯均不亮等。

### 1. 前照灯不亮故障检测方法

前照灯不亮故障原因一般是由于熔丝烧断、电源线松动或脱落、搭铁线接触不良、插接件接触不良、车灯开关或变光开关有故障等引起的，此故障检测方法如图 7-19 所示。

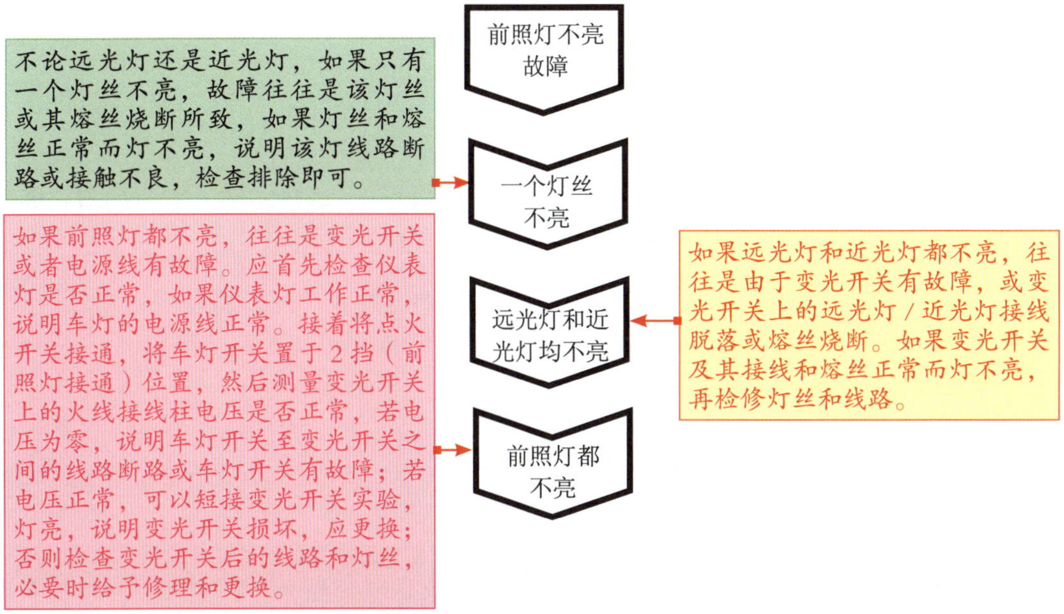


图 7-19 前照灯不亮故障检测方法

## 2. 前照灯灯光暗淡故障检测方法

前照灯灯光暗淡故障一般是由于蓄电池电量不足，端电压降低，发电机不发电或发电量不足致使输出电压低，散光玻璃或反射镜上有尘埃，电线接头松动和锈蚀使电阻增大，灯丝蒸发功率降低等引起的。此故障检测方法如图 7-20 所示。

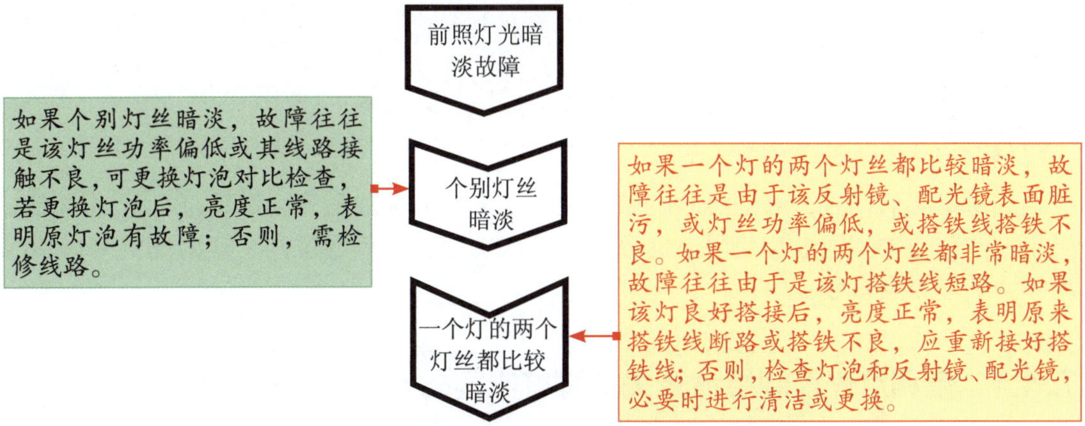


图 7-20 前照灯光暗淡故障检测方法

### 3. 前照灯灯丝经常烧坏故障检测方法

前照灯灯丝经常烧坏故障一般是电压调节器有故障或线路连接错误导致发电机输出电压过高引起的。对于此故障应重点检测发电机的输出电压，即检查发电机在各种情况下输出电压是否超过规定值。

### 4. 小灯 / 尾灯 / 仪表灯均不亮故障检测方法

小灯 / 尾灯 / 仪表灯均不亮故障一般是灯光开关破坏、线路断路、熔丝熔断、插接器松脱、灯炮灯丝折断等引起的。此故障检测方法如图 7-21 所示。

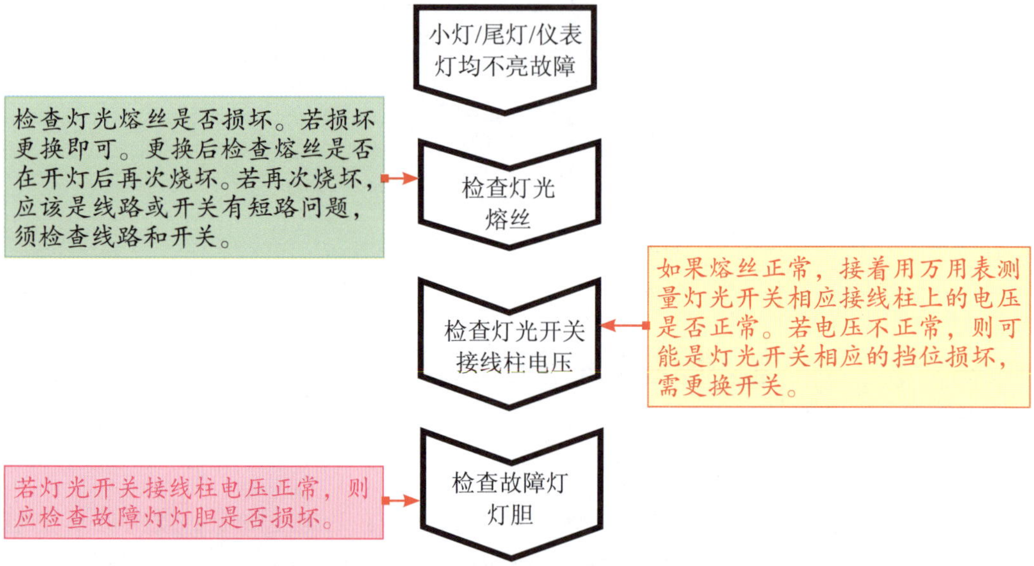


图 7-21　小灯 / 尾灯 / 仪表灯均不亮故障检测方法

## 7.4 汽车照明系统检测维修实战

光说不练假把式，维修经验的获取主要是来自具体的故障检测实战，这对维修人员来说非常重要。通过实战可以提高维修的成功率。本节通过两个实战案例来讲解汽车照明系统的检测维修方法。

### 7.4.1　夏利灯光控制组合开关故障维修实战

一辆夏利故障车，当灯光控制组合开关旋转到前大灯点亮位置时，远光灯总是亮，不能切换到近光。根据现象分析，此故障应该是灯光控制组合开关问题引起的。此故障的维修检测步骤如图 7-22 所示。

❶ 将蓄电池的电极拆下，断开汽车的供电。

注意：拆转向盘之前把汽车方向对正。

❷ 拆下气囊外壳，然后拧下固定转向盘的螺钉。

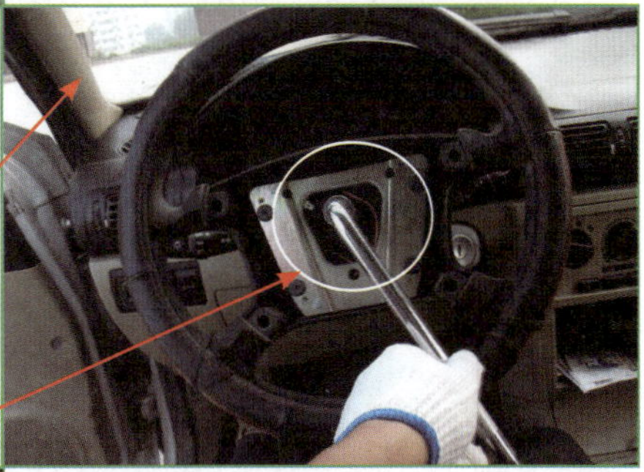

❸ 轻轻拆下转向盘。

❹ 拆下转向盘下面的黄色面板。

❺ 拧下保险盒的固定螺钉，拆下保险盒。

图 7-22 夏利灯光控制组合开关故障维修

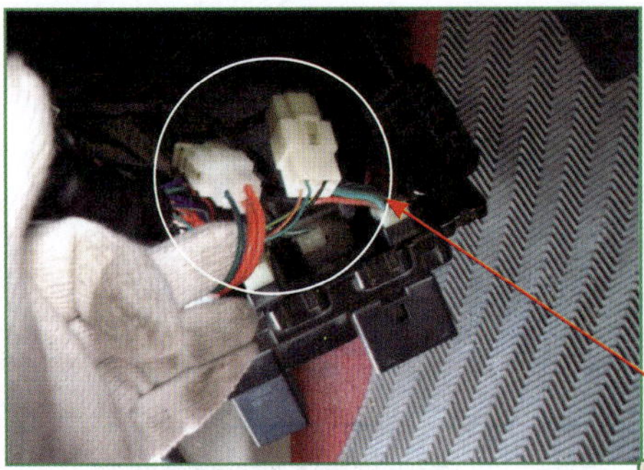

❻ 将灯光组合开关的接线头拔下。

❼ 撬开仪表盘弧圈，然后将其拆下。

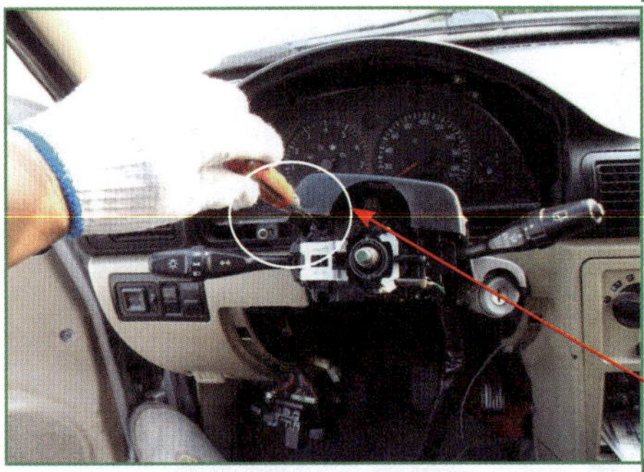

❽ 拧下固定灯光组合开关的两个螺钉。

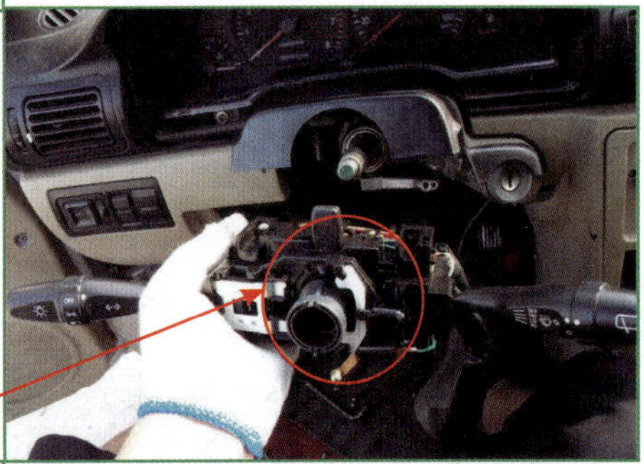

❾ 轻轻拆下灯光组合开关。

❿ 检查组合开关，发现组合开关的塑料耐磨性不够，用一段时间后，零件间隙增加，旷量增大，造成远光灯触电无法顶开。

⓫ 剪一块厚度约半毫米的塑料片，用两面胶粘在簧片下面，为了保险，又贴了两层塑料胶纸，然后试了一下，接触良好。

图 7-22　夏利灯光控制组合开关故障维修（续）

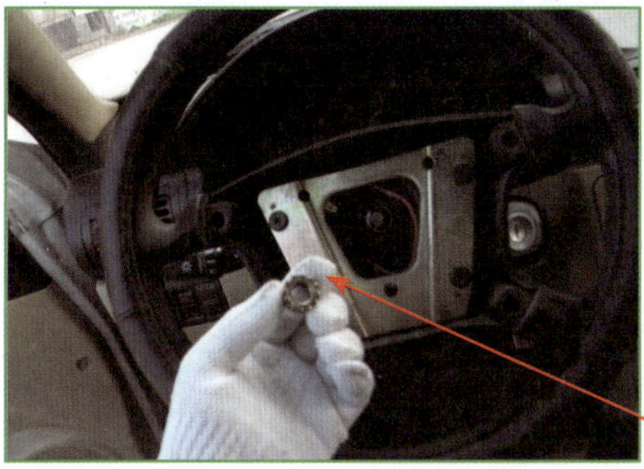


图 7-22 夏利灯光控制组合开关故障维修（续）

### 7.4.2 绅宝汽车阅读灯不亮故障维修实战

一辆绅宝 D550 故障车，车内阅读灯全部不亮了。根据故障现象分析，由于所有阅读灯都不亮，怀疑是线路问题或熔丝问题引起的。此故障的检测具体步骤如图 7-23 所示。

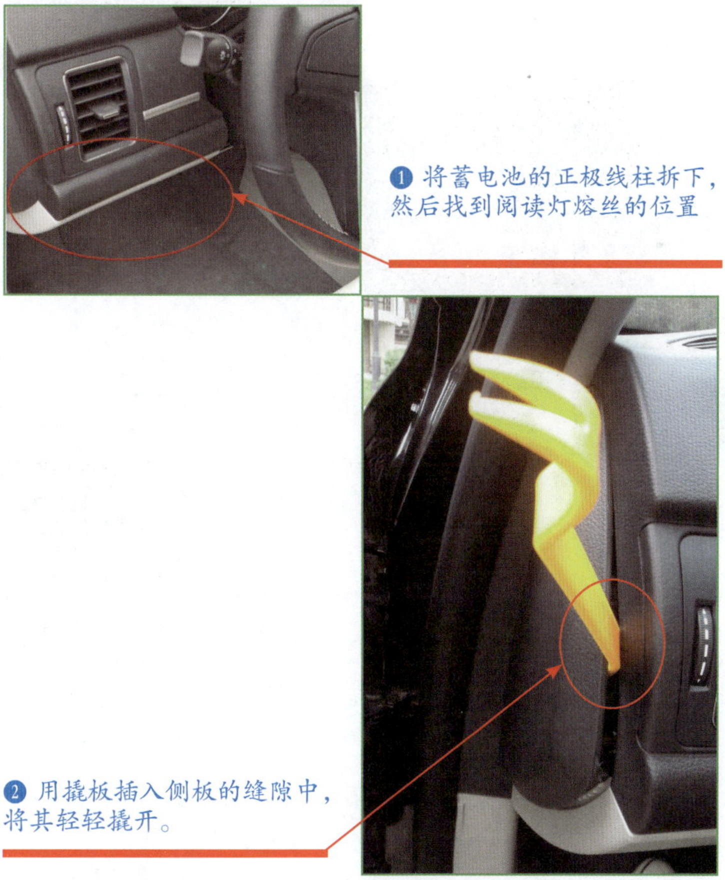


图 7-23 绅宝汽车阅读灯不亮故障维修

❸ 拧下白色板的固定螺钉。

❹ 将白色的盖板卸下，这时可以看到保险盒。

保险盒上的熔丝

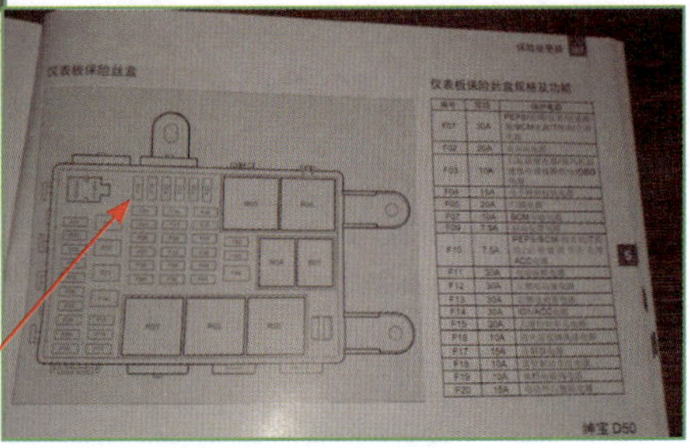

❺ 查看保险盒说明书，找到阅读灯熔丝的位置

图 7-23　绅宝汽车阅读灯不亮故障维修（续）

⑥ 对照说明书找到阅读灯的熔丝，取下熔丝的拆卸工具（图中白色的）。

⑦ 使用拆卸工具拆下熔丝。经检查发现熔丝已经烧坏。

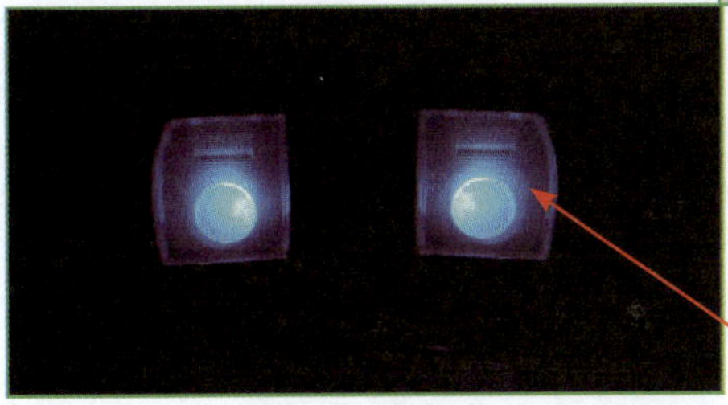

⑧ 更换好熔丝后，进行开灯测试，阅读灯亮，并且未出现再烧坏的情况，确定正常后，将拆下的盖板装好，故障排除。

图 7-23 绅宝汽车阅读灯不亮故障维修（续）

# 第 8 章

# 汽车空调系统检测维修实战

汽车空调系统是实现对车厢内空气进行制冷、加热、换气和净化的装置。它可以为乘车人员提供舒适的乘车环境，降低驾驶员的疲劳强度，提高行车安全；还可以去除玻璃上的雾、霜和结冰等，是保证行车安全和人员健康的重要设备，本章将重点讲解汽车空调系统常见故障的检测维修方法与实践。

# 8.1 看图识汽车空调系统

汽车空调系统主要由压缩机、蒸发器、膨胀阀、贮液干燥器、鼓风机及冷凝器组成。如图 8-1 所示。

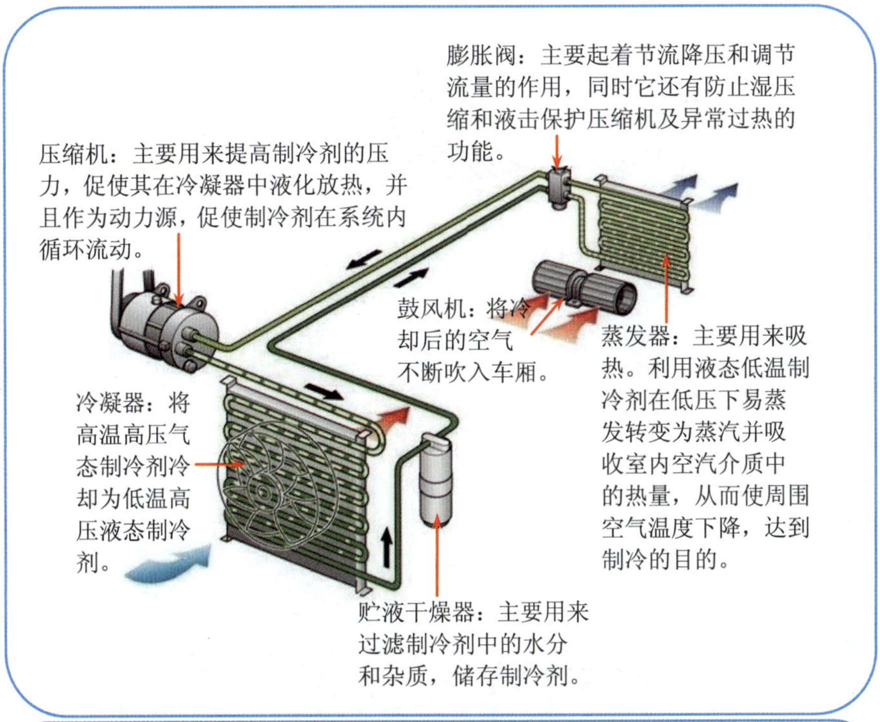


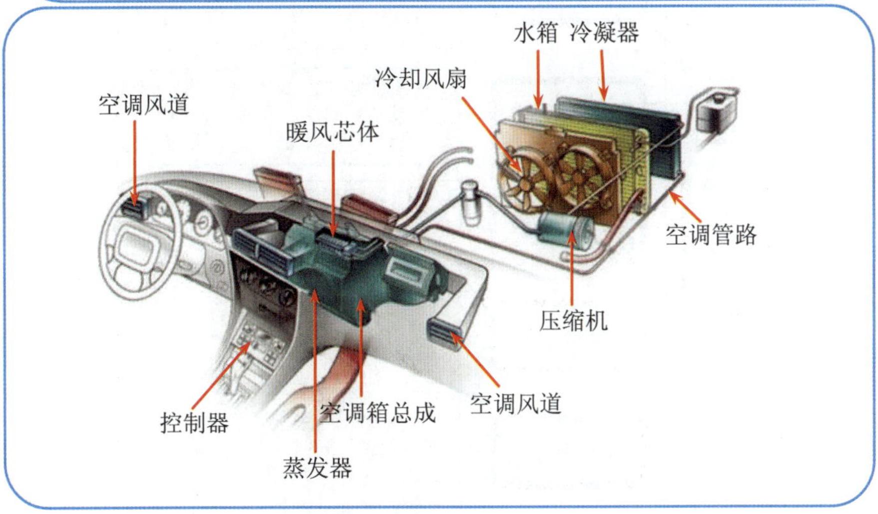


图 8-1 汽车空调系统

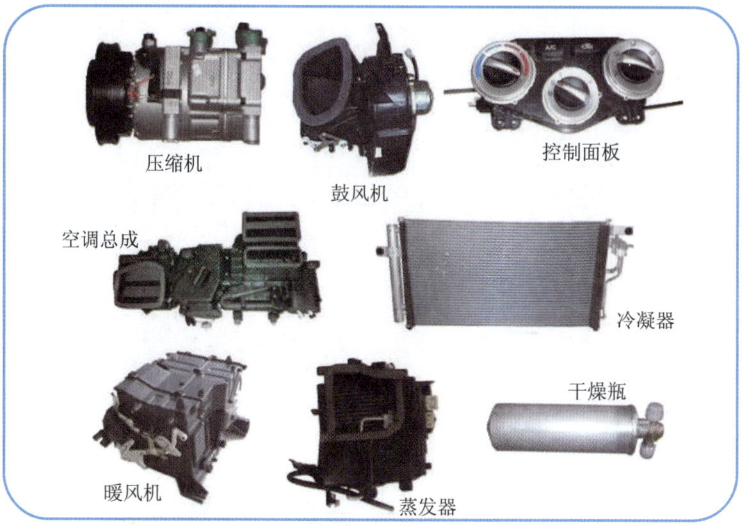


图 8-1　汽车空调系统（续）

## 8.2 汽车空调系统工作原理

汽车空调系统用于把汽车车厢内的温度、湿度、空气清洁度及空气流动调整和控制在最佳状态。空调系统主要由五个子系统组成，如图 8-2 所示。

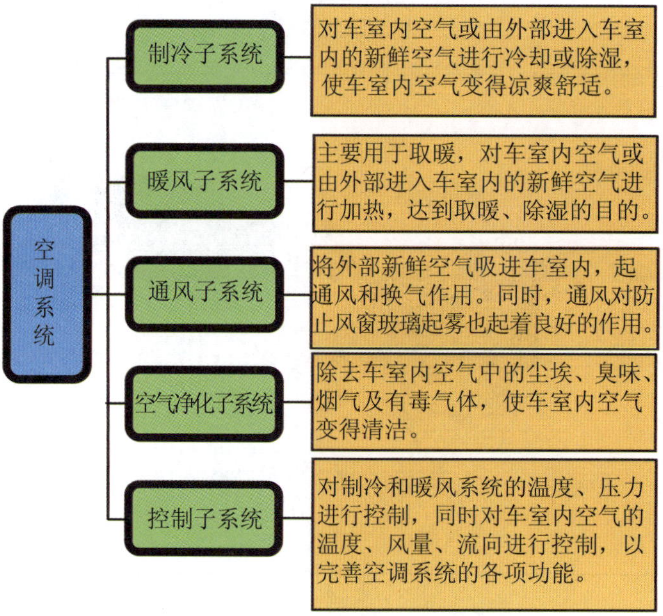


图 8-2　空调系统的五大子系统

## 8.2.1 汽车空调制冷系统工作原理

汽车空调制冷系统工作时，制冷剂以不同的状态在密闭系统内循环流动，每个循环有四个基本过程，如图 8-3 所示。

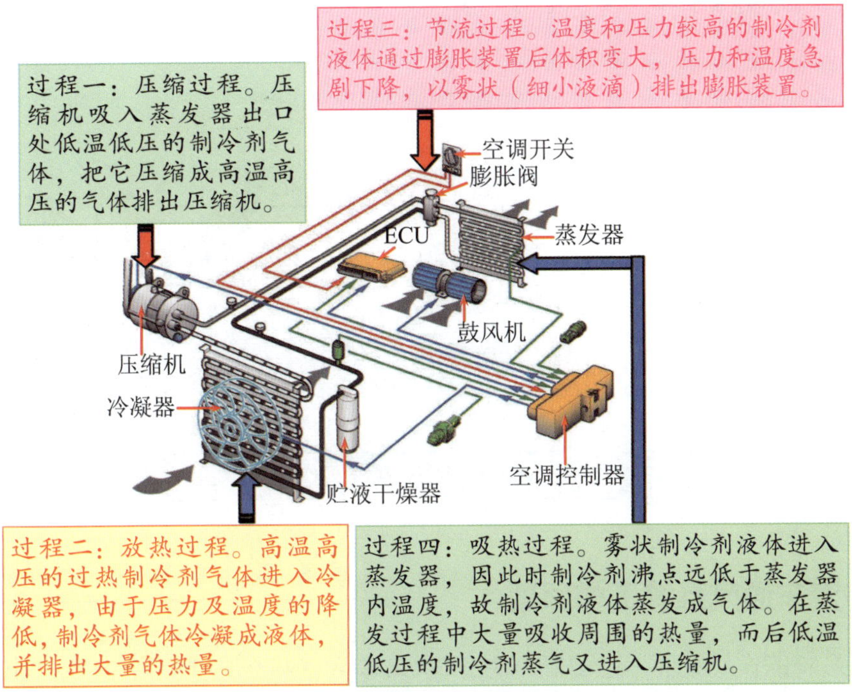


图 8-3 汽车空调的制冷系统工作原理

上述四个周而复始的循环，鼓风机将蒸发器周围的冷空气不断吹向车厢，从而降低车内温度。从汽车空调器的工作过程来看，可以概括为压缩、放热、节流、吸热四个过程，如图 8-4 所示。

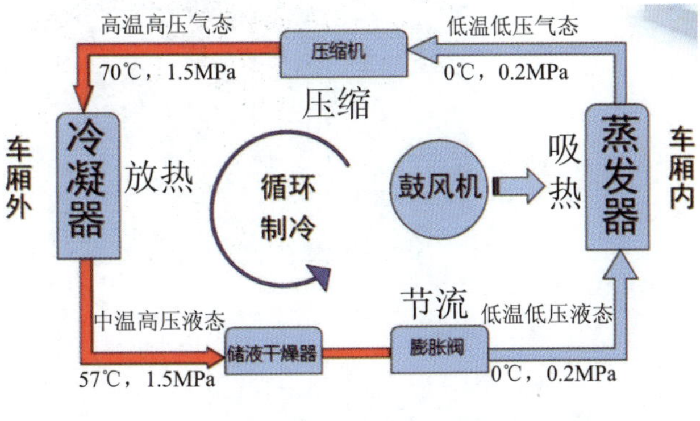


图 8-4 空调的工作过程

## 8.2.2　汽车暖风系统工作原理

汽车的暖风系统可以将车内的空气或从车外吸入车内的空气加热，提高车内的温度。汽车的暖风系统有许多类型，按热源的不同可分为热水取暖系统、燃气取暖系统、废气取暖系统等。目前小车上主要采用热水取暖系统，大型车辆上主要采用燃气取暖系统。汽车暖风系统工作原理如图 8-5 所示。

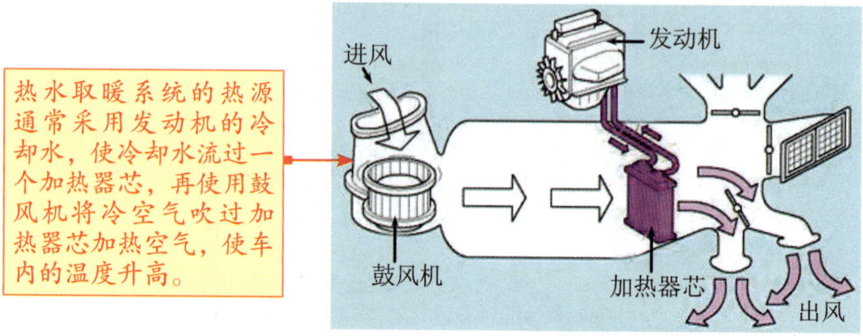


图 8-5　汽车暖风系统工作原理

## 8.2.3　汽车通风系统工作原理

通风系统的作用是将车外的新鲜空气引入车内，将车内的污浊空气排出车外，同时通风系统还具有风窗除霜的作用。通风系统可使车内的空气保持新鲜，提高车辆的舒适性。

目前汽车上的通风有两种基本的方式：一种是利用汽车行驶中产生的动压进行通风，另一种是利用车上的鼓风机进行强制通风，如图 8-6 所示。

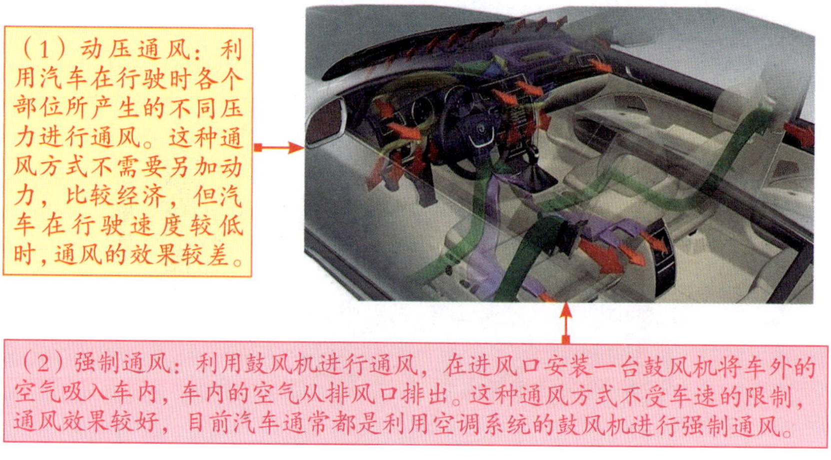


图 8-6　汽车空调的通风系统工作原理

## 8.2.4　汽车空气净化系统工作原理

空气净化系统可以除去车内空气中的灰尘，保持车内空气清洁，部分车辆的空气净化系统还具备去除异味、杀灭细菌的作用，如图 8-7 所示。

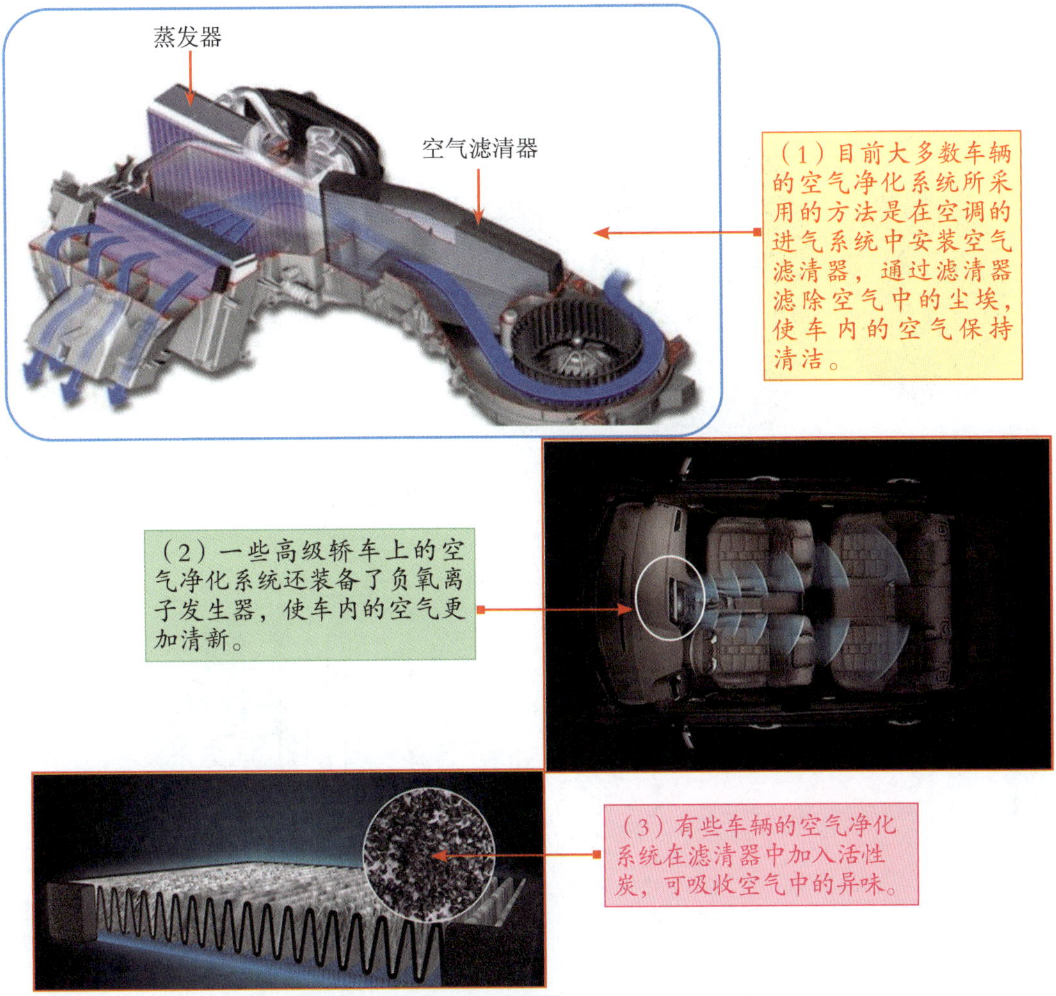


图 8-7　汽车空气净化系统工作原理

## 8.2.5　汽车空调控制系统的工作原理

汽车空调控制系统的功能是保证空调制冷系统正常运转，同时也要保证空调系统工作时发动机的正常运转。空调控制系统主要是通过控制压缩机电磁离合器的结合与分离实现温度控制与系统保护，通过控制电路对传感器和鼓风机的转速等进行控制并调节制冷负荷。

## 1. 电磁离合器的控制

电磁离合器安装在压缩机上，其作用是控制发动机与压缩机的动力传递，空调制冷系统工作时，使发动机能驱动压缩机运转，制冷系统停止运行时，切断发动机到压缩机的动力传递，如图 8-8 所示。

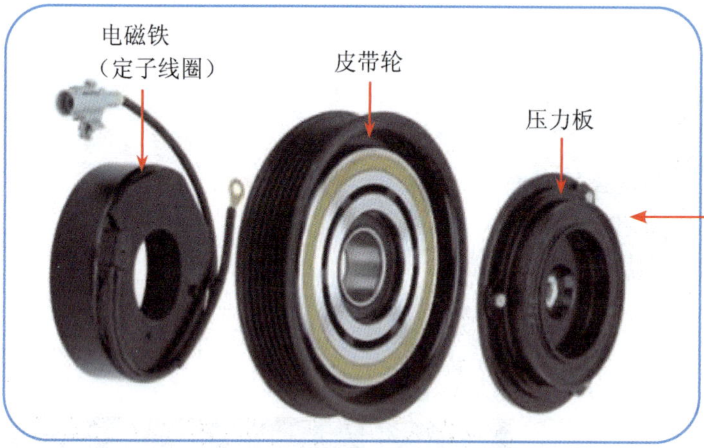


（1）电磁离合器主要包括压力板、皮带轮和定子线圈等。压力板与压缩机轴相连。皮带轮通过轴承安装在压缩机的壳体上，皮带轮通过皮带由发动机驱动。定子线圈也安装在压缩机的壳体上。

电磁离合器继电器触点闭合

（2）当接通空调开关使空调制冷系统进入工作状态时，电磁离合器的定子线圈通电，线圈通电后产生磁力，将压力板吸向皮带轮，使两者结合在一起，发动机的动力便通过皮带轮传递到压力板，带动压缩机运转。

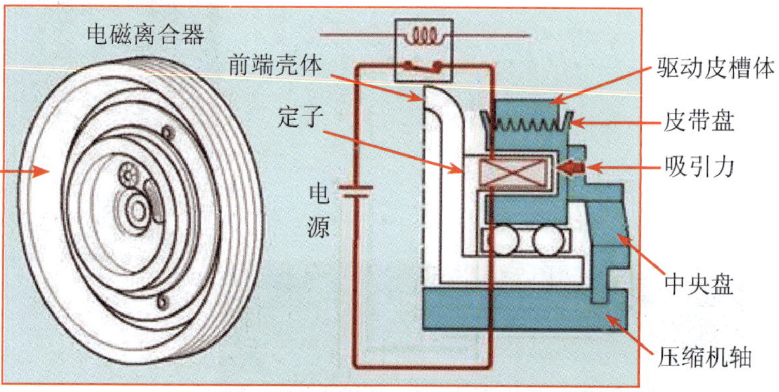


电磁离合器继电器触点断开

（3）当空调制冷系统停止工作时，电磁离合器的定子线圈断电，磁力消失，压力板与皮带轮分离，此时皮带轮通过轴承在压缩机的壳体上空转，压缩机停止运转。

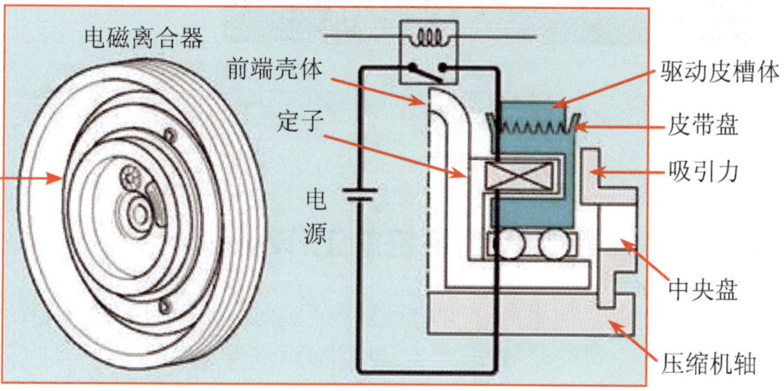


图 8-8 电磁离合器的控制系统

## 2. 空调控制电路

空调控制电路如图 8-9 所示。

信号输入 3：压力开关信号电路空调控制单元→空调控制单元端子 E28→压力开关→A/C 开关→鼓风机调速开关→G401 /G402 接地。

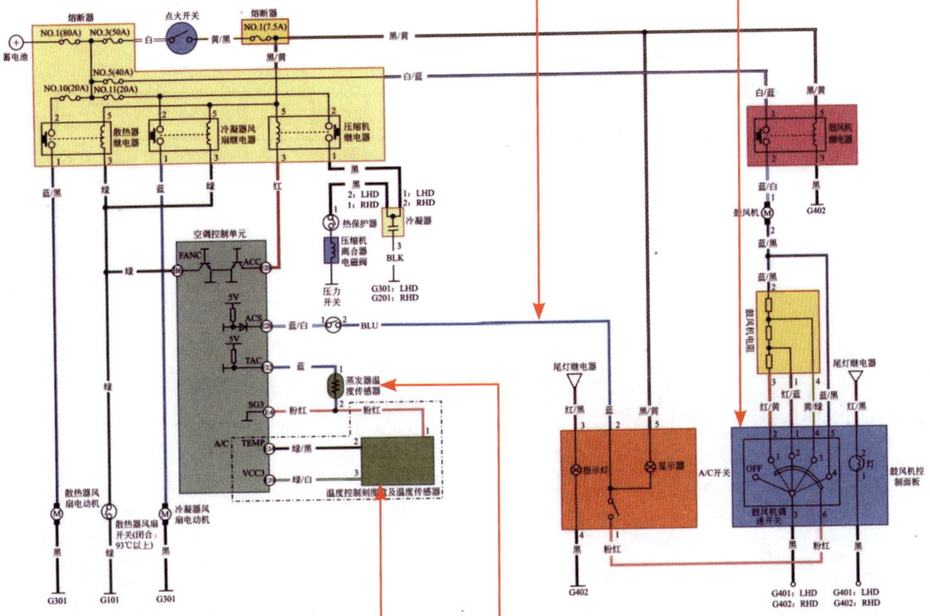

信号输入 2：温度传感器信号电路空调控制单元→空调控制单元端子 E14→温度控制刻度盘及温度传感器→空调控制单元端子 E4→空调控制单元。

信号输入 1：蒸发器温度传感器信号电路空调控制单元→空调控制单元端子 E12→蒸发器温度传感器→空调控制单元端子 E4→空调控制单元。

图 8-9 空调控制电路

（1）鼓风机电路

鼓风机电路如图 8-10 所示。

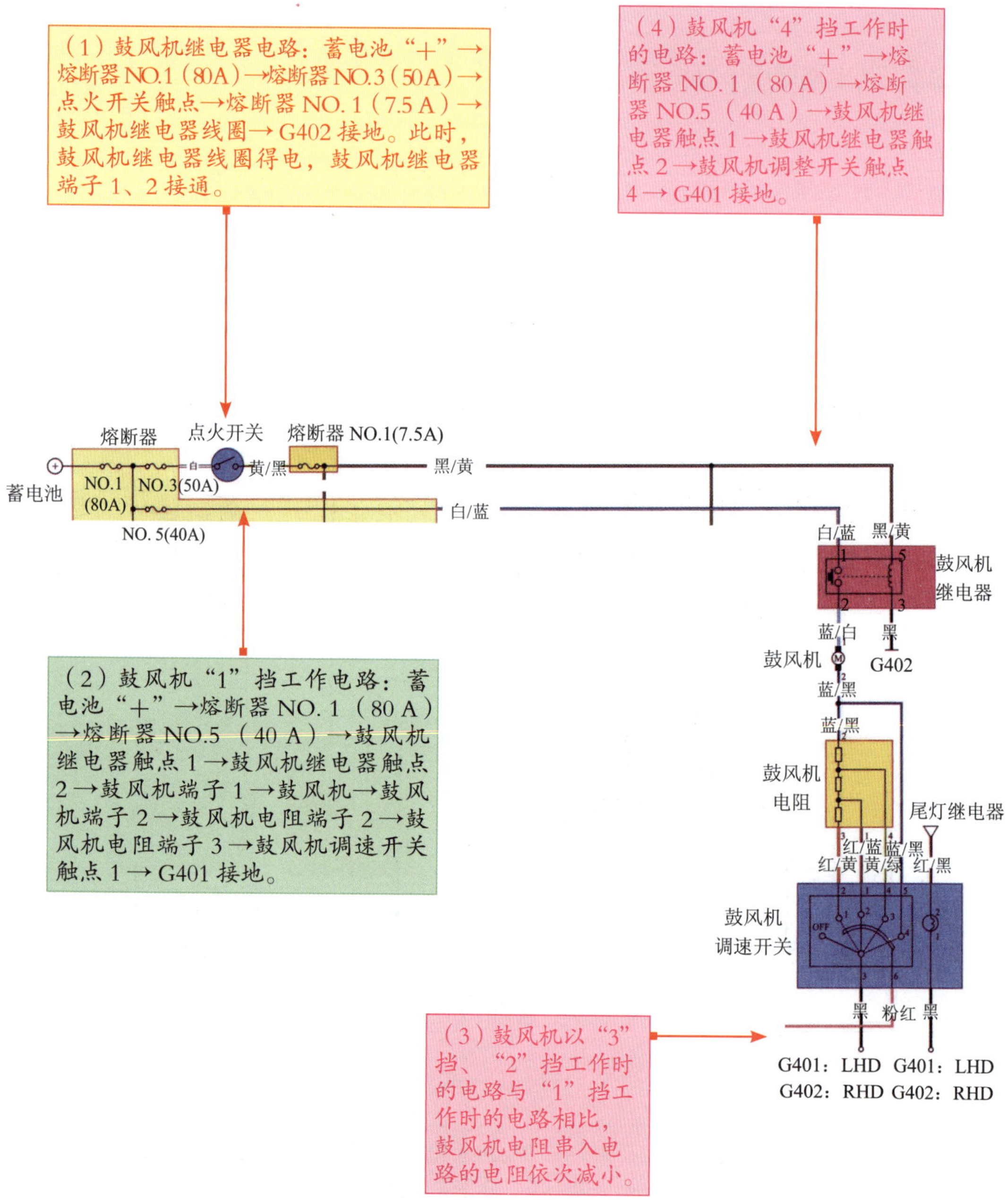


图 8-10 鼓风机电路

（2）压缩机离合器电磁阀电路

压缩机离合器电磁阀电路如图 8-11 所示。

（1）压缩机离合器电磁阀控制电路：蓄电池“+”→熔断器 NO. 1（80 A）→熔断器 NO.3（50 A）→点火开关→熔断器 NO. 1（7.5 A）→压缩机继电器线圈→空调控制单元端子 E18→空调控制单元。

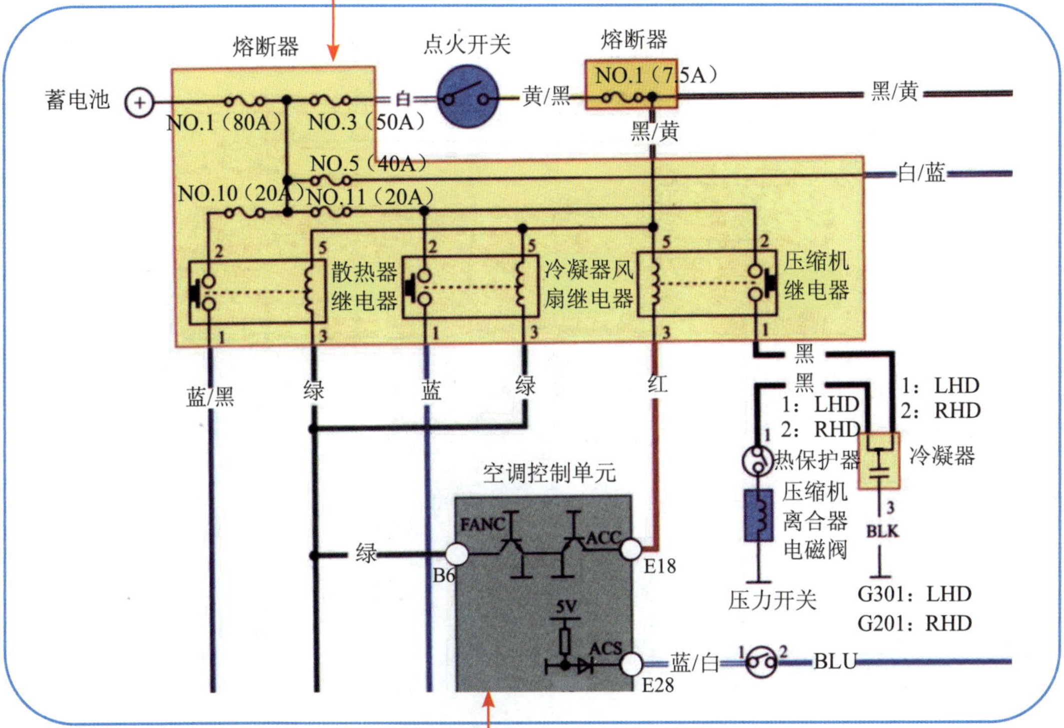


（2）压缩机离合器电磁阀工作电路：蓄电池“+”→熔断器 NO. 1（80 A）→熔断器 NO. 11（20 A）→压缩机继电器触点 2→压缩机继电器触点 1→热保护器→压缩机离合器电磁阀→接地。

图 8-11　压缩机离合器电磁阀电路

（3）冷凝器风扇电动机电路

冷凝器风扇电动机电路如图 8-12 所示。

（1）冷凝器风扇电动机控制电路：蓄电池“+”→熔断器 NO.1（80 A）→熔断器 NO.3 （50 A）→点火开关→熔断器 NO.1 （7.5 A） →冷凝器风扇继电器线圈→空调控制单元端子 B6 →空调控制单元散热器风扇开关→ G101 接地。

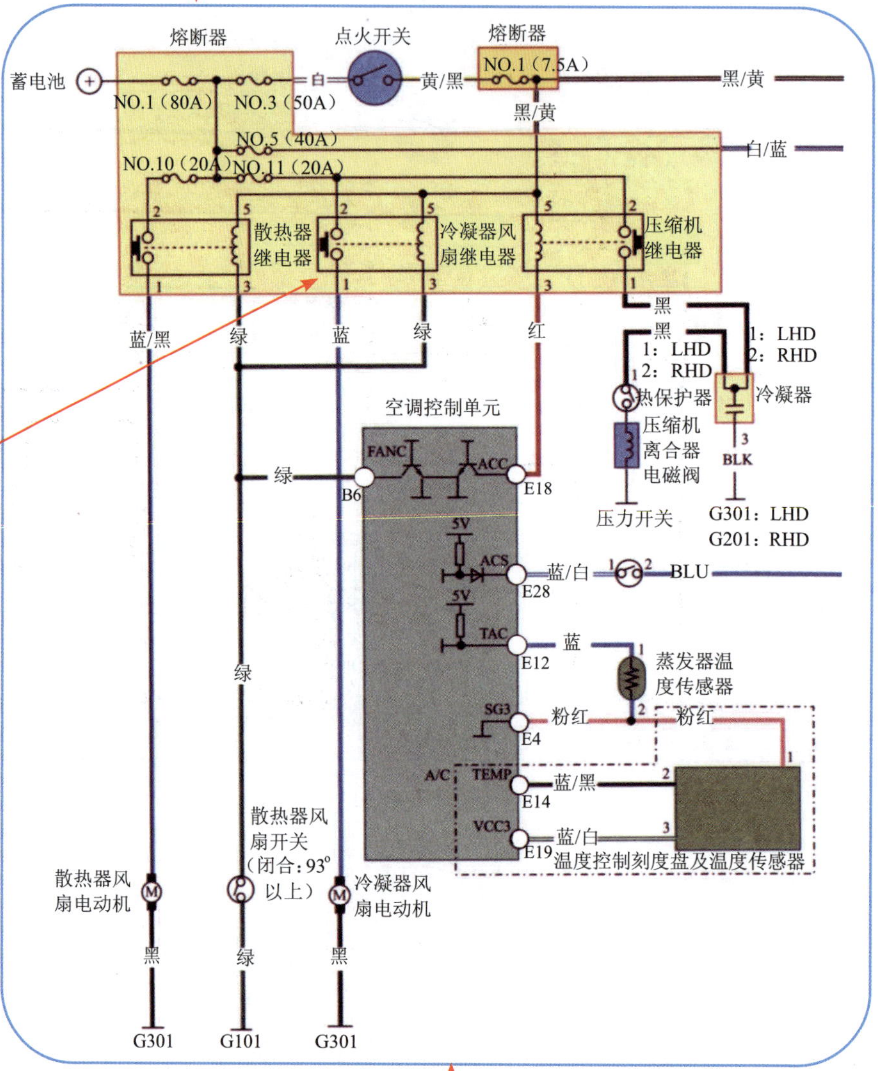


此继电器由散热器风扇开关和空调控制单元 B6 端子共同控制。

（2）冷凝器风扇电动机工作电路：蓄电池“+”→熔断器 NO. 1 （80 A）→熔断器 NO. 11 （20 A）→冷凝器风扇继电器端子 2→冷凝器风扇继电器端子 1→冷凝器风扇电动机→ G301 接地。

图 8-12　冷凝器风扇电动机电路

（4）散热器风扇电动机电路

散热器风扇电动机电路如图 8-13 所示。

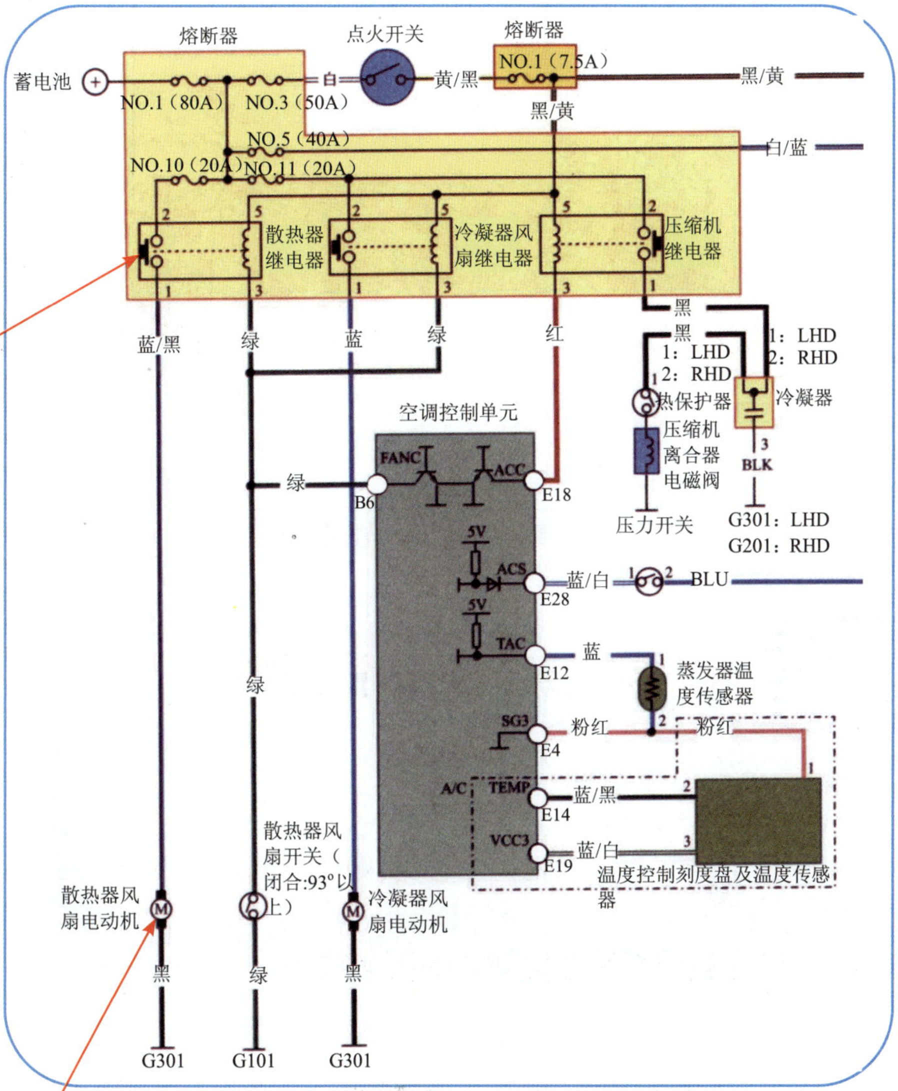


（1）散热器风扇电动机控制电路：蓄电池“+”→熔断器 NO.1（80 A）→熔断器 NO.3（50 A）→点火开关→熔断器 NO.1（7.5 A）→散热器继电器线圈→散热器风扇开关→G101 接地。

（2）散热器风扇电动机工作电路：蓄电池“+”→熔断器 NO. 1（80 A）→熔断器 NO. 10（20 A）→散热器继电器端子 2→散热器继电器端子 1→散热器风扇电动机→G301 接地。

图 8-13　散热器风扇电动机电路

（5）A/C 开关显示器电路

A/C 开关显示器电路如图 8-14 所示。

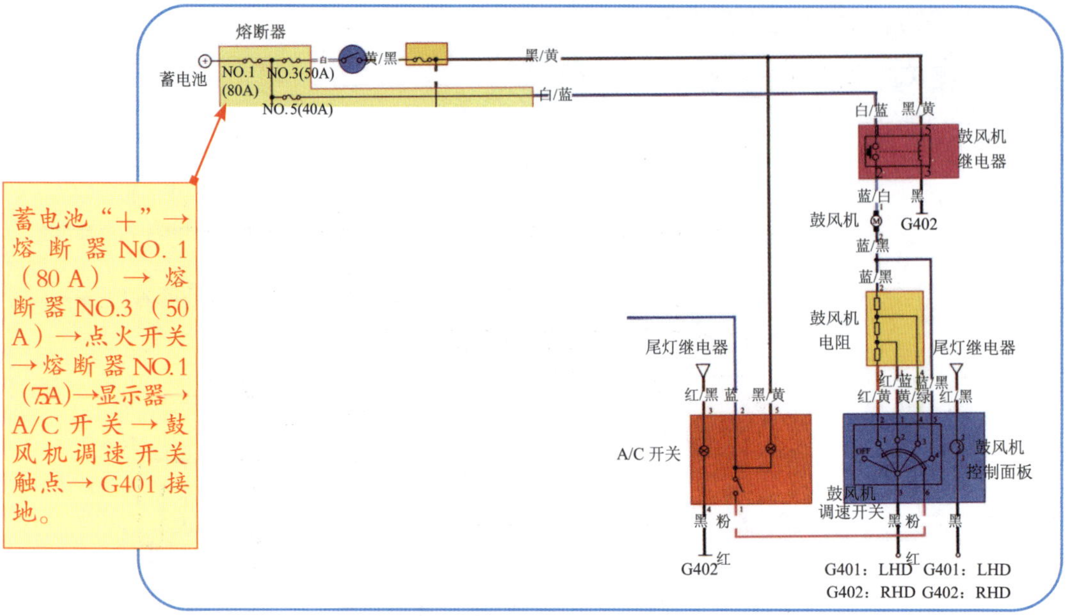


图 8-14　A/C 开关显示器电路

## 8.3 汽车空调系统故障检测方法

汽车空调系统是夏天驾驶时使用频率较高的设备，会经常出现制冷方面的故障，如不制冷、制冷效果差、空调工作不稳定、空调噪声大等问题。想要维修这方面故障，就需要掌握空调系统常见故障的检测维修方法及汽车空调系统拆装和冷媒添加技巧。

### 8.3.1　汽车空调系统主要部件的拆装技巧

汽车空调系统主要部件的拆装技巧如图 8-15 所示（以奔腾 B50 为例）。

图 8-15　汽车空调系统主要部件的拆装技巧

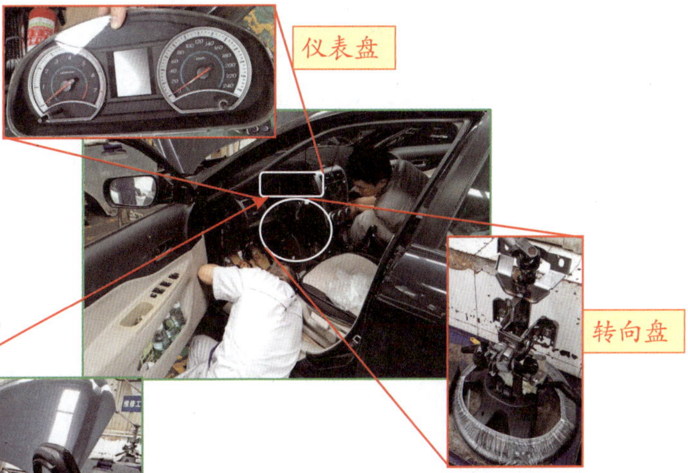


❷ 拆卸转向盘和仪表盘。

❸ 将固定中控台的螺钉拧下，将中控台从中控拆下。

❹ 拆下中控台之后，可以看到空调系统的部件。接着将蒸发器总成的固定螺钉拧下。

❺ 拆下蒸发器总成之后可以看到空调系统中的加热芯等部件。将其一一拆下即可。

图 8-15　汽车空调系统主要部件的拆装技巧（续）

## 8.3.2 汽车空调系统主要部件故障检测方法

汽车空调常见故障主要包括：空调完全不制冷、空调制冷效果差、空调冷气时有时无、空调有异响等。

空调故障一般是由压缩机故障、冷凝器故障、蒸发器故障、膨胀阀故障、制冷剂泄漏、控制电路故障、传感器故障等引起的。

### 1. 汽车空调系统压力检测判断方法

当空调制冷运行，鼓风机速度处于“高”位，打开车门，发动机保持在 1 500 r/min，这时汽车空调的正常的工作压力如下。

R134a 制冷剂：低压为 0.15 ~ 0.25 MPa，高压为 1.3 ~ 1.5 MPa。

R12 制冷剂：低压为 0.15 ~ 0.2 MPa，高压为 1.45 ~ 1.5 MPa。

汽车空调系统压力检测判断方法如图 8-16 所示。

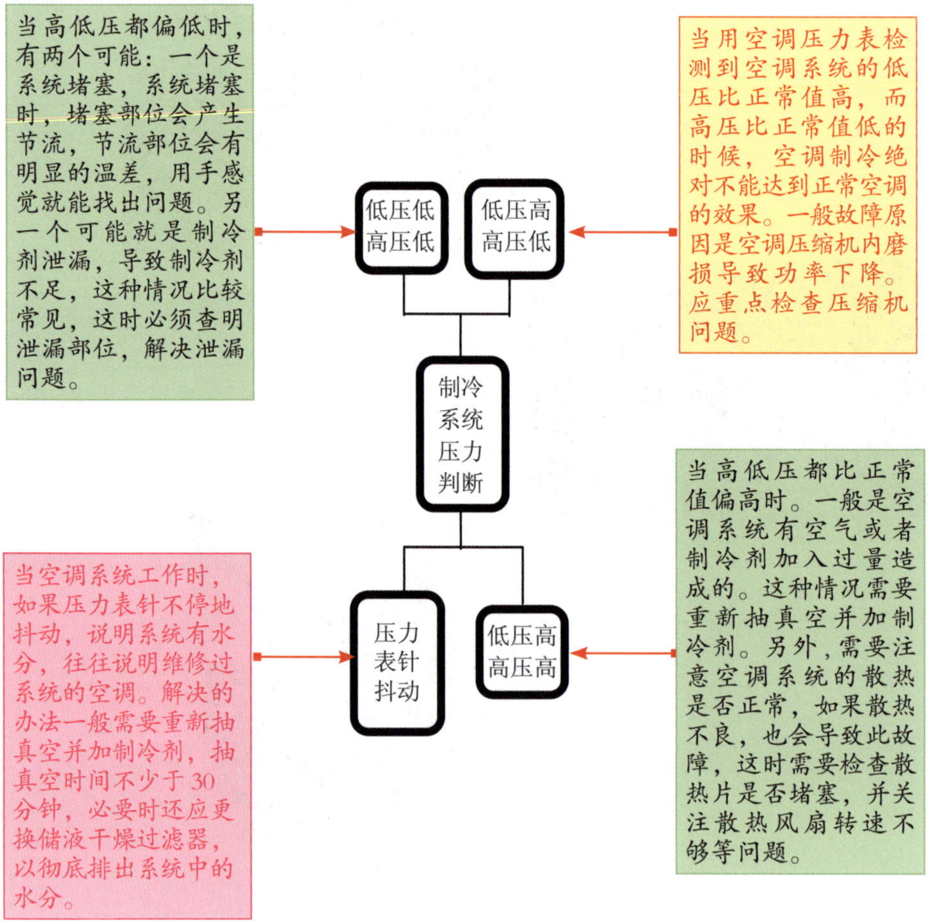


图 8-16　汽车空调系统压力检测判断方法

### 2. 空调系统完全不制冷故障的检测方法

制冷功能丧失是空调系统最常见的现象，造成这一故障的主要原因包括：制冷剂泄漏、管路堵塞、压缩机问题等。其中压缩机问题主要有压缩机卡死或内部损坏、压缩机缸和压缩机垫窜气、进排气阀损坏、压缩机电磁离合器线圈短路等，这些故障能导致压缩机不能压缩制冷液或压缩不良等。

空调系统完全不制冷故障检测方法如图 8-17 所示。

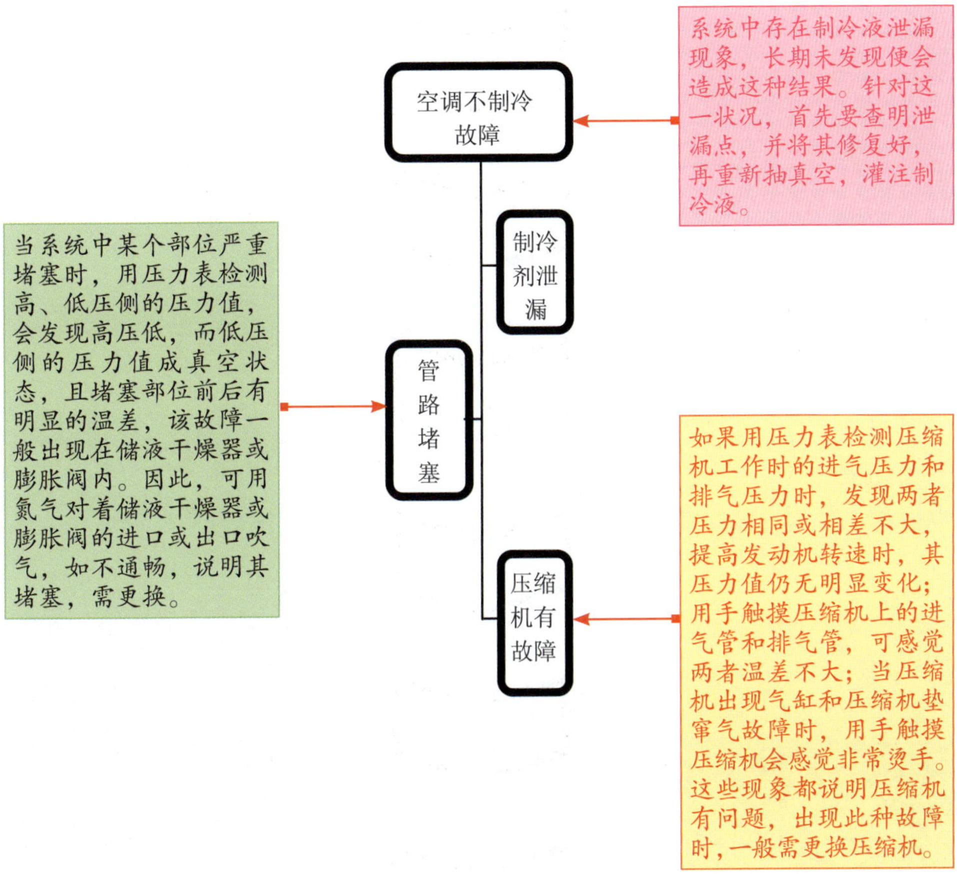


图 8-17　空调系统完全不制冷故障检测方法

### 3. 制冷效果不佳故障检测方法

造成汽车空调制冷效果不佳的原因主要包括：制冷剂不足、制冷剂添加过量、系统中有空气、制冷剂与冷冻机油内杂质过多、空调制冷液中有水分渗入、压缩机驱动带过松、冷凝器散热能力下降等。

制冷效果不佳故障检测方法如图 8-18 所示。

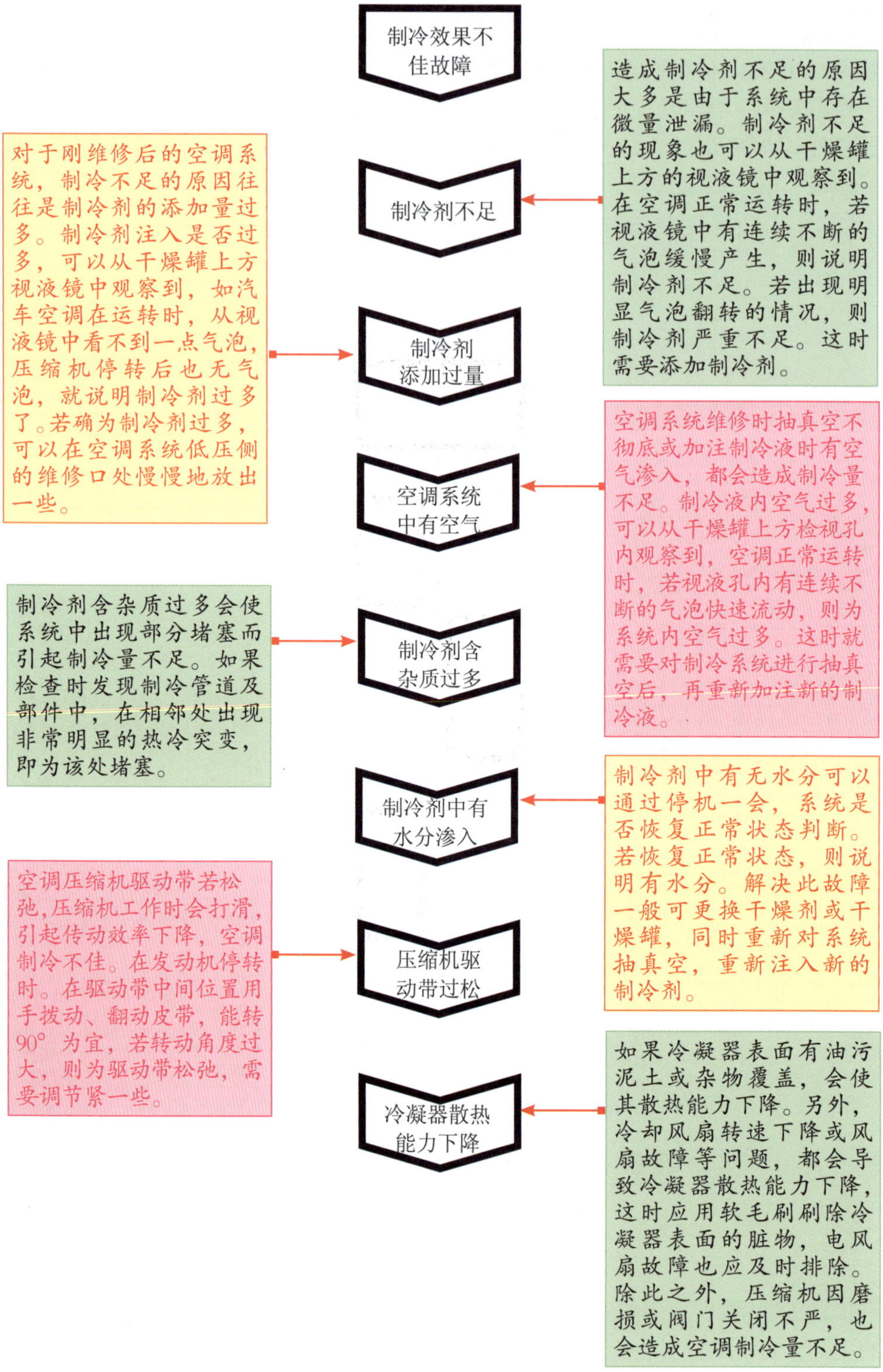


图 8-18　制冷效果不佳故障检测方法

### 4. 冷气时有时无故障检测方法

造成冷气输出时有时无的原因，通常是控制电路部分故障，如电路开关、风机开关、风机电机故障，或压缩机线圈和电磁阀断路、接地不良或连接松动；也可能是压缩机连接装置松动和蒸发器阻塞引起的。可以利用万用表检查电路开关、风机开关、风机电机是否正常；检查压缩机皮带的松紧和电磁离合器线圈是否良好。

### 5. 压缩机不能正常自动停转故障检测方法

造成压缩机不能正常自动停转的常见原因有低压（或低温）保护开关损坏、高压压力开关损坏、温控器失灵、 电线短路等。

压缩机不能正常自动停转故障检测方法如图 8-19 所示。

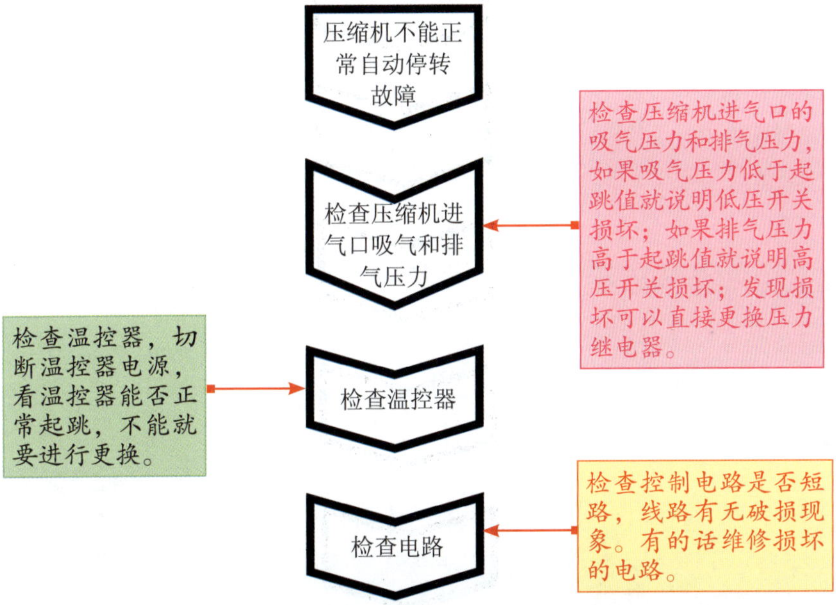


图 8-19 压缩机不能正常自动停转故障检测方法

### 6. 空调系统运行时有噪声故障检测方法

空调系统运行时有噪声故障的原因主要是：压缩机冷冻机油不足引起干摩擦或压缩机内部磨损，制冷液过多或不足，冷冻油过多，传动带松弛或磨损，冷却电机风扇碰到其他部件，鼓风电机机械摩擦，电机轴承无油等。

空调运行中如发出异响，此时应马上判断大致从何处发出，然后停机检查。首先检查压缩机传动带是否过松或磨损，必要时进行调整或更换；试运转若发现风扇电机的风叶与其他部件碰擦，应给予调整或校正；最后检查电机轴承是否缺油，有条件时可拆开，添加润滑油（脂），否则应更换压缩机。

### 7. 汽车空调系统加制冷剂流程

汽车空调系统加制冷剂流程如图 8-20 所示。

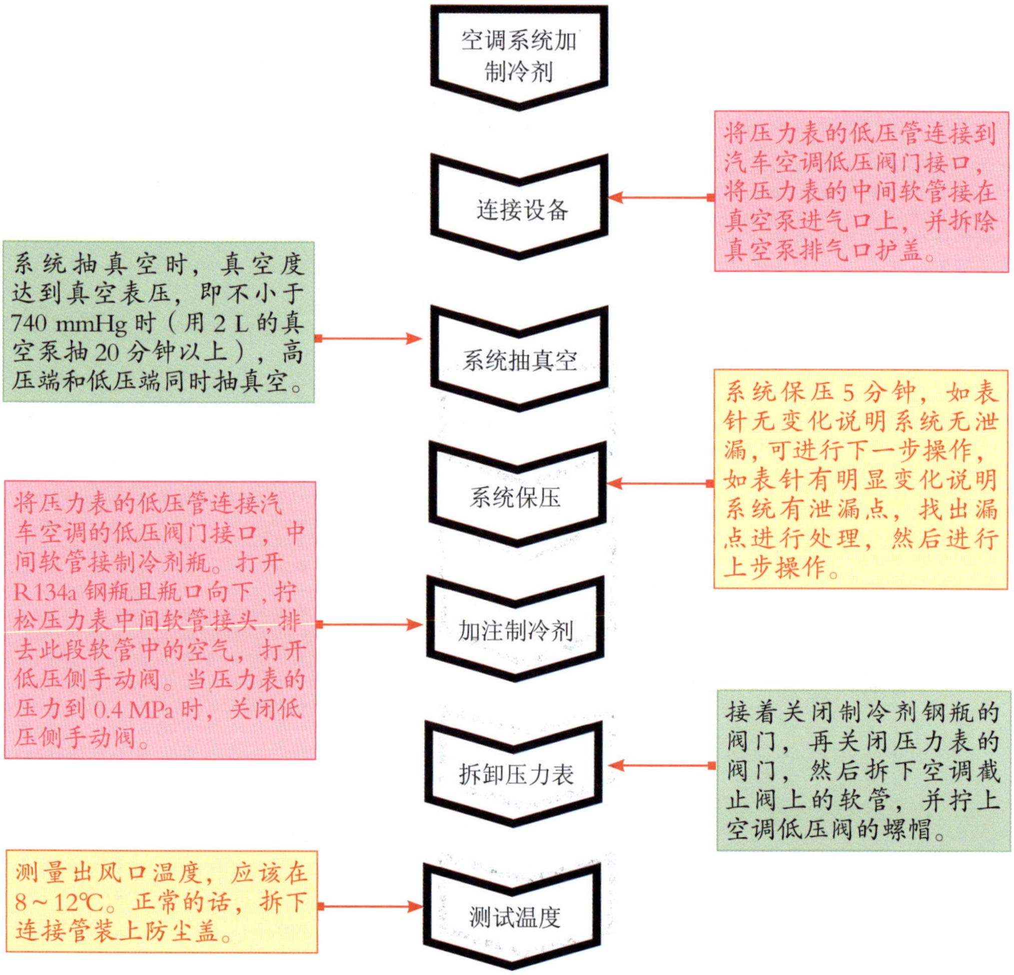


图 8-20　汽车空调系统加制冷剂流程

## 8.4 汽车空调系统检测维修实战

光说不练假把式，维修经验的获取主要是来自具体的故障检测实战，这对维修人员来说非常重要。通过实战可以提高维修的成功率。本节通过两个实战案例来讲解汽车空调系统的检测维修方法。

## 8.4.1 宝马 320 汽车空调不制冷故障维修实战

一台宝马 320 故障车，开空调后，不制冷，吹出来的风没什么凉气。根据故障现象分析，此故障可能是管道堵塞，或冷凝器有漏点，或蒸发器有漏点，或压缩机有故障等引起的。

此故障维修具体步骤如图 8-21 所示。

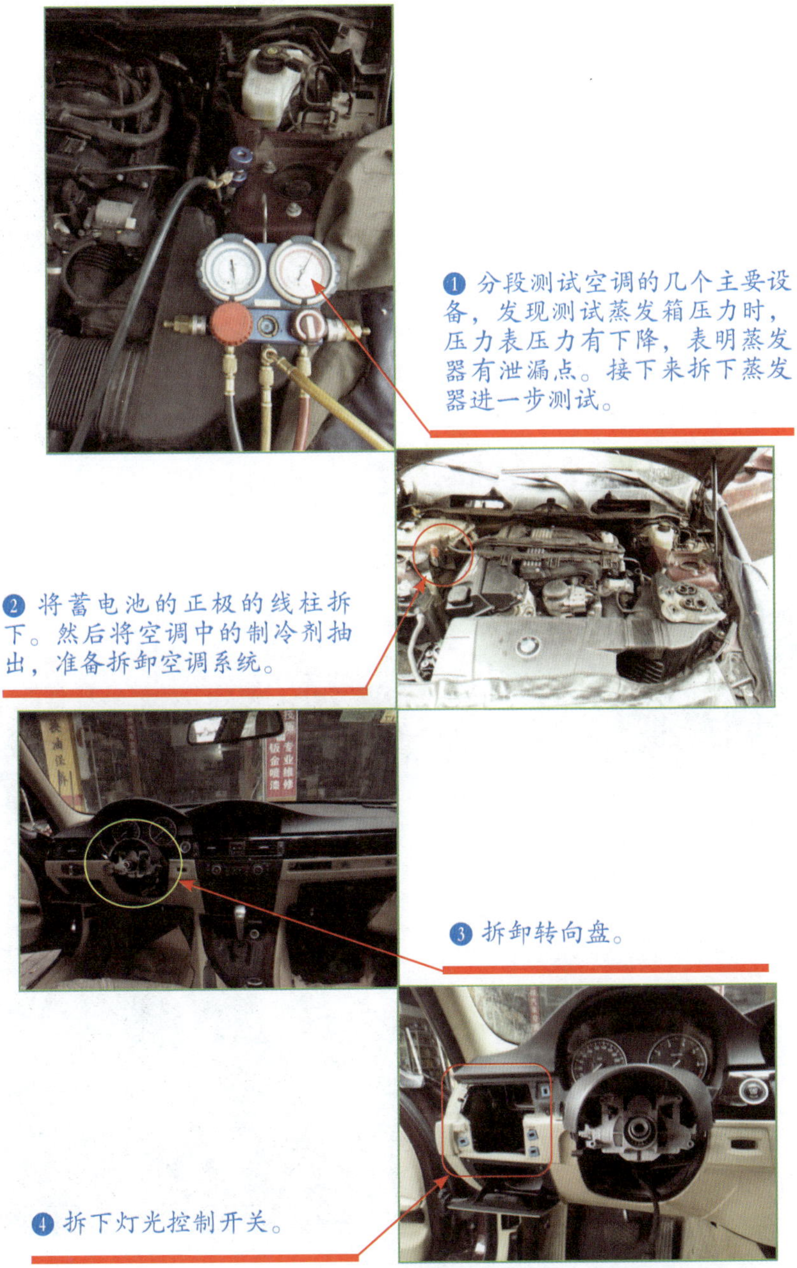


图 8-21 宝马 320 汽车空调不凉故障维修

❺ 拆卸副驾手套箱。

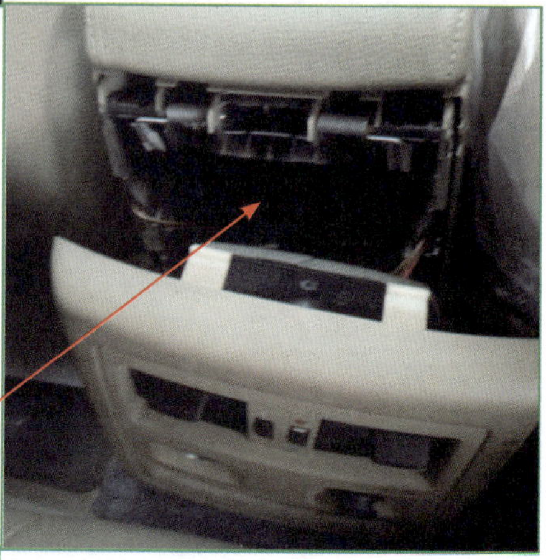

❻ 拆卸后座空调出风口。

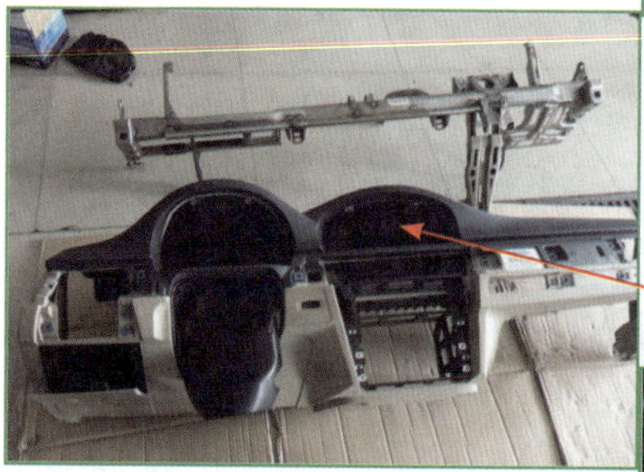

❼ 拆下仪表盘及中控台。

❽ 拆下空调系统的高、低压管道。

图 8-21 宝马 320 汽车空调不凉故障维修（续）

❾ 拆下蒸发器总成。

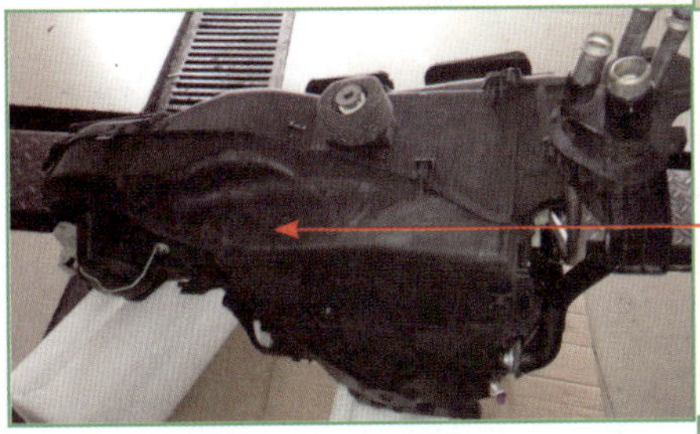



⑩ 从蒸发器总成中拆下蒸发器。

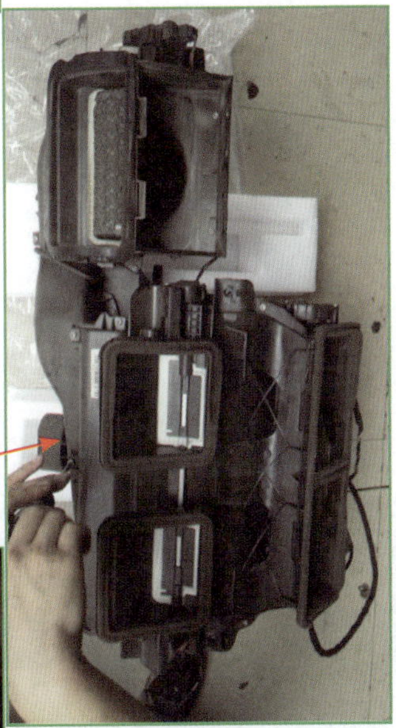

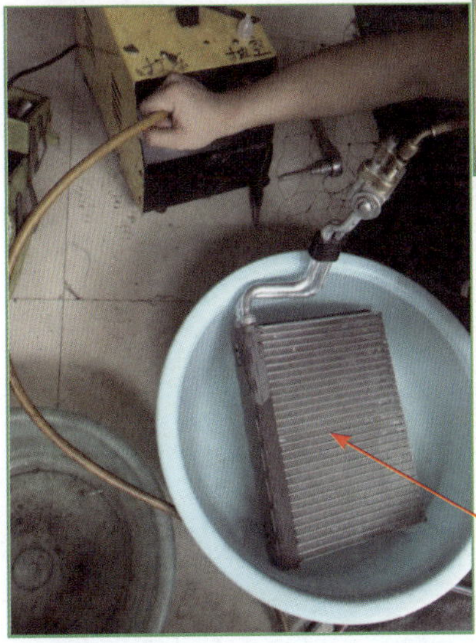

⑪ 将蒸发器放到水里，然后打压测试，看是否有泄漏点。

图 8-21　宝马 320 汽车空调不凉故障维修（续）

发现了很多的泄漏点。

⑫ 更换新的蒸发器。

⑬ 将空调系统各个部件装好。

⑭ 抽真空，加注制冷剂，然后测试，空调制冷正常，故障排除。

图 8-21　宝马 320 汽车空调不凉故障维修（续）

## 8.4.2 朗逸汽车空调直吹热风旋钮旋转不灵故障维修实战

一辆朗逸故障车，打开空调后，不吹凉风，一直吹热风，且手动控制的旋钮旋转不灵活，只能转动一半。根据故障现象分析，怀疑是空调控制开关的支架有问题。

此故障维修具体步骤如图 8-22 所示。

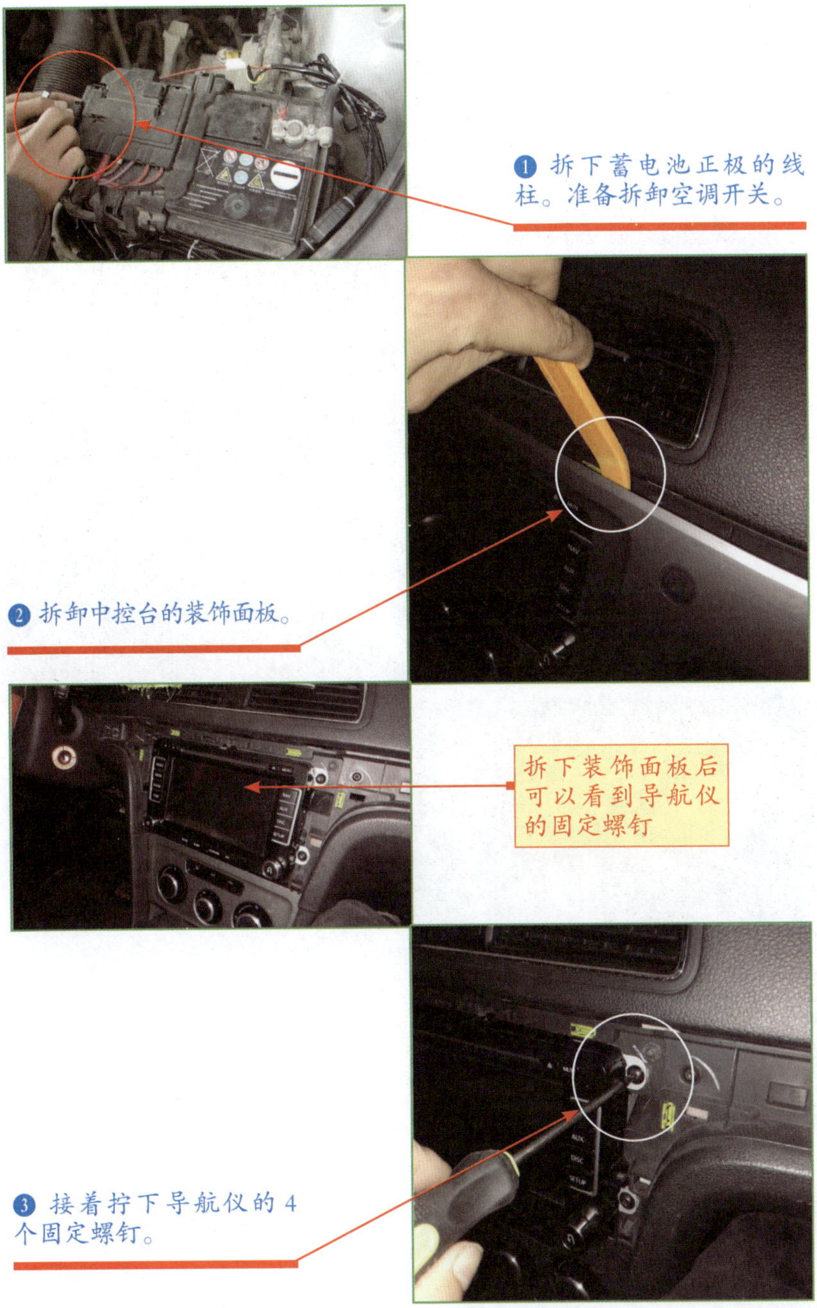


图 8-22　朗逸汽车空调直吹热风旋钮旋转不灵故障维修

❹ 将导航仪轻轻拆下，并拔下连接的导线。

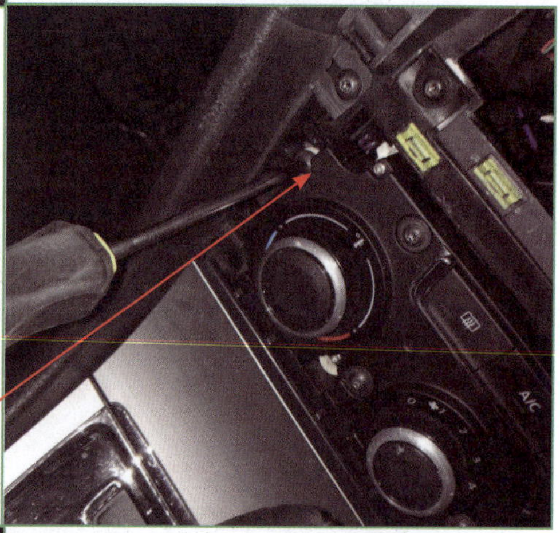

❺ 拆下空调开关的装饰面板，然后拧下空调开关总成固定螺钉。

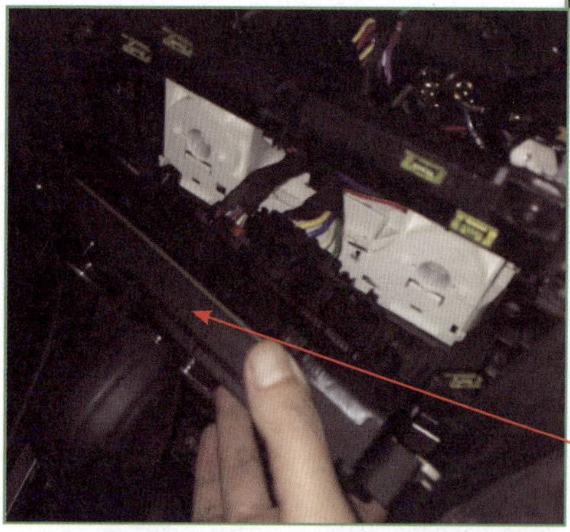

❻ 轻轻拆下空调开关总成，并拔下连接导线。

图 8-22　朗逸汽车空调直吹热风旋钮旋转不灵故障维修（续）

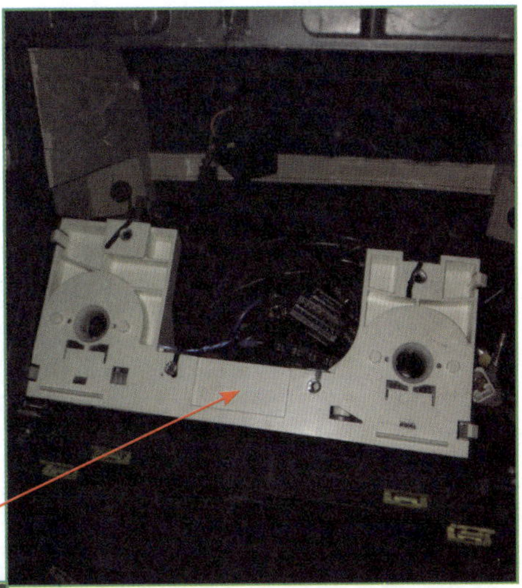

❼ 拆下空调开关支架。

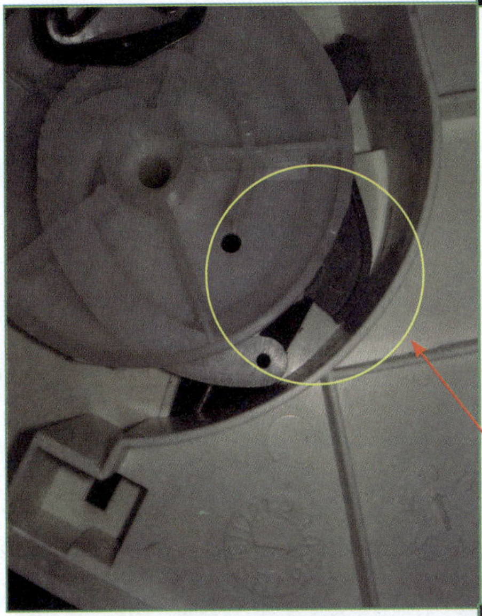

❽ 仔细检查空调开关总成和开关支架。发现空调开关支架内部有个黑色的连杆断了。

❾ 更换空调开关支架，并将空调开关总成及导航仪装好。之后打开空调进行测试，运行正常，故障排除。

图 8-22　朗逸汽车空调直吹热风旋钮旋转不灵故障维修（续）

# 第9章 汽车仪表系统检测维修实战

汽车仪表对确保汽车行驶安全、及时排除故障等起着至关重要的作用。本章将对电流表、机油压力表、燃油表、冷却液温度（水温）表的结构、电路原理及使用过程中出现的故障进行归纳总结。

# 9.1 看图识汽车仪表系统

仪表盘上的各种仪表（见图 9-1），结构上有所不同。燃油量表、水温表、机油压力表等，是由指示表和传感器两部分组成的；而车速表、发动机转速表等，则是由指示表、电子电路、传感器等组成，有的还有 ECU 等组件。

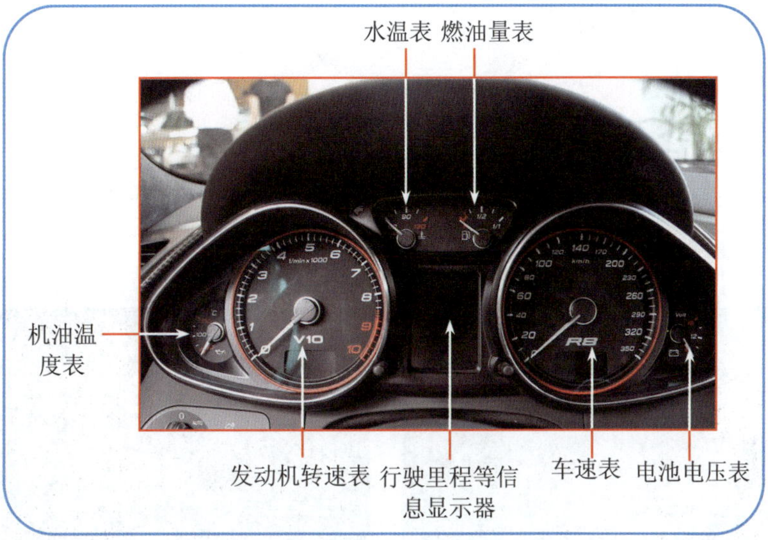


图 9-1 汽车仪表

在组合仪表盘上，除了指针式仪表外，还经常见到信号指示灯式仪表，指示灯只表示两个状态，即亮或灭。通常指示灯亮起表示所代表的车况出现了问题，如图 9-2 所示。

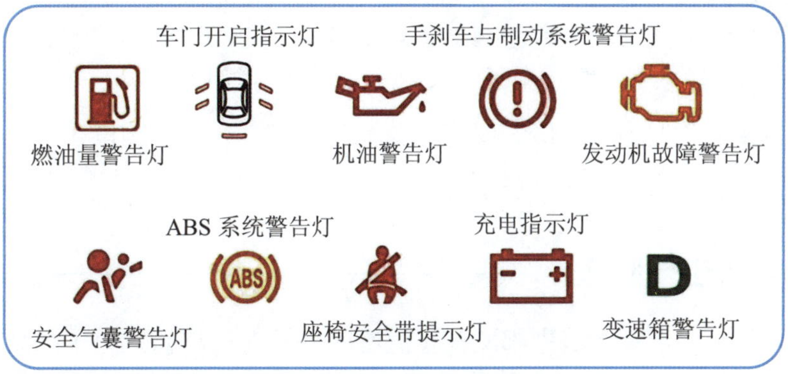


图 9-2 组合仪表盘上的指示灯

# 9.2 汽车仪表系统的结构与工作原理

在学习汽车仪表系统故障维修时，需要先了解汽车仪表系统的种类，并掌握水温表、燃油表、车速里程表、转速表等常用仪表的组成结构和工作原理，下面本节将详细讲解这方面内容。

## 9.2.1 汽车仪表系统分类

汽车仪表的作用是指示汽车行驶过程中的各种工况指数，方便驾驶员了解汽车的工作状态，保证安全驾驶。

汽车上的仪表主要分为两大类：一种是分装独立式，另一种是组合式，如图 9-3 所示。

（a）分装独立式仪表　　（b）组合式仪表

图 9-3　汽车仪表

汽车仪表从内部结构上可以分为机械式、电气式和电子式。机械式和电气式仪表现在已经逐渐被电子式仪表所代替。电子式仪表又分为模拟电路式和数字电路式。现在主流汽车采用的是数字电路式电子仪表。

数字电路式电子仪表相对传统仪表具有指示精度高、响应速度快、分布均匀、可靠性高、重复性高以及通用性强等特点。

## 9.2.2 水温表工作原理

水温表是用来指示发动机内部冷却水温度的。装在气缸盖水套中的温度传感器与组合仪表内部的水温表相连。水温表系统包括水温表、线束总成、水温传感器等几部分。水温表工作原理如图 9-4 所示。

（1）水温传感器安装在发动机缸体或缸盖的水套上，与冷却水直接接触，从而测得发动机冷却水的温度。水温传感器内部热敏电阻感受水箱内冷却水温度的变化，阻值也随之变化。（现在汽车所用水温塞热敏电阻一般为负温度系数，即随水温的升高，电阻值逐渐变小）。

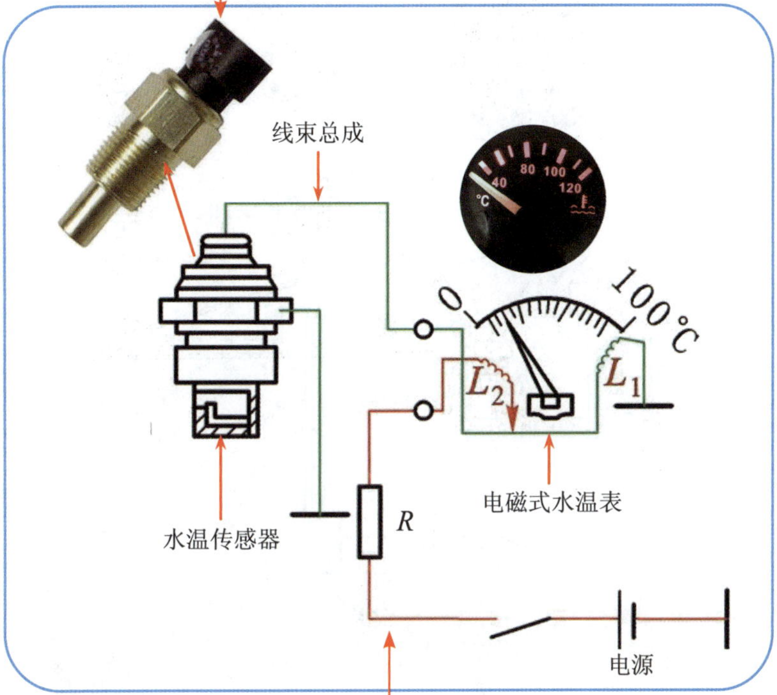


（2）当点火开关接通后，电流流过水温指示表和水温传感器。当冷却水温度较低时，传感器内热敏电阻的阻值较大，流经水温表内部线圈 $L_1$ 和 $L_2$ 的电流相差不多，但 $L_1$ 匝数多，产生的磁场强，使衔铁带动指针向左偏转，指针指向低温刻度。当冷却水温度升高时，热敏电阻的阻值减小，线圈 $L_2$ 中的电流明显增大，电磁力也增大，使衔铁带动指针向右偏转，水温表的指针指向高温刻度。

图 9-4　水温表工作原理

## 9.2.3　燃油量表工作原理

燃油表用于指示油箱内燃油液面的高低，即剩余油量的多少。燃油表系统由燃油仪表、线束总成、燃油传感器、油箱四部分组成，如图 9-5 所示。

（1）电磁式燃油表内装有左、右两个线圈，转子与指针相连，并位于两个线圈之间，油面传感器也采用可变电阻式传感器。燃油传感器安装在油箱内，随油箱内燃油液位的变化，燃油传感器浮球高度随之变化，燃油传感器输出的电阻值也发生变化，变化的电阻值传给仪表，使仪表指针位置发生变化。

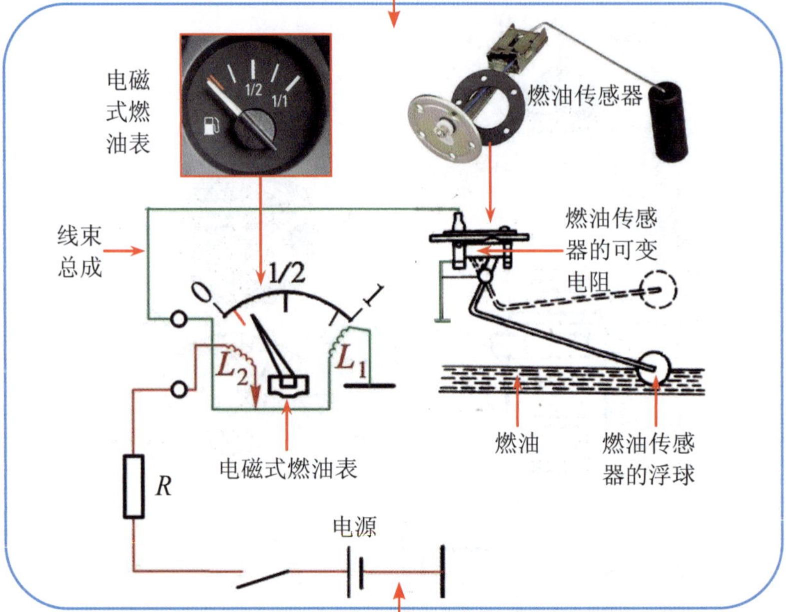


（2）当接通点火开关时，电源的电流经左线圈 $L_2$ 后分为两条支路：一路经过右线圈 $L_1$ 后搭铁，另一路经过油面传感器的可变电阻搭铁。两个线圈中均有电流通过，并在两个线圈的周围产生磁场，转子连同指针在两个线圈磁场的作用下偏转，处于合成磁场的方向，指针指向燃油表的某一刻度。油箱中油面高时，油面传感器的电阻大，流过左线圈 $L_2$ 的电流小，产生的磁场弱，在合成磁场的作用下指针指向油面高的刻度。

图 9-5　燃油量表工作原理

## 9.2.4　车速（里程）表工作原理

车速表指示汽车行驶速度，车速表系统主要由车速传感器、线束总成、汽车控制器 ECU、步进电机、车速仪表等组成，如图 9-6 所示。

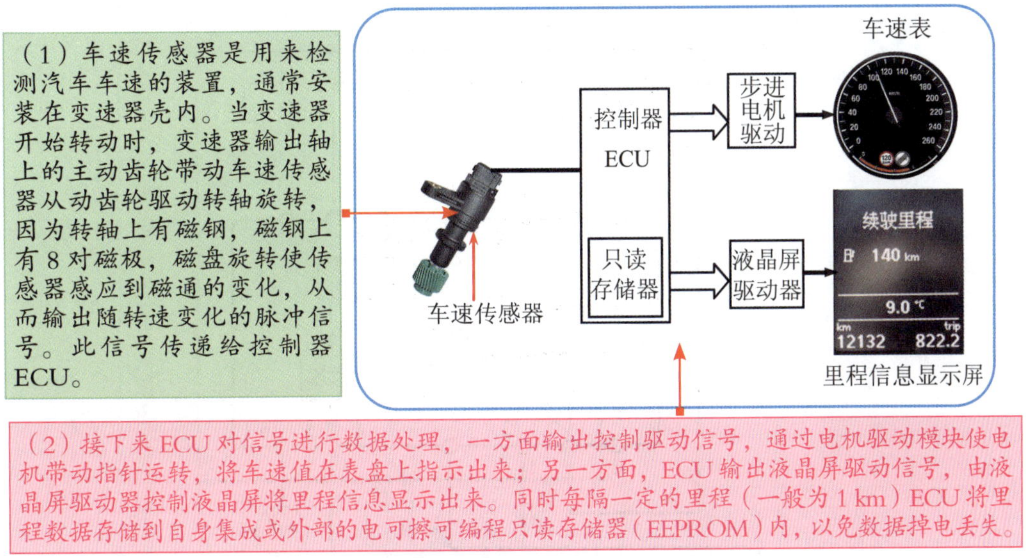


图 9-6 车速表工作原理

## 9.2.5 发动机转速表工作原理

发动机转速表用来指示汽车发动机的转速。转速表系统主要由转速传感器、线束总成、汽车控制器 ECU、步进电机、转速仪表等组成，如图 9-7 所示。

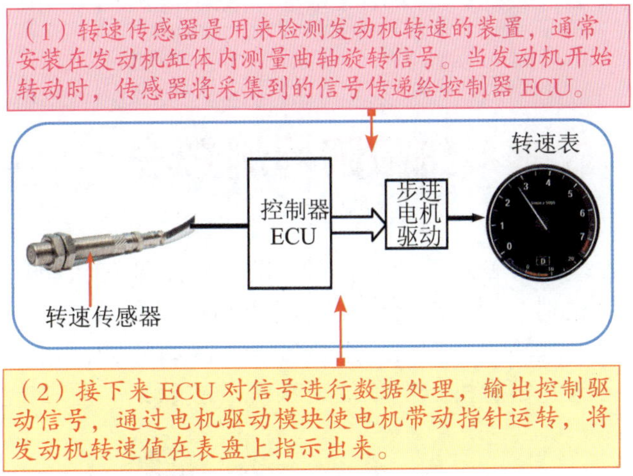


图 9-7 发动机转速表工作原理

图 9-8 所示为汽车发动机转速表控制电路图，其作用是将传感器产生的脉冲信号整理、放大、输出，成为一个与车速成正比的稳定电流信号。

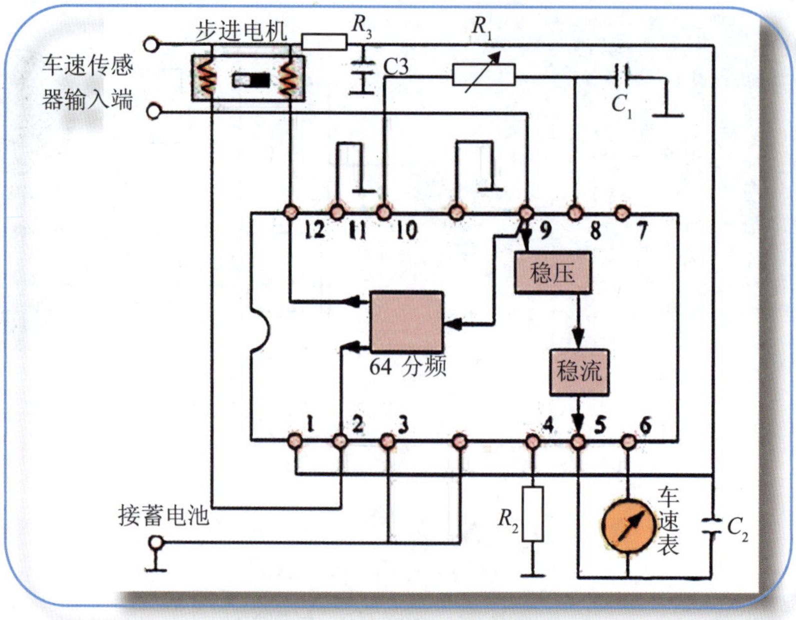


图 9-8 电子电路

控制电路中主要由稳压电路、电源驱动电路、64 分频电路、信号放大电路几个部分组成。电阻 $R_1$ 用来调整仪表精度，$R_2$ 调整仪表初始工作电流，$R_3$ 和电容 $C_3$ 用于电源滤波。

当车辆以不同车速行驶时，电子电路端子 6 输出电流信号到车速表，仪表盘中即可显示当前车速。

# 9.3 汽车仪表系统故障检测方法

汽车仪表系统不是一个独立的个体，其上的指示灯通过功能开关进行控制，各种仪表通过传感器进行控制。所以与之相连的其他部件出现问题，会最早、最直接地从组合仪表中反映出来，但并不一定代表组合仪表本身有问题，这一点请读者在维修实践时务必注意区分。因此要想排除汽车仪表系统的故障，需要掌握主要部件的拆装技巧和检测维修方法。

## 9.3.1 仪表系统主要部件的拆装技巧

仪表系统拆卸方法如图 9-9 所示。（以凯越汽车为例）

图 9-9　仪表系统拆卸方法

图 9-9 仪表系统拆卸方法（续）

## 9.3.2 仪表系统主要部件故障检测方法

由于结构原理不同，各种仪表的检测维修方法也不尽相同，但是根据常见故障现象，我们可以总结出基本的维修方法和规律，本节将以流程图的方式总结一下各种仪表的检测维修方法。

### 1. 水温表故障检测方法

水温表常见故障主要有表指针不动、指针指向不准等。造成水温表故障的原因主要有水温表电源线断路、水温表故障、水温传感器故障、水温表到水温传感器的导线断路或搭铁故障等。

水温表故障检测方法如图 9-10 所示。

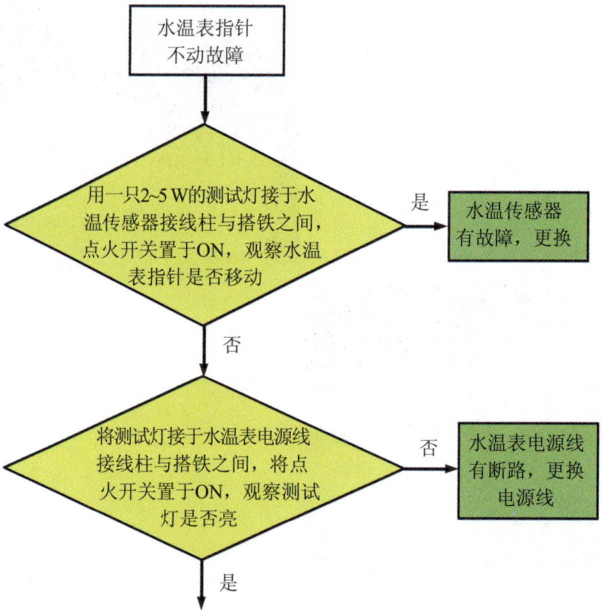


图 9-10 水温表故障检测方法

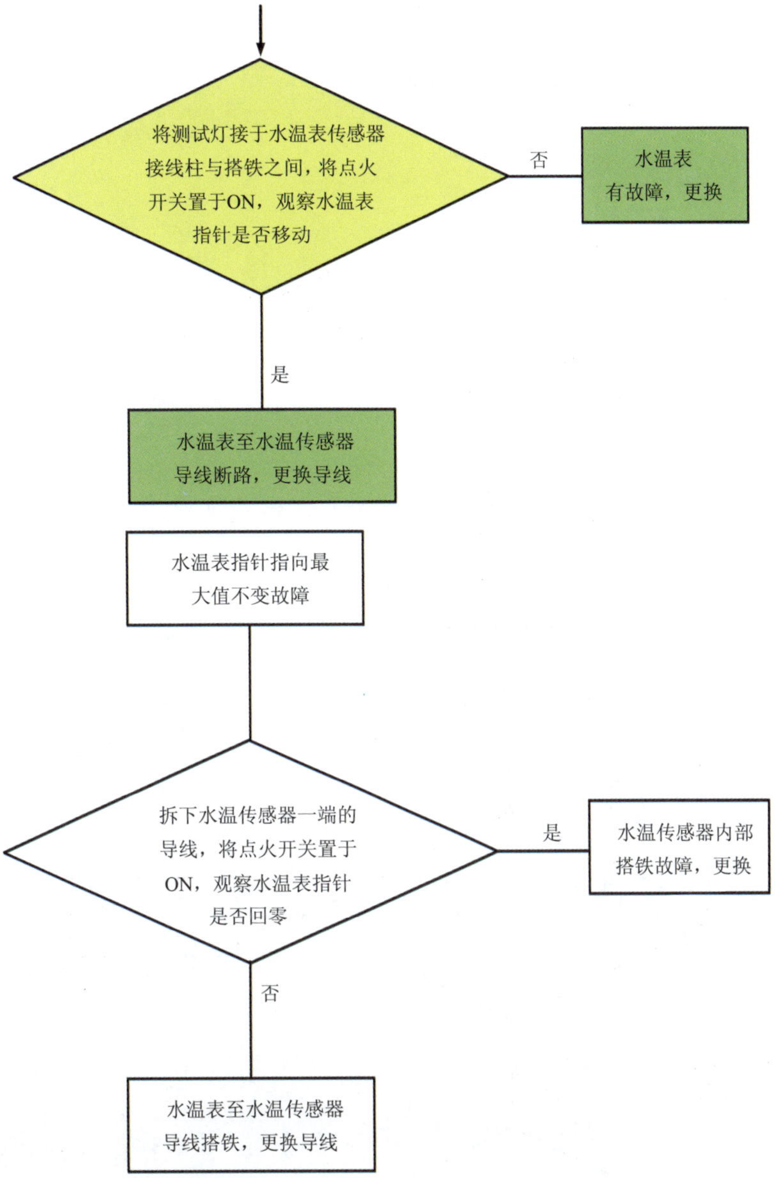


图 9-10 水温表故障检测方法（续）

## 2. 燃油表故障检测方法

燃油表常见故障主要有油表指针不准、表指针不动等。造成的原因主要包括：燃油传感器有故障（内部搭铁、浮子损坏等），燃油表至燃油传感器之间导线断路，燃油表至燃油传感器之间导线搭铁、燃油表电源线断路，燃油表损坏等。

燃油表故障检测方法如图 9-11 所示。

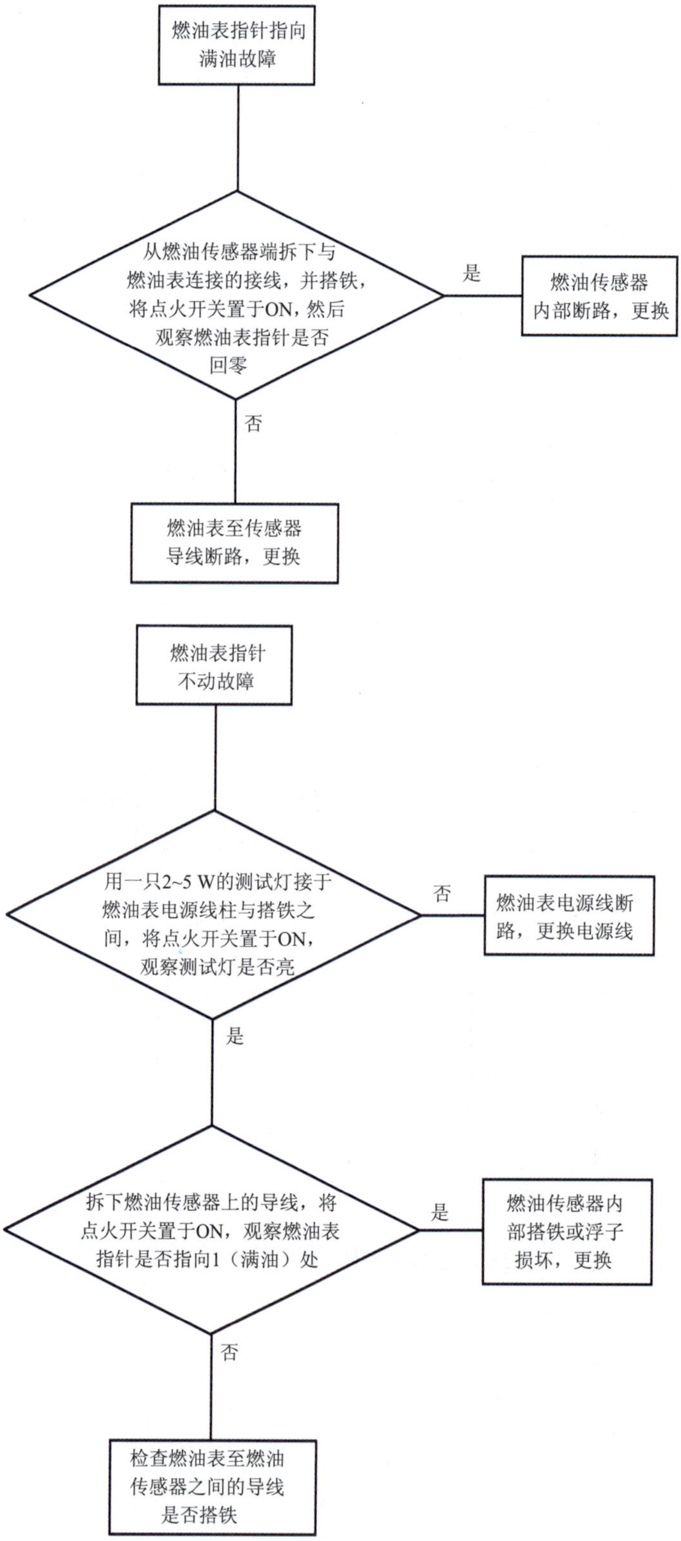


图 9-11　燃油表故障检测方法

### 3. 车速表故障检测方法

车速表常见故障主要包括：车速表指针不动、车速表不准等。造成车速表故障的原因主要包括：车速传感器有故障，车速表至 ECU 之间导线断路，车速传感器至 ECU 之间的导线断路或搭铁，车速表总成损坏等。

车速表故障检测方法如图 9-12 所示。

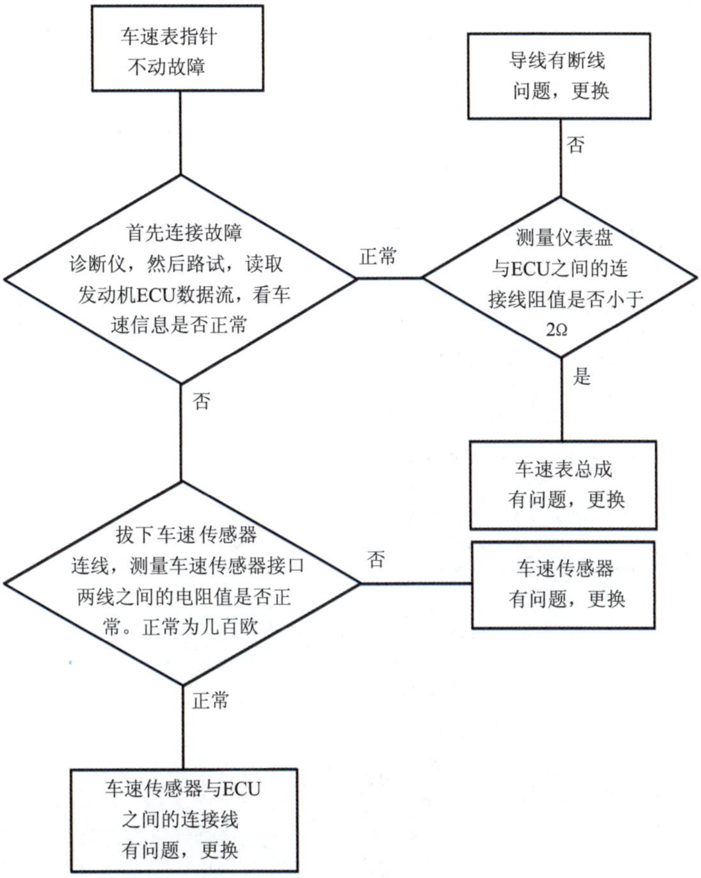


图 9-12 车速表故障检测方法

### 4. 发动机转速表故障检测方法

发动机转速表常见故障主要包括：转速表指针不动、转速表不准等。造成转速表故障的原因主要包括：转速传感器有故障，转速表至 ECU 之间导线断路，转速传感器至 ECU 之间的导线断路或搭铁，转速表总成损坏等。

转速表故障检测方法如图 9-13 所示。

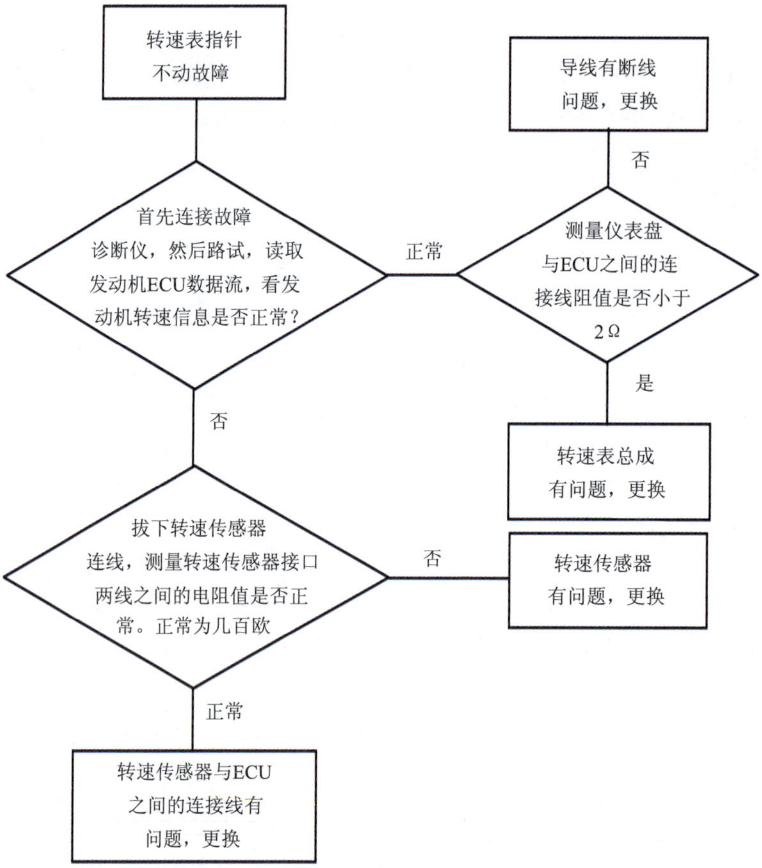


图 9-13　转速表故障检测方法

## 9.4 汽车仪表系统检测维修实战

光说不练假把式，维修经验的获取主要是来自具体的故障检测实战，这对维修人员来说非常重要。通过实战可以提高维修的成功率。本节通过三个实战案例来讲解汽车仪表系统的检测维修方法。

### 9.4.1 宝来汽车燃油表不显示油量故障维修实战

一辆宝来故障车，近一个月以来燃油表开始有时不显示油量，到后来干脆就没有显示。根据故障现象分析，故障一般是燃油传感器问题，或连接导线问题，或燃油表问题，需要逐一测量检测。

此故障的维修具体步骤如图 9-14 所示。

❶ 将车钥匙置于 ON，发现油表确实没有油量信息。

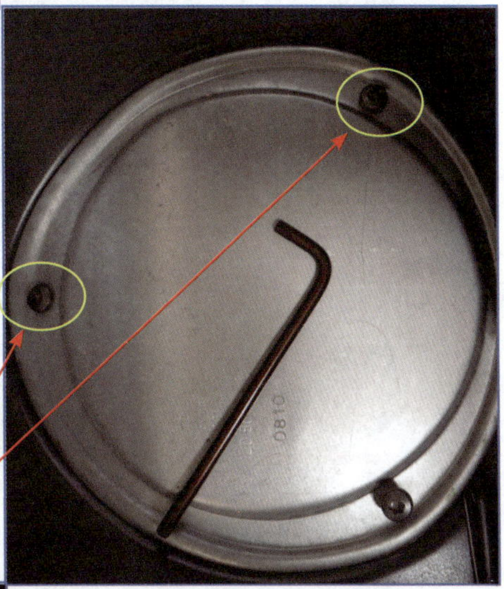

❷ 检测燃油传感器。先拆下后座椅，然后拧下油箱盖固定螺钉。

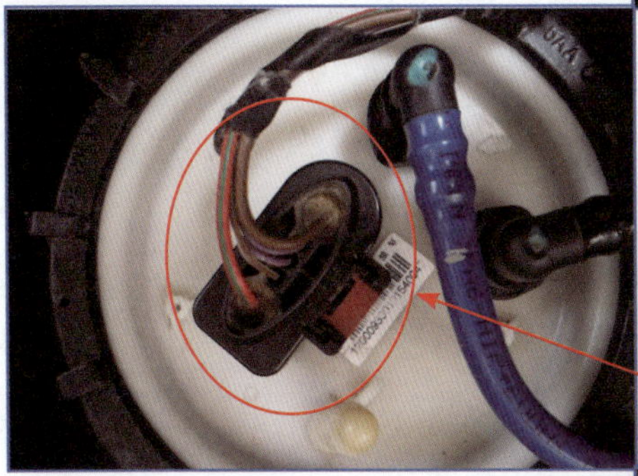

❸ 仔细检查燃油传感器的导线，导线接口正常，接着拔下导线接口。

❹ 拆下燃油传感器的导线后，将点火开关置于 ON，观察燃油表，发现燃油表显示满油。接着再将导线装好，将钥匙置于 ON，燃油表又没有油量信息，说明故障是燃油传感器问题引起的，不是导线接触不良问题所致。

图 9-14　宝来汽车燃油表不显示油量故障维修

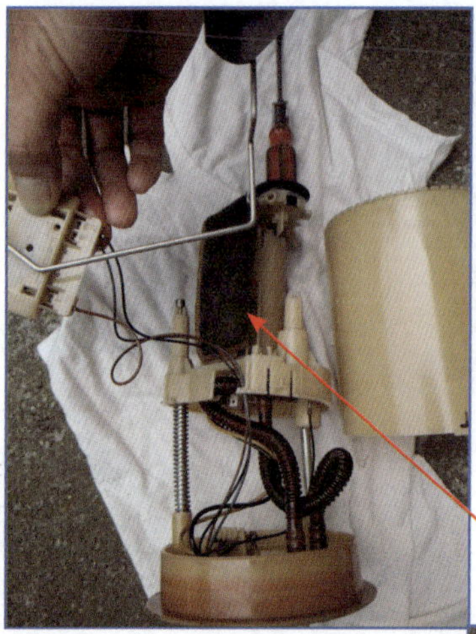

❺ 拔下油管，然后拆下燃油传感器。

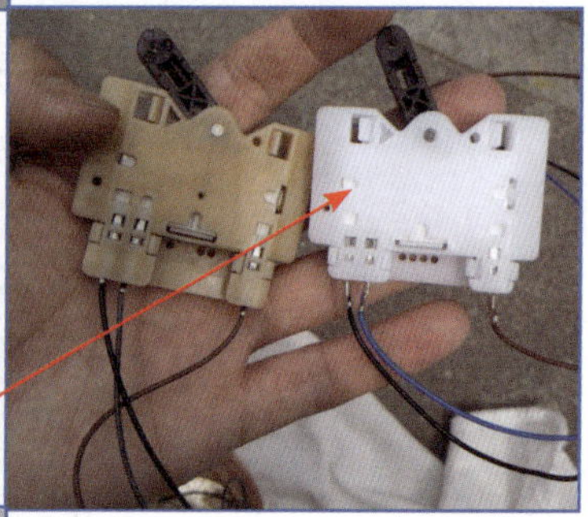

❻ 将新的燃油传感器安装到传感器总成上，并焊好接线。

❼ 将燃油传感器总成装到油箱里，再安装上油箱盖。

❽ 安装好后，进行测试，燃油表正常显示油量信息，故障排除。

图 9-14　宝来汽车燃油表不显示油量故障维修（续）

## 9.4.2　途观汽车油表指针不动故障维修实战

一辆途观故障车，最近几日发现油表指针不动，加满油后，油表指针也不动，一直指在中间位置。根据现象分析，故障可能是燃油传感器故障、导线问题或油表问题引起的。一般先从燃油传感器开始检查。

此故障维修具体步骤如图 9-15 所示。

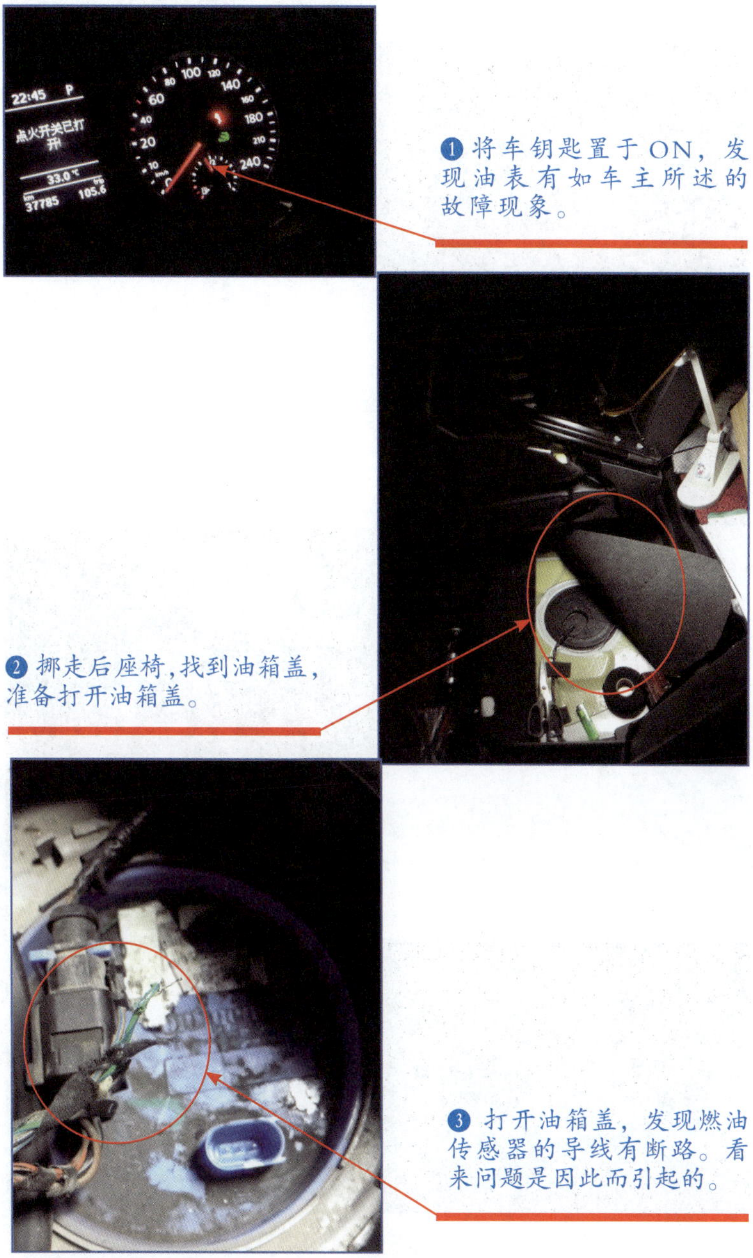


图 9-15　途观汽车油表指针不动故障维修

❹ 将导线重新焊接到接口上。

❺ 安装导线，连接燃油传感器。

❻ 用绝缘胶布将导线包裹，加强导线的韧性。

❼ 进行测试，将钥匙拧到ON，检查燃油表，燃油表指针恢复正常，故障排除。之后安装好油箱盖和后座椅即可。

图 9-15　途观汽车油表指针不动故障维修（续）

## 9.4.3　比亚迪 F3 汽车车速表失灵故障维修实战

一台比亚迪 F3 故障车，之前偶尔车速表失灵，但发动机转速表正常。最近车速表频繁失灵。根据故障现象分析，可能是车速传感器有问题，连接导线接触不良或损坏，转速表故障等引起的。

此故障维修具体步骤如图 9-16 所示。

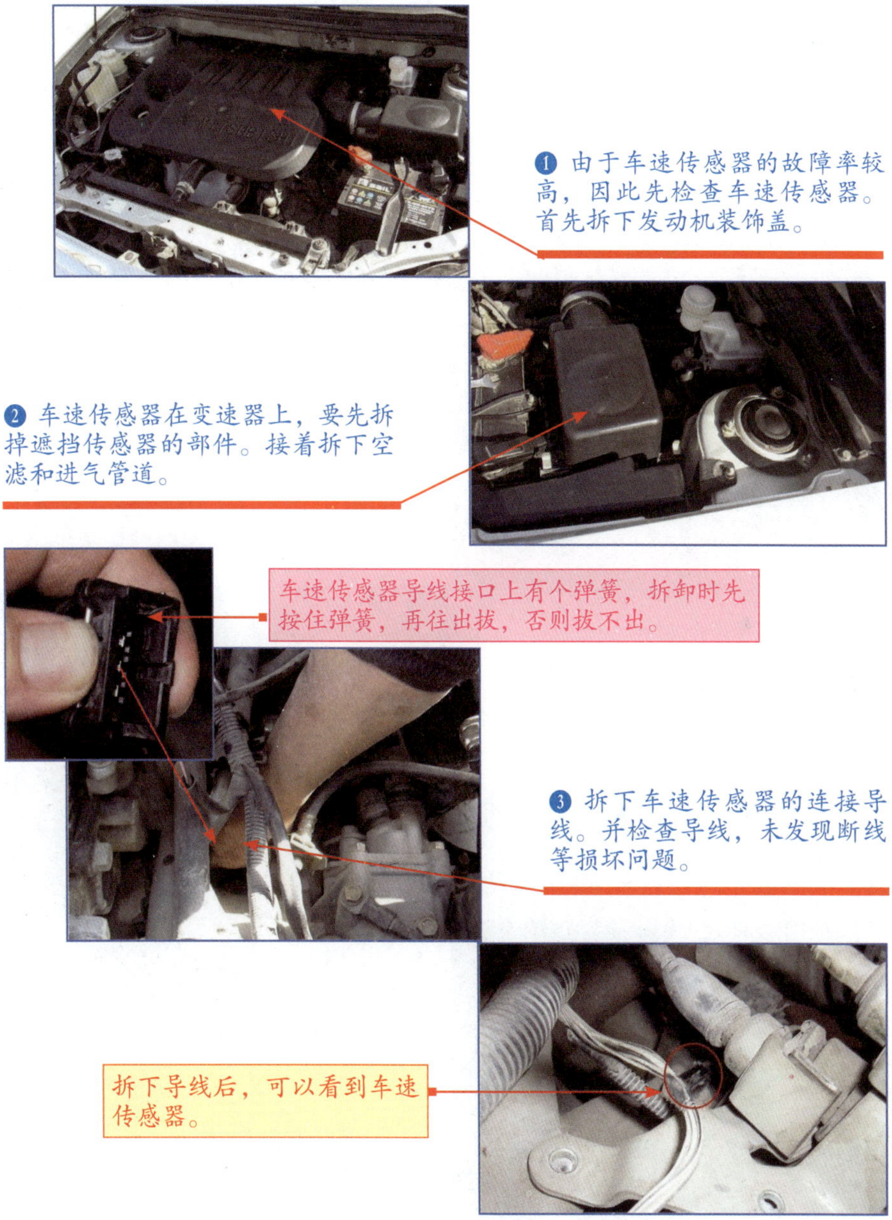


图 9-16　比亚迪 F3 汽车车速表失灵故障维修

❹ 拧下车速传感器的固定螺钉。

❺ 轻轻将车速传感器取出。

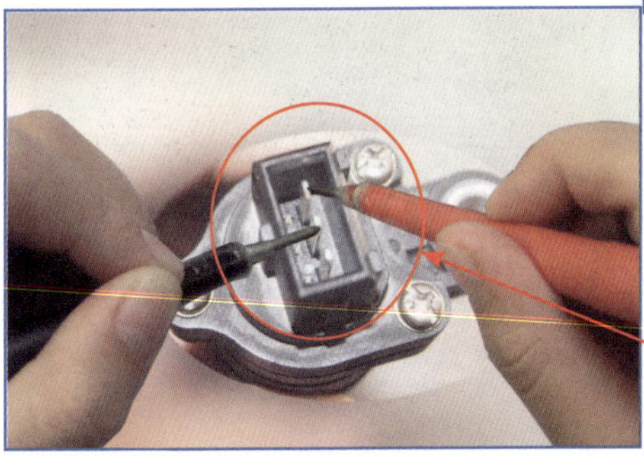

❻ 用万用表电阻挡测量车速传感器接口信号引脚和接地引脚的阻值。发现阻值为0。正常值为几百欧姆。说明车速传感器损坏了。

❼ 更换新的车速传感器。（购买时注意根据发动机选择不同齿数的传感器。）

❽ 拧好固定螺钉。

图9-16　比亚迪F3汽车车速表失灵故障维修（续）

❾ 将车速传感器的导线装好。

❿ 将空滤和进气管安装好。

⓫ 发动汽车进行测试，车速表运行正常，故障排除。

⓬ 将发动机装饰盖安装好，完成维修。

图 9-16　比亚迪 F3 汽车车速表失灵故障维修（续）

# 第10章 汽车刮水洗涤系统检测维修实战

汽车的刮水器和喷水洗涤器是决定汽车安全行驶的两个重要系统，它们能够在雨天或雪天时将车窗上的雨滴或雪花消除，在泥泞的道路上行驶时将飞溅到前风窗上的泥水刮净，保证驾驶员的视野清晰，确保车辆行驶的安全。本章将详解汽车刮水器系统和洗涤器系统的结构原理与检修方法。

# 10.1 看图识汽车刮水器和洗涤器系统

汽车刮水器和洗涤器系统主要由电动机、减速齿轮、连杆传动机构、刮水臂、刮水片、刮水器洗涤器开关、水壶、水泵、喷水嘴、BCM 车身控制器等组成，如图 10-1 所示。

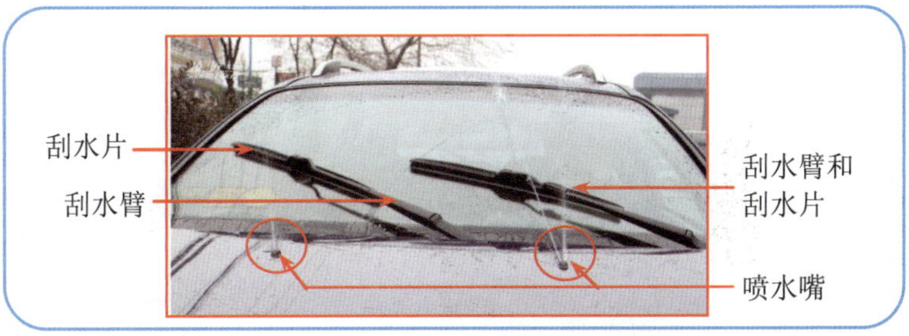


（a）汽车刮水器和洗涤器部件

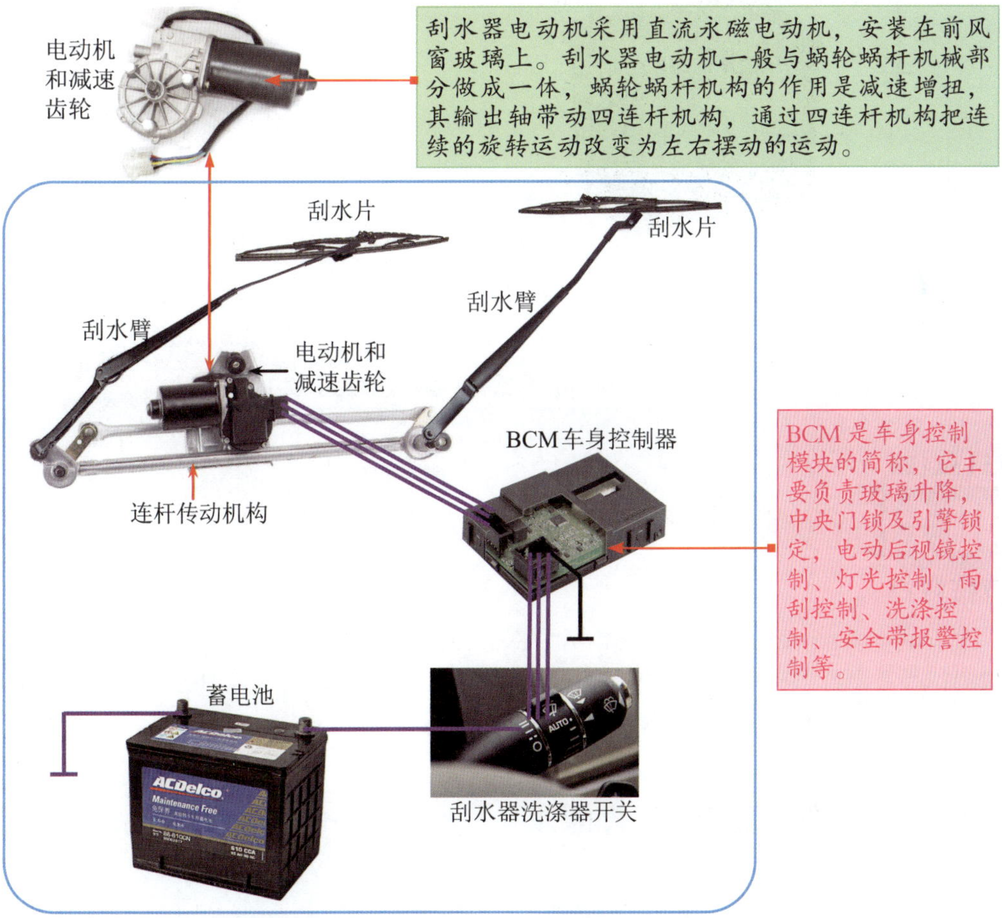


（b）汽车刮水器系统

图 10-1　汽车刮水器和洗涤器系统

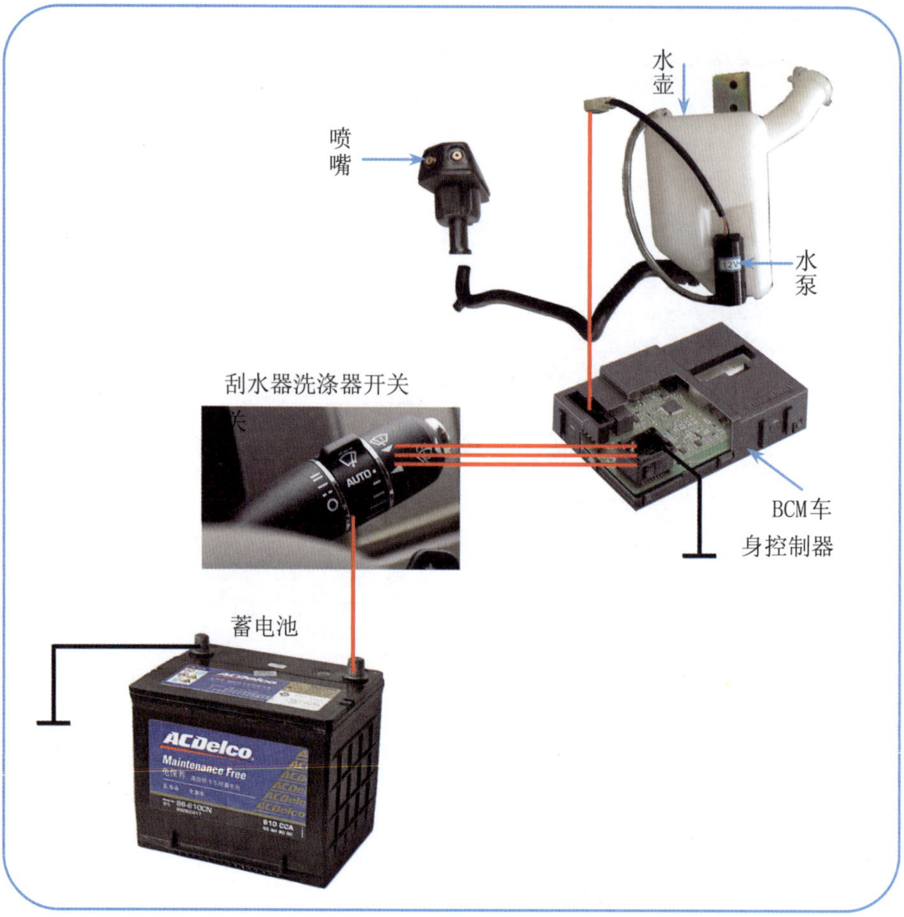


（c）汽车洗涤器系统

图 10-1　汽车刮水器和洗涤器系统（续）

# 10.2 汽车刮水洗涤系统的工作原理

汽车刮水洗涤系统电路主要由点火开关、刮水器和洗涤器开关、BCM 车身控制器、刮水器执行机构、洗涤器执行机构等模块组成。本节将重点描述刮水器和洗涤器的工作原理，并对二者的电路作简单梳理。

## 10.2.1　刮水器和洗涤器工作原理

刮水器和洗涤器工作原理如图 10-2 所示。

（1）刮水器工作原理：点火开关将点火信号传递给车身控制器 BCM，然后 BCM 控制继电器分别为刮水器电机和刮水器开关供电。接着拨动刮水器开关后，刮水器开关向 BCM 发出刮水控制信号，然后 BCM 向刮水器执行机构发出驱动控制指令。之后刮水器电动机开始转动，驱动连杆传动机构运动，带动刮水片扫动。与此同时，刮水器执行机构中的传感器会向 BCM 传递刮水器执行机构的位置、温度等信号，BCM 会根据传感器信号向刮水器执行机构发出相应控制指令，控制刮水器的工作。

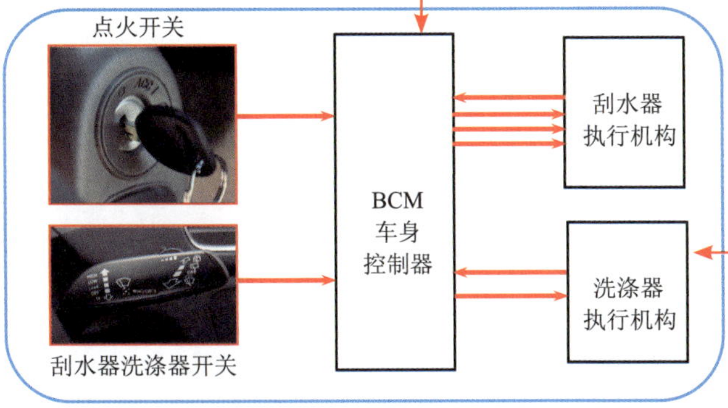


（2）洗涤器工作原理：点火开关将点火信号传递给车身控制器 BCM，然后 BCM 控制继电器为洗涤器开关供电。拨动洗涤器开关后，洗涤器开关向 BCM 发出洗涤控制信号，然后 BCM 向洗涤器执行机构发出驱动控制指令。之后洗涤水泵开始工作，通过喷水嘴喷出洗涤水。

图 10-2　汽车刮水器和洗涤器系统工作原理

## 10.2.2　刮水器电路和洗涤器电路

接下来根据吉利汽车的电路图详解汽车刮水器系统的工作原理（见图 10-3）和洗涤器系统的工作原理（见图 10-4）。

（1）把点火开关旋至点火挡，点火开关将点火信号通过导线传递给车身控制器 BCM，BCM 接收到点火信号后，控制继电器 IG1 通过导线分别为前刮水器电机和刮水器开关供电。

（2）拨动刮水器开关后，刮水器开关通过内部的触点，将请求控制前刮水器的信号（点动刮，或间歇刮，或低速刮，或高速刮等信号）传递给车身控制器 BCM。然后 BCM 发出前刮水器的控制指令给前刮水器电动机模块。接着前刮水器电动机开始转动，驱动连杆传动机构运动，带动刮水片来回扫动，清除前风窗玻璃上的雨水。

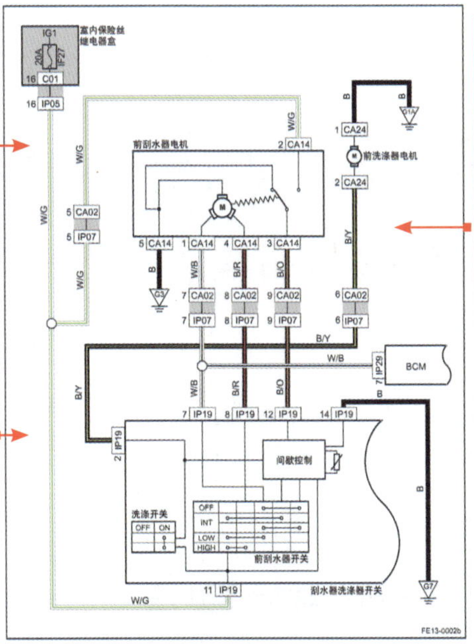


（3）为了不使前刮水片停在前风窗玻璃的中间位置而影响驾驶员的视线，无论前刮水器工作到什么位置，我们断开刮水器开关后，前刮水器应持续工作到它的起始位置才能停下来，这就叫刮水器的回位控制。为了实现回位控制，在刮水器电动机模块中内置了一个回位位置传感器，刮水器电动机模块根据回位位置传感器的信号，可实现对刮水器的回位控制。

图 10-3　汽车刮水系统工作原理

（1）将点火开关旋至点火挡，点火开关将点火信号通过导线传递给车身控制器 BCM，BCM 接收到点火信号后，控制继电器 IG1 通过导线为洗涤器开关供电。

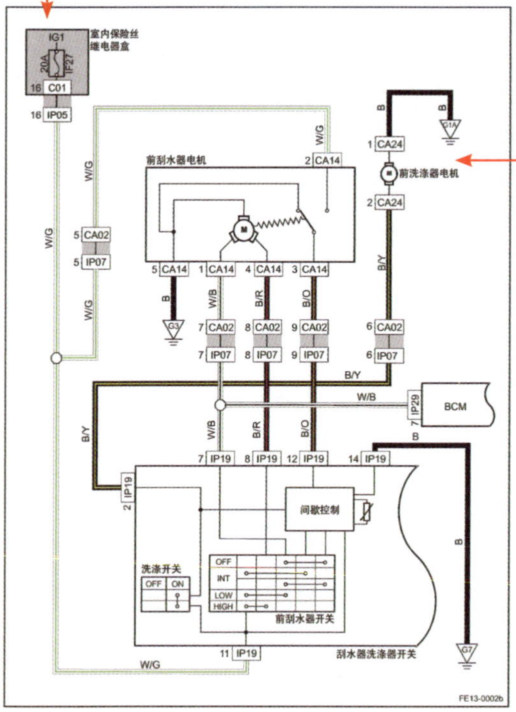


（2）当拨动洗涤器开关后，洗涤器开关将洗涤信号传递给 BCM，BCM 发出洗涤驱动信号给水泵，水泵开始工作，抽出水壶中的水并喷水；与此同时 BCM 还发出前控制指令给前刮水器电动机模块，接着前刮水器电动机驱动刮水器机构开始工作，刮水片来回刮扫 3 次。

图 10-4　汽车洗涤系统工作原理

# 10.3 汽车刮水器和洗涤器系统故障检测方法

汽车刮水器和洗涤器系统故障主要包括：刮不干净、刮水器异响、刮水器不工作、刮水器工作不正常（如只在低速下工作）、喷嘴不喷水等。接下来，我们分别讲述一下以上故障现象的检测方法。

## 10.3.1 刮水器刮不干净故障检测方法

刮水器刮不干净故障检测方法如图 10-5 所示。

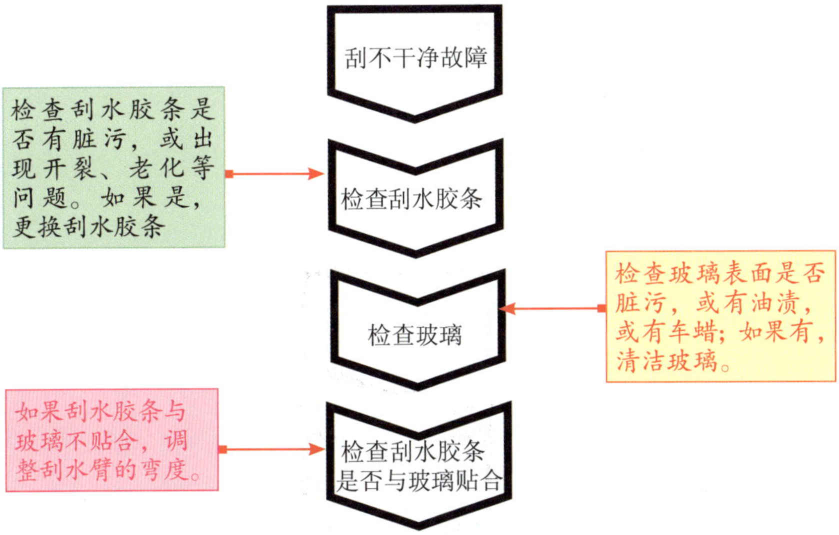


图 10-5　刮水器刮不干净故障检测方法

## 10.3.2　刮水时有异响故障检测方法

刮水时有异响故障检测方法如图 10-6 所示。

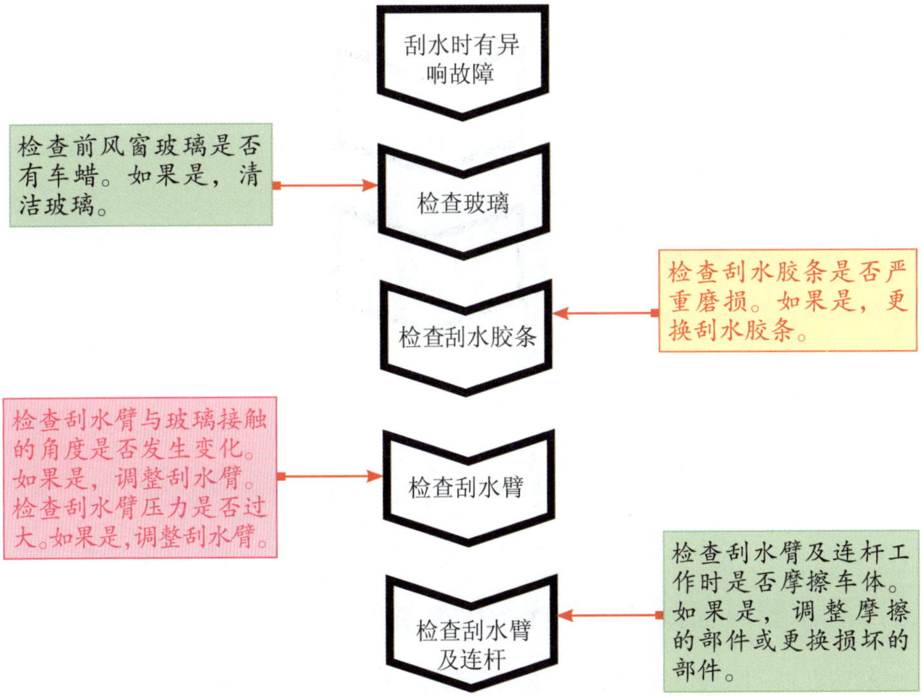


图 10-6　刮水时有异响故障检测方法

## 10.3.3 刮水器不工作故障检测方法

刮水器不工作故障通常是由于电动机问题、供电熔丝损坏、导线接触不良、刮水器开关故障、刮水器连杆组件问题、BCM 问题等引起的。

刮水器不工作故障检测方法如图 10-7 所示。

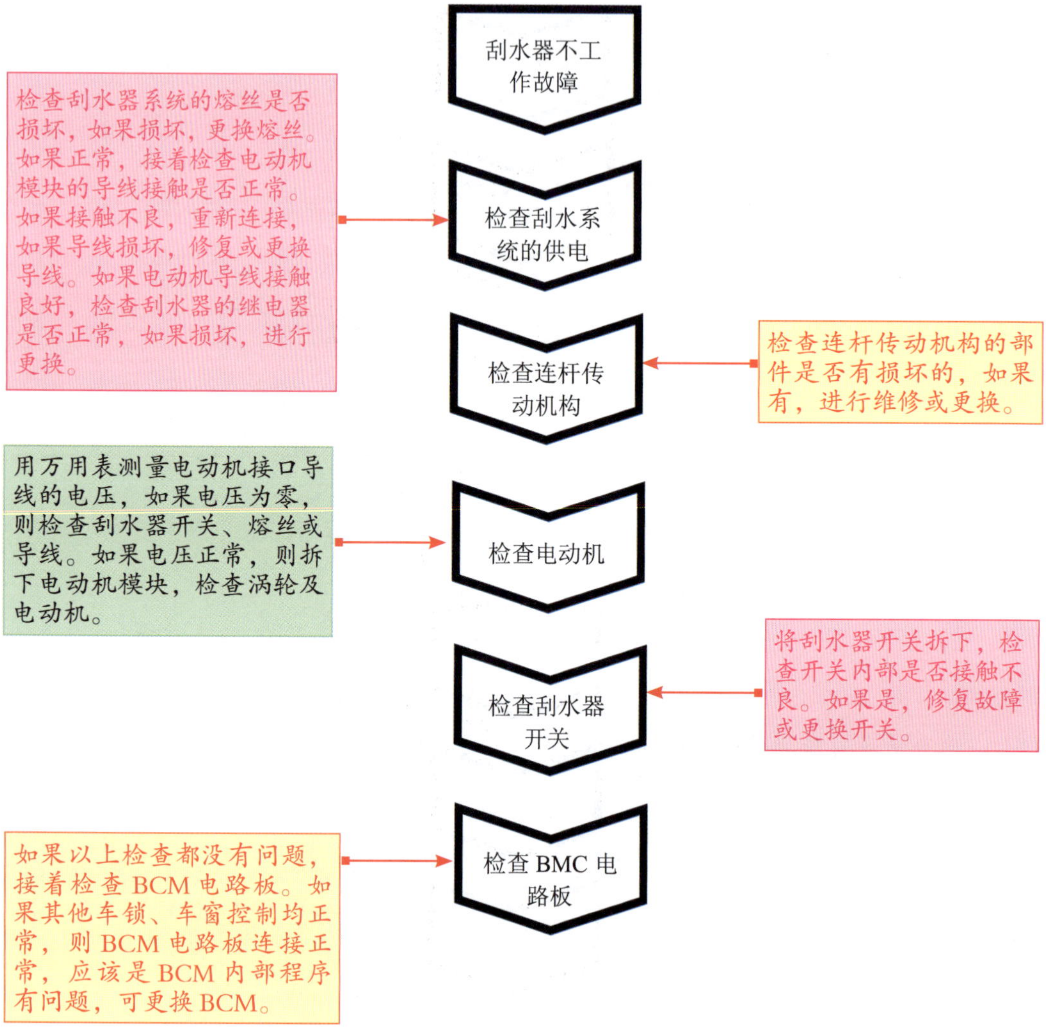


图 10-7 刮水器不工作故障检测方法

## 10.3.4 刮水器只在低速下工作故障检测方法

刮水器只在低速下工作故障一般是由于电动机问题、刮水器开关问题、继电器问题、线路问题、BCM 控制模块问题等引起的。

刮水器只在低速下工作故障检测方法如图 10-8 所示。

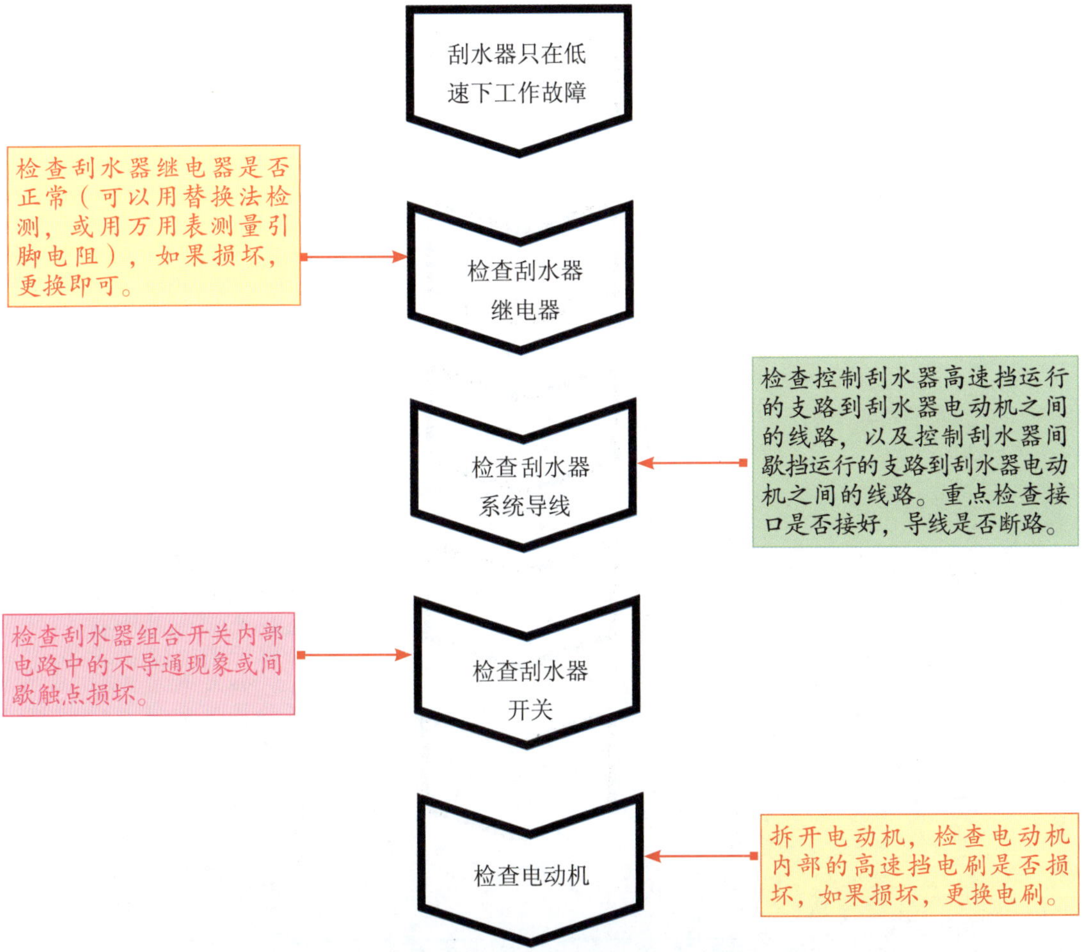


图 10-8　刮水器只在低速下工作故障检测方法

## 10.3.5　喷嘴不喷水故障检测方法

喷嘴不喷水故障一般是由于缺少清洁液、喷嘴被堵、水管脱落或损坏、水泵损坏、熔丝损坏、洗涤器开关损坏等引起的。

喷嘴不喷水故障检测方法如图 10-9 所示。

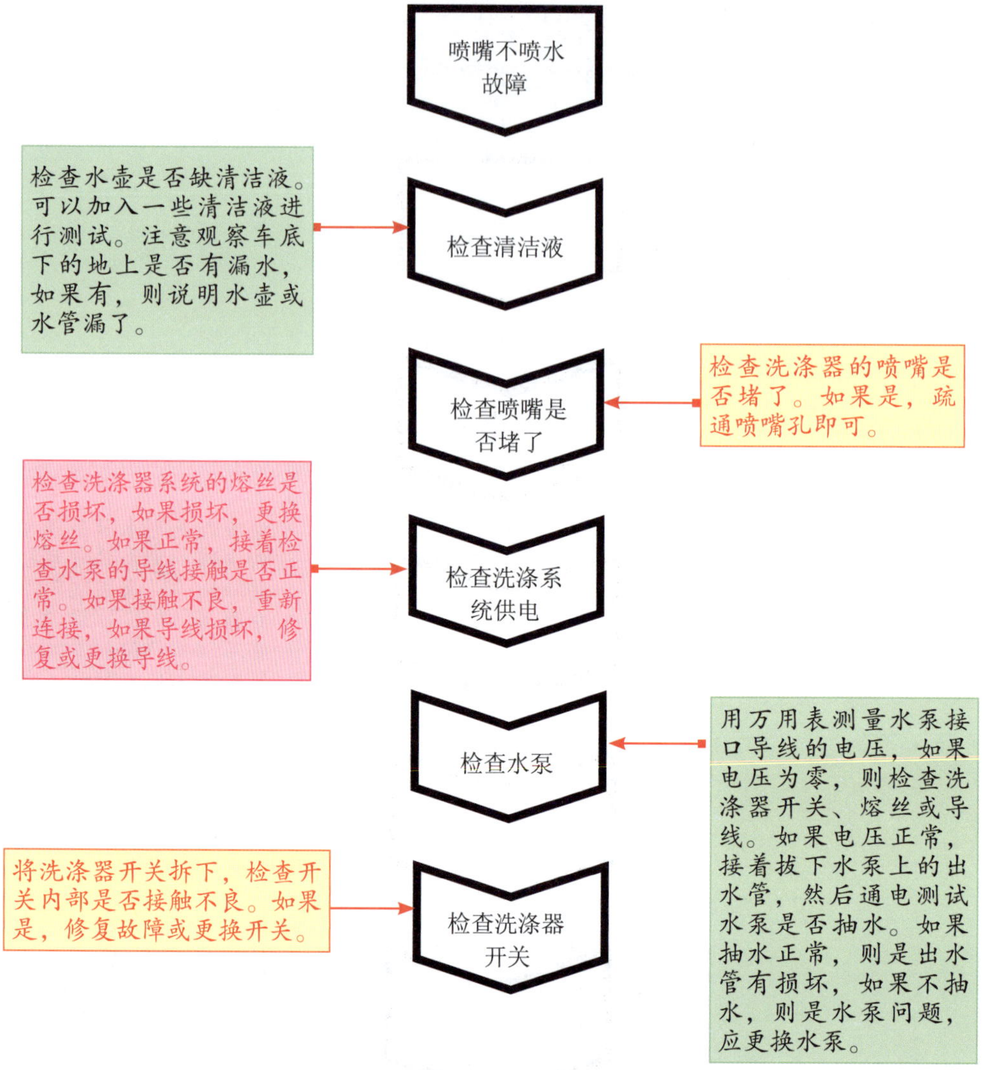


图 10-9　喷嘴不喷水故障检测方法

## 10.4 汽车刮水洗涤系统检测维修实战

光说不练假把式，维修经验的获取主要是来自具体的故障检测实战，这对维修人员来说非常重要。通过实战可以提高维修的成功率。本节通过两个实战案例来讲解汽车刮水系统的检测维修方法。

### 10.4.1 帝豪汽车后玻璃洗涤器不喷水故障维修实战

一辆帝豪故障车，前玻璃洗涤器喷水正常，但后玻璃洗涤器不喷水。根据故障现象分析，前面喷水正常，说明水壶正常。重点检查后洗涤系统的喷嘴、管路、水泵、熔丝等问题。

此故障的检测与维修具体步骤如图 10-10 所示。

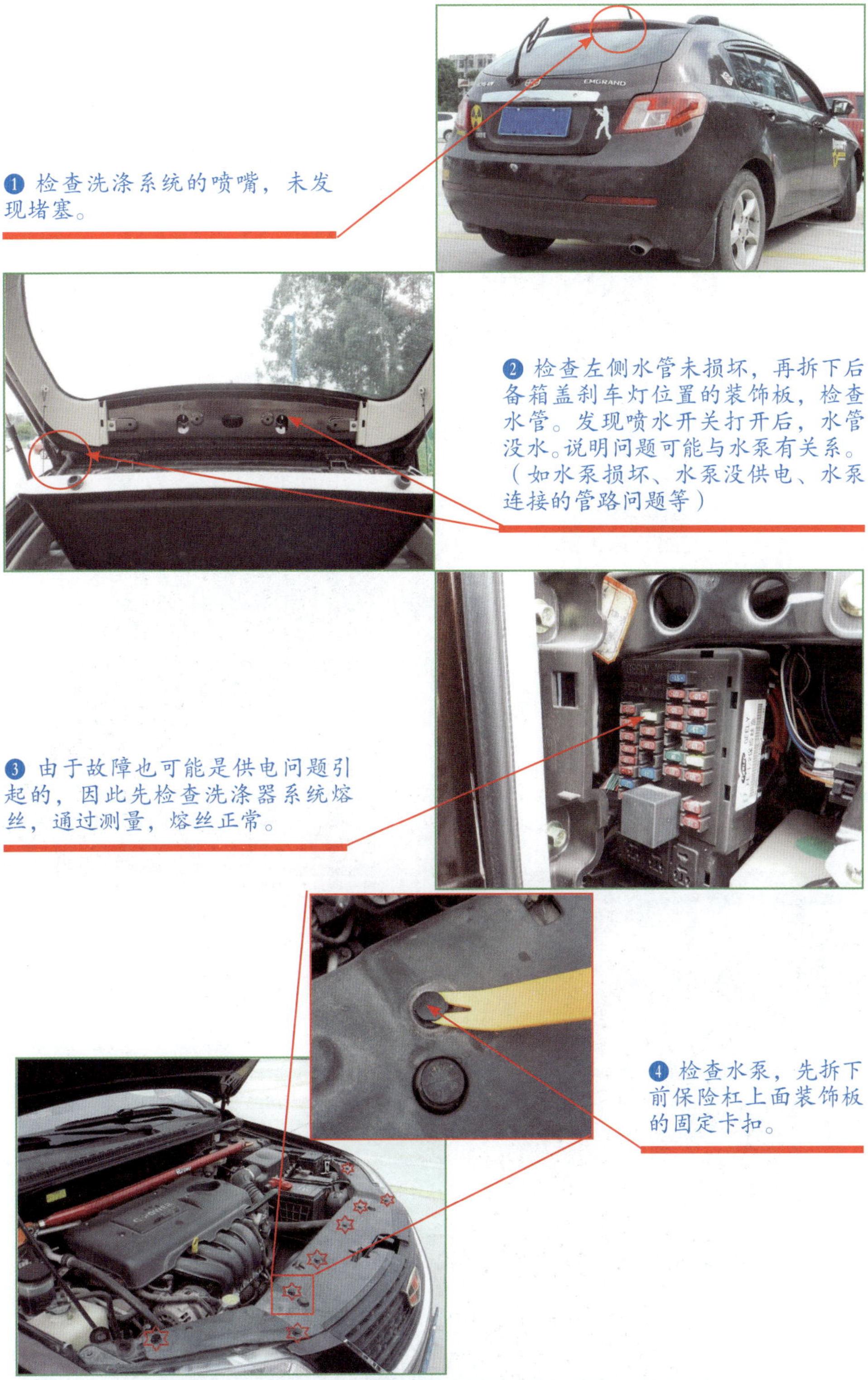


图 10-10　帝豪汽车后洗涤系统不喷水故障维修

❺ 拆下前保险杠前面饰板的固定螺钉。

❻ 拆下前车轮挡泥板的固定螺钉。

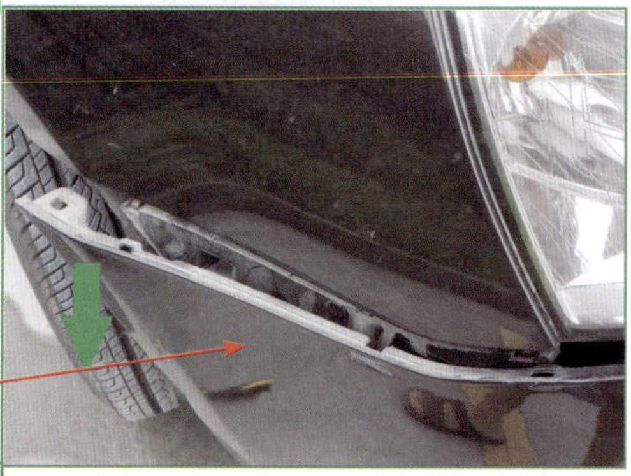

❼ 轻轻拆下保险杠装饰板。

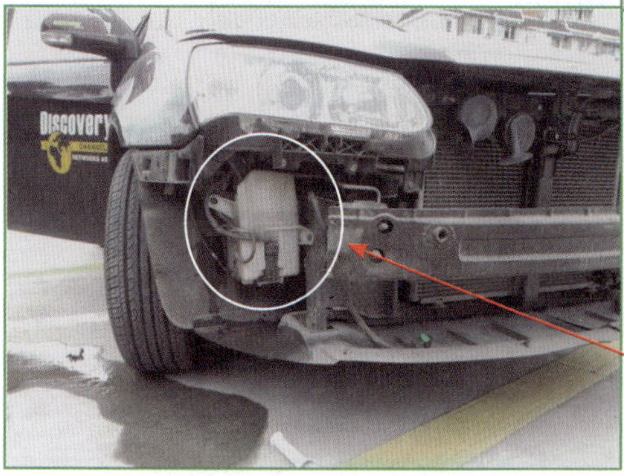


❽ 检查洗涤器系统的水壶、水管和水泵是否有损坏以致漏水。

图 10-10　帝豪汽车后洗涤系统不喷水故障维修（续）

⑨ 拔掉后洗涤器与水泵连接的水管及阀门。检查阀门是否正常。

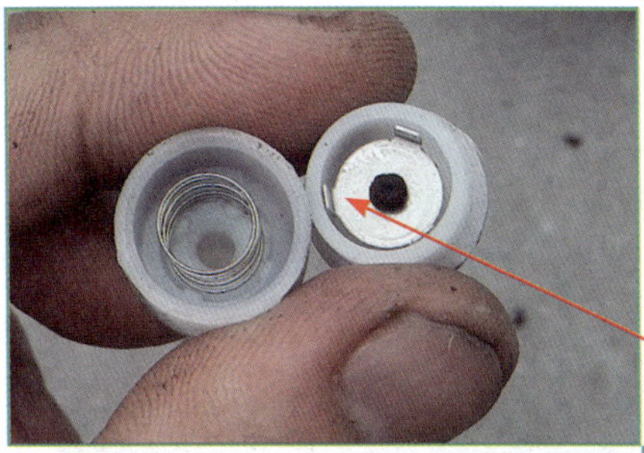

⑩ 发现此阀门内部的部件变形，堵住了阀门，不容易通水。

⑪ 由于没有现成的部件，对此阀芯的大小进行调整，使其变小一些利于出水。

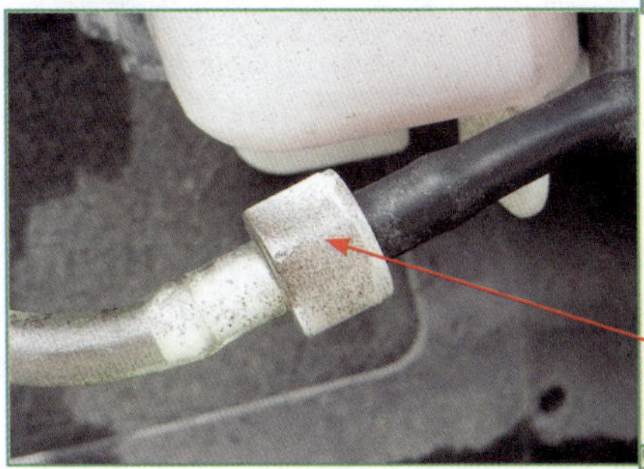

⑫ 安装好阀门，然后进行喷水测试。

⑬ 洗涤器可以正常喷水了，故障排除。之后安装好保险杠装饰板，完成维修。

图 10-10 帝豪汽车后洗涤系统不喷水故障维修（续）

## 10.4.2 高尔夫 6 汽车后玻璃洗涤器不喷水故障维修实战

一辆高尔夫 6 故障车，前玻璃洗涤器喷水正常，但后玻璃洗涤器不喷水。根据故障现象分析，前面喷水正常，说明水壶正常。重点检查后玻璃洗涤系统的喷嘴、管路、水泵、熔丝等问题。

此故障的维修具体步骤如图 10-11 所示。

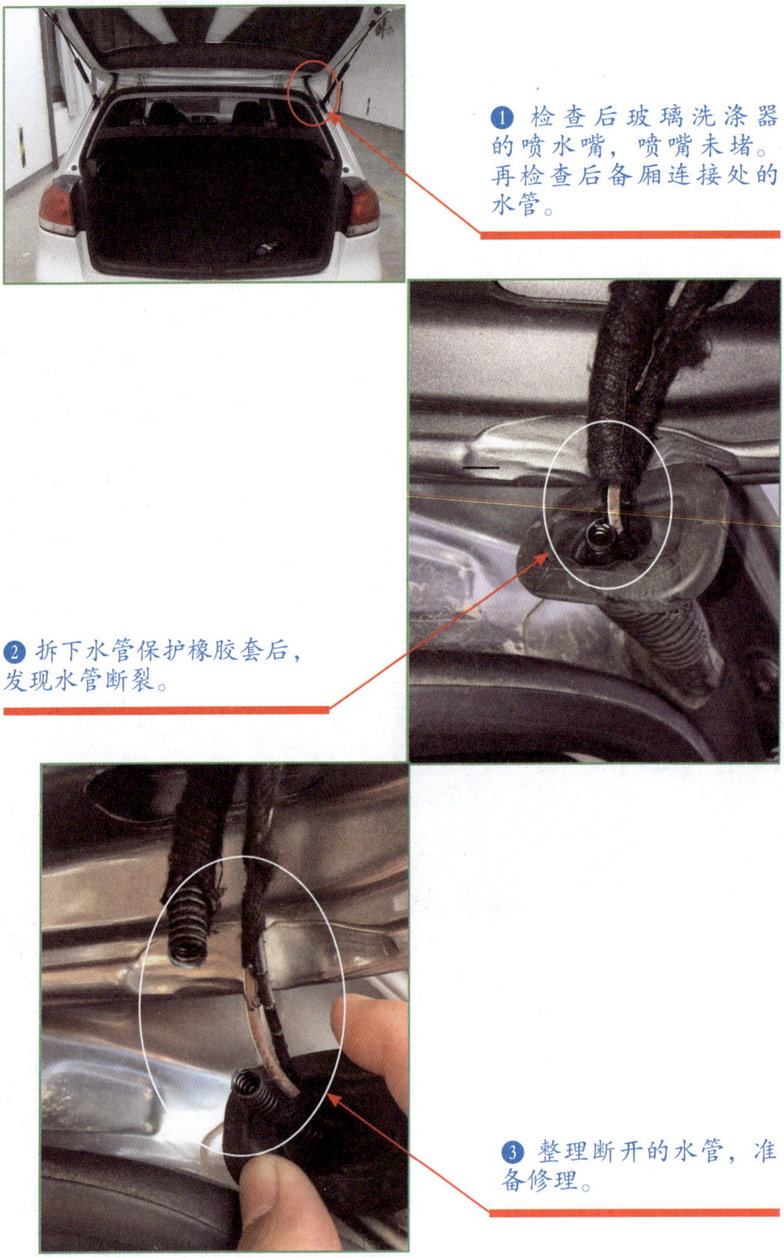


图 10-11 高尔夫 6 汽车后玻璃洗涤器不喷水故障维修

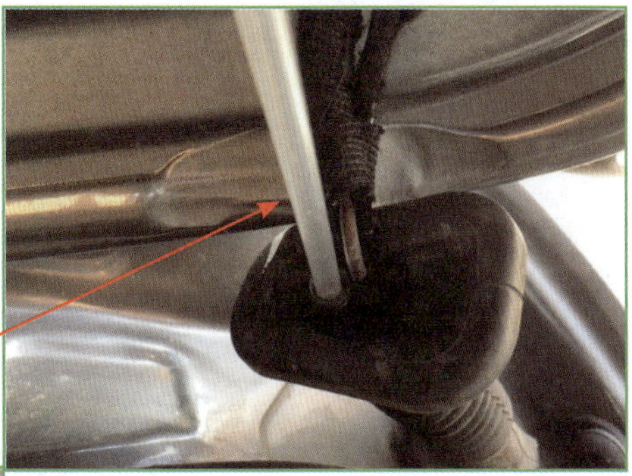

❹ 用一条软的橡胶管，插入断裂的水管中。水管粗细要合适，不能太细。

❺ 用 3M 胶带将水管断口缠死。

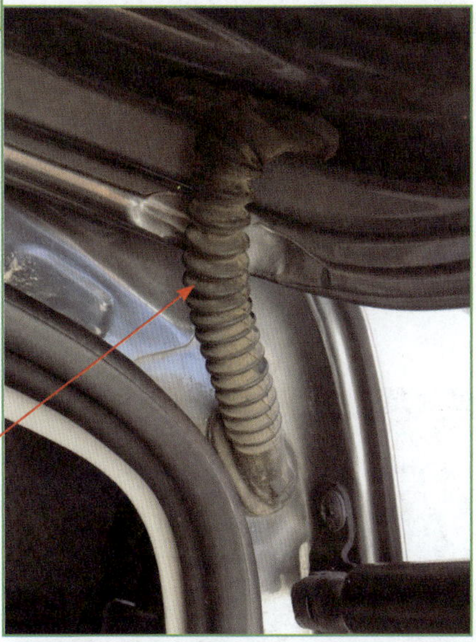

❻ 最后装好保护橡胶套，然后进行喷水测试。喷水恢复正常，故障排除。

图 10-11 高尔夫 6 汽车后玻璃洗涤器不喷水故障维修（续）

## 10.4.3 凯越汽车刮水器快速挡不动故障维修实战

一台凯越故障车，当刮水器开关拨至慢速挡时，刮水器运转正常，但刮水器开关在快速挡时，刮水器不动。根据故障现象分析，此故障可能是电动机问题、刮水器开关问题、继电器问题、BCM 控制模块问题等引起的。根据维修经验，一般电动机和刮水器开关发生故障的情况较多。

此故障的维修具体步骤如图 10-12 所示。

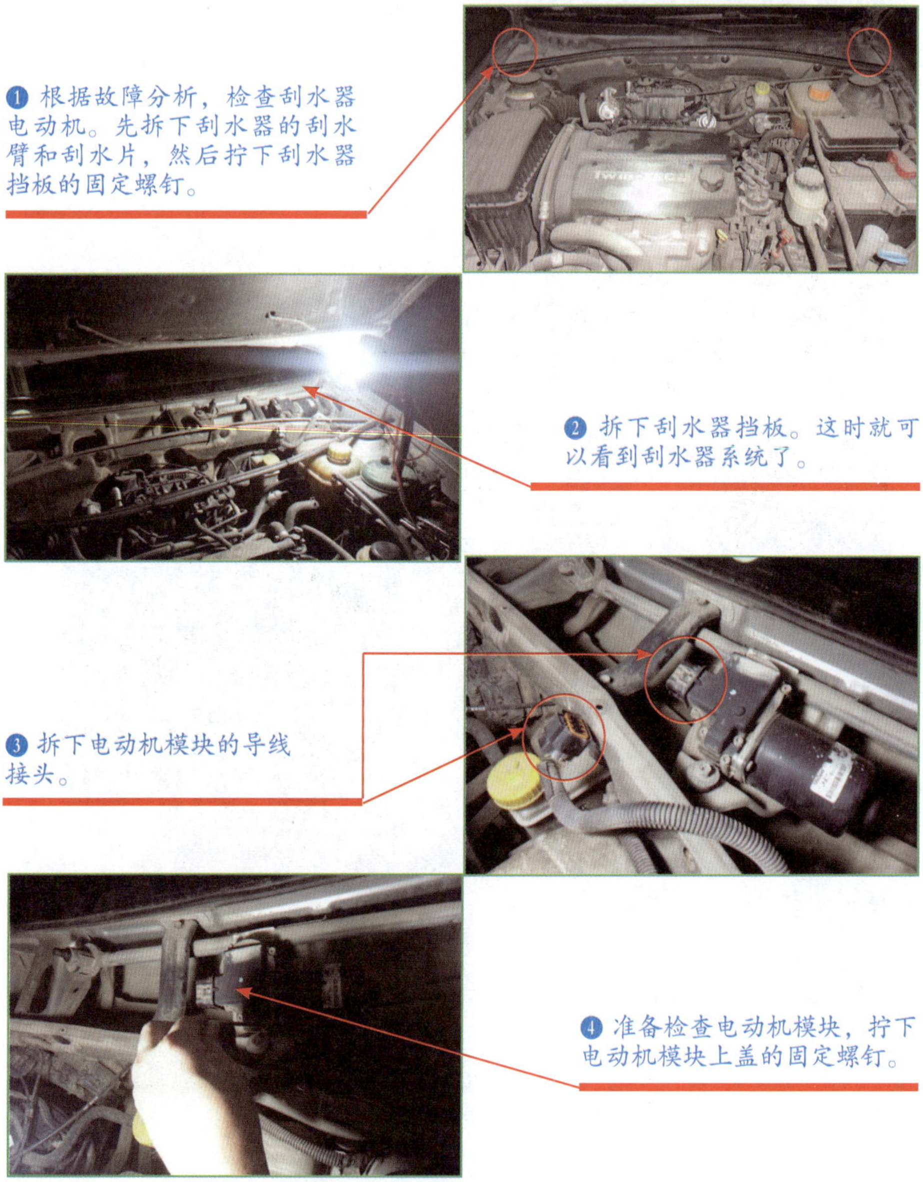


图 10-12 凯越汽车刮水器快速挡不动故障维修

❺ 拆下电动机模块上盖。

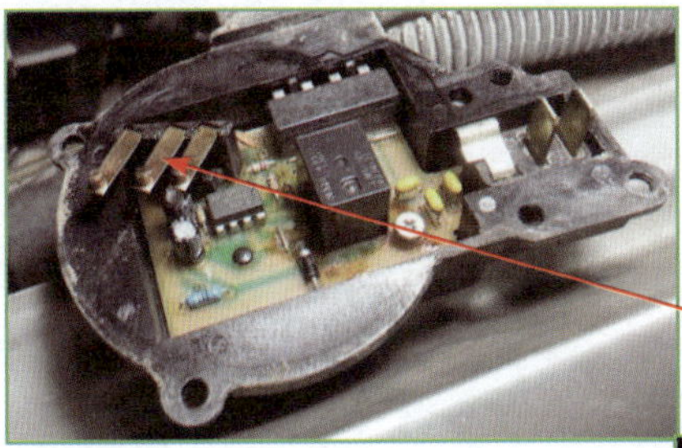

❻ 检查电动机模块发现，三个铜片触头中有两个松了。估计松动后导致出现接触不良问题。

❼ 将三个铜片触头重新焊接。

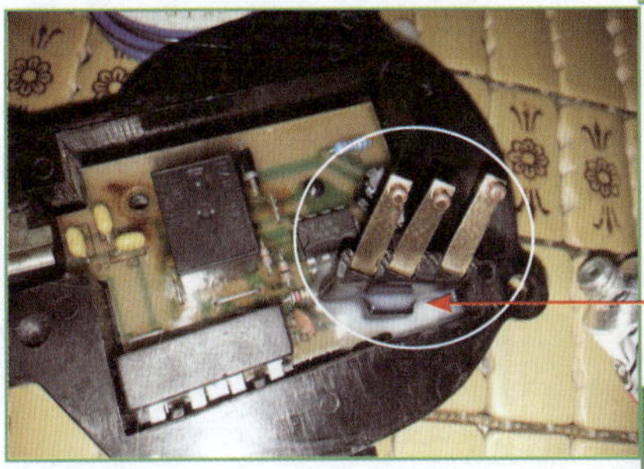

❽ 用绝缘胶粘死。

❾ 将电动机模块重新装好，装上刮水臂和刮水片，然后进行测试。刮水器系统各功能运转均正常，故障排除。最后将刮水器挡板装好，完成维修。

图 10-12 凯越汽车刮水器快速挡不动故障维修（续）

# 第11章 汽车电动车窗系统检测维修实战

为了使驾驶人驾车时更加集中精力，方便驾驶人及乘客的操作，目前大部分轿车采用了电动车窗。驾驶人和乘客只需操纵车窗升降开关，就可以使汽车门窗玻璃自动上升或者下降。本章将详细介绍汽车电动车窗系统的结构原理与检修方法。

# 11.1 看图识汽车电动车窗系统

汽车电动车窗系统主要由车窗，升降器总成（包括涡轮机构及电动机、升降导轨、绳索），继电器，控制开关、BCM 控制器等装置组成。一般的电动车窗系统都装有两套控制开关。一套在左前车门驾驶人侧车门扶手上，为主开关，它由驾驶人控制每个车窗的升降。另一套分别装在每一个乘客车门上，为分开关，可由乘客进行操作。一般在主开关上还装有断路开关，如果它断开，分开关就不起作用，如图 11-1 所示。

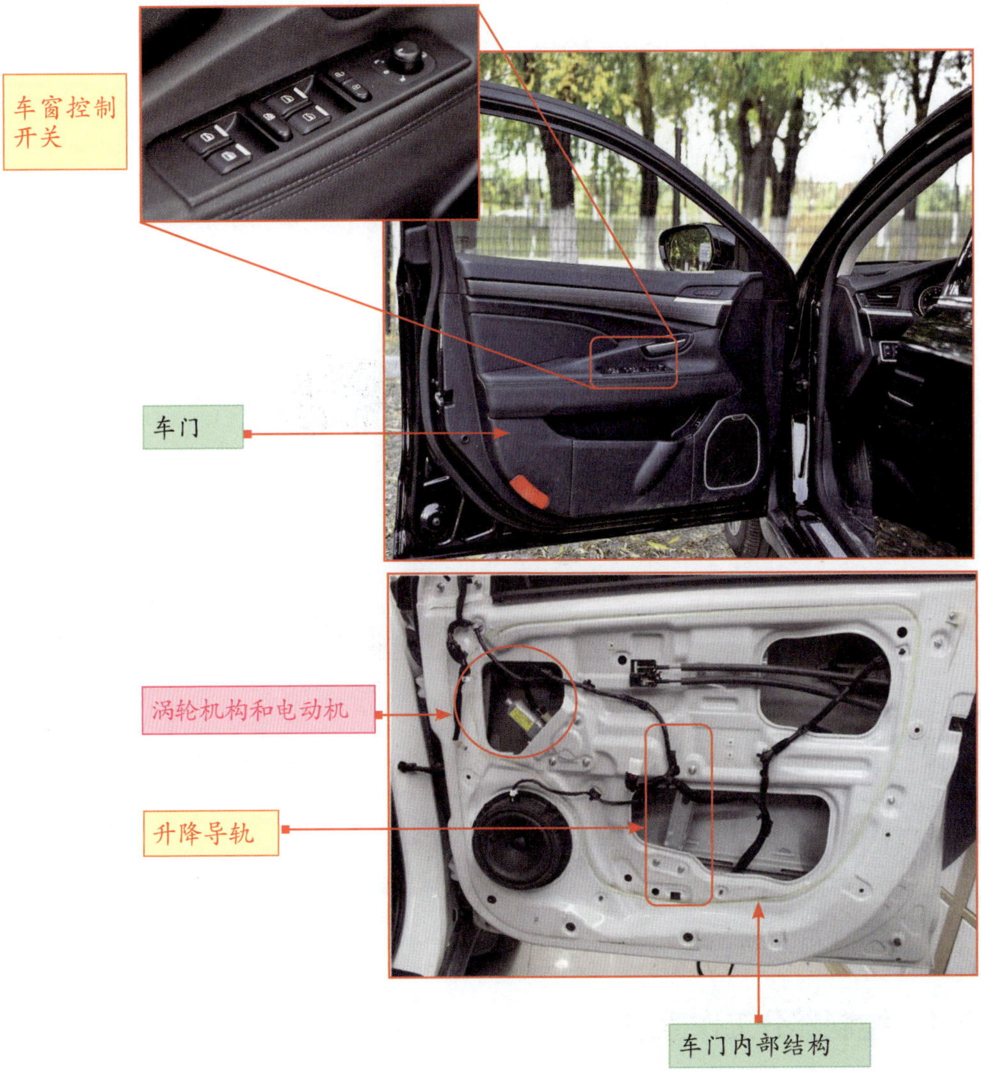


图 11-1 汽车电动车窗系统

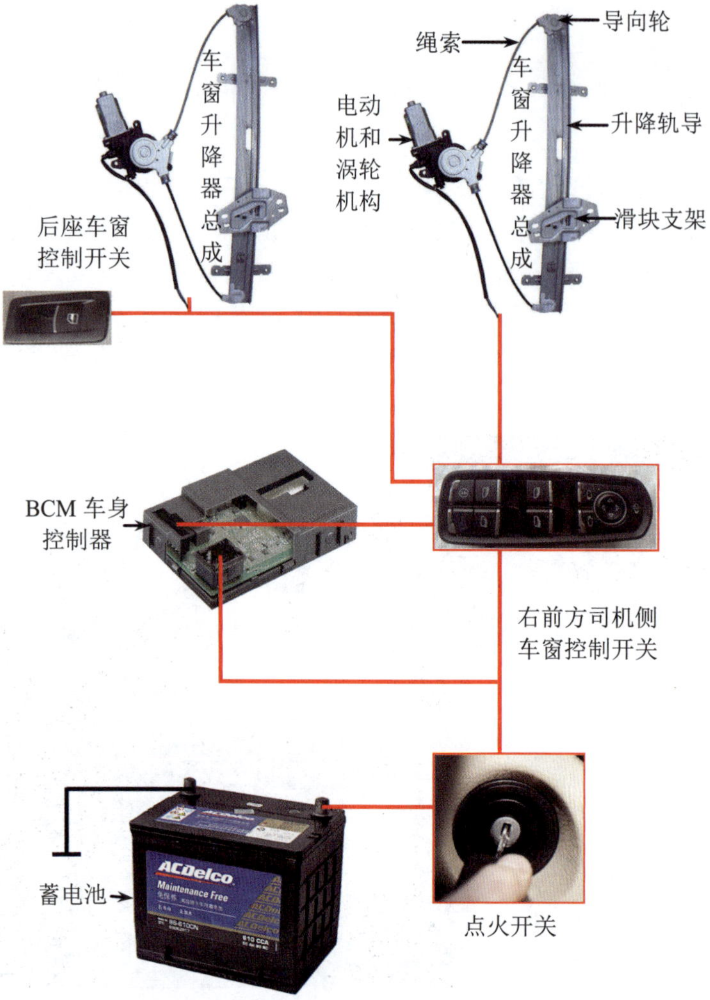


图 11-1　汽车电动车窗系统（续）

## 11.2 汽车电动车窗系统的工作原理

汽车电动车窗系统主要包括控制部分和执行机构，前者是对车窗升降操作的响应和控制，后者则主要是机械升降结构。

### 11.2.1　控制部分工作原理

汽车电动车窗系统控制部分主要由车窗控制模块 MCU、控制开关、传感器等组成，其工作原理如图 11-2 所示。

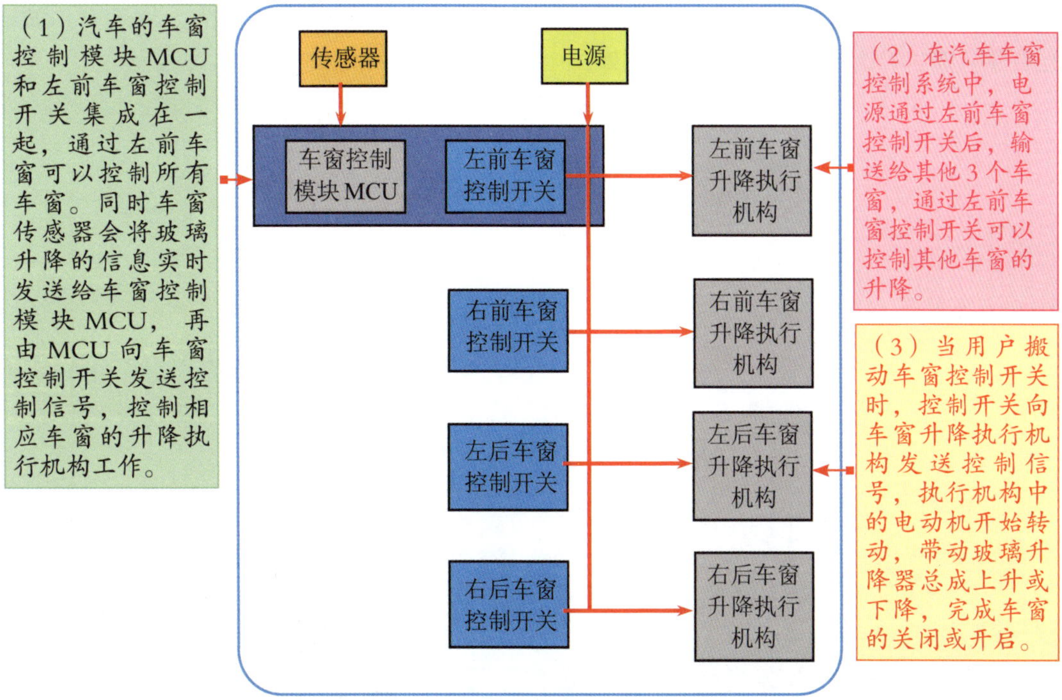


图 11-2　车窗控制部分工作原理

## 11.2.2　执行机构工作原理

目前常用的车窗执行机构主要有软轴式玻璃升降器和 X 臂式升降器。

软轴式玻璃升降器主要由电动机、涡轮机构、升降导轨、滑块支架、绳索、导向轮等组成，其结构和工作原理如图 11-3 所示。

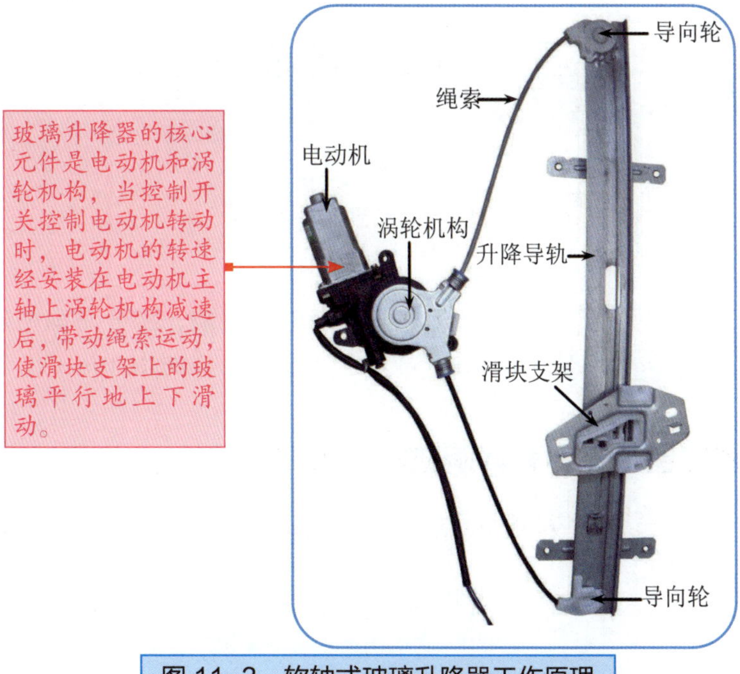


图 11-3　软轴式玻璃升降器工作原理

X 臂式升降器主要由电动机、涡轮机构、主动臂和齿板、导向滑槽、从动臂、玻璃托架等组成。X 臂式升降器工作原理如图 11-4 所示。

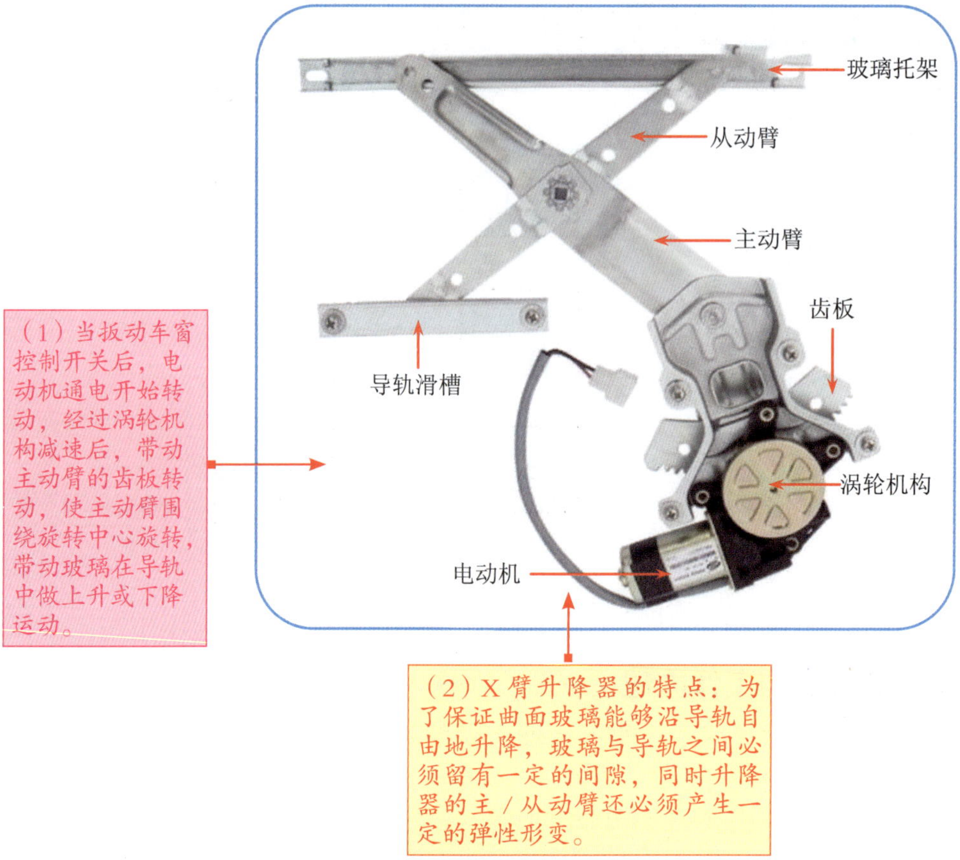


图 11-4　X 臂式升降器工作原理

## 11.3 汽车电动车窗系统故障检测方法

汽车电动车窗故障主要包括：升降车窗玻璃时有异响，部分车窗玻璃升降失灵，全部车窗玻璃升降失灵等，接下来我们根据不同的故障现象给出相应的检测方法。

### 11.3.1　升降车窗玻璃时有异响故障的检测方法

升降车窗玻璃时有异响故障的检测方法如图 11-5 所示。

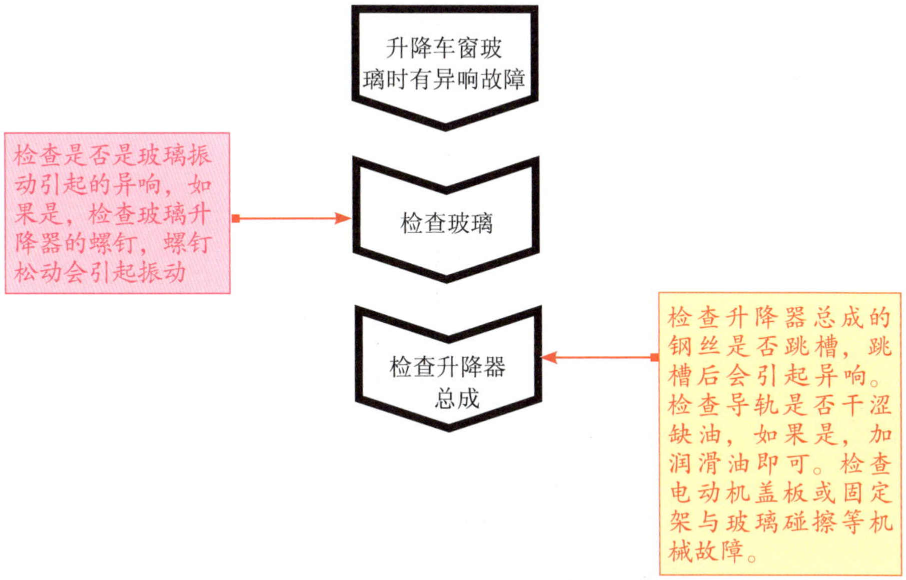


图 11-5 升降车窗玻璃时有异响故障维修方法

## 11.3.2 部分车窗玻璃升降失灵故障的检测方法

部分车窗玻璃升降失灵故障的检测方法如图 11-6 所示。

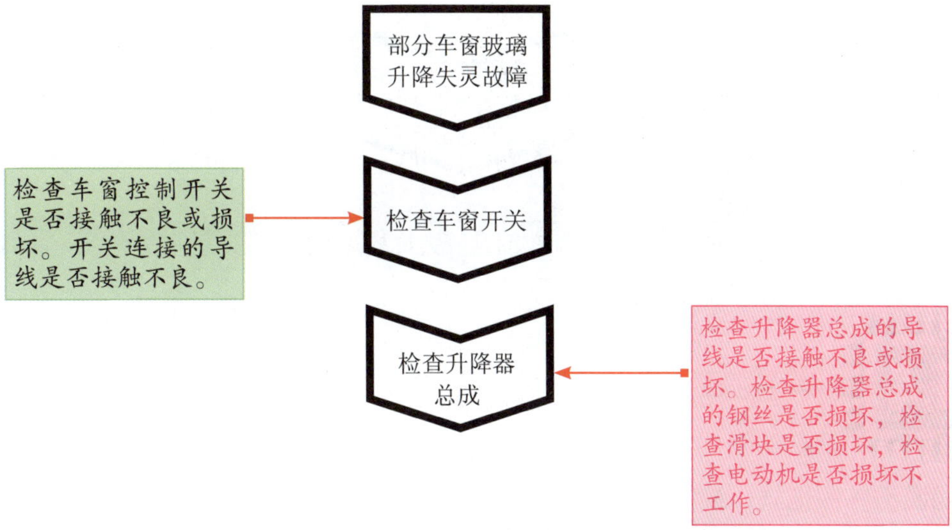


图 11-6 部分车窗玻璃升降失灵故障检测方法

### 11.3.3 全部车窗升降失灵故障的检测方法

全部车窗升降失灵故障的检测方法如图 11-7 所示。

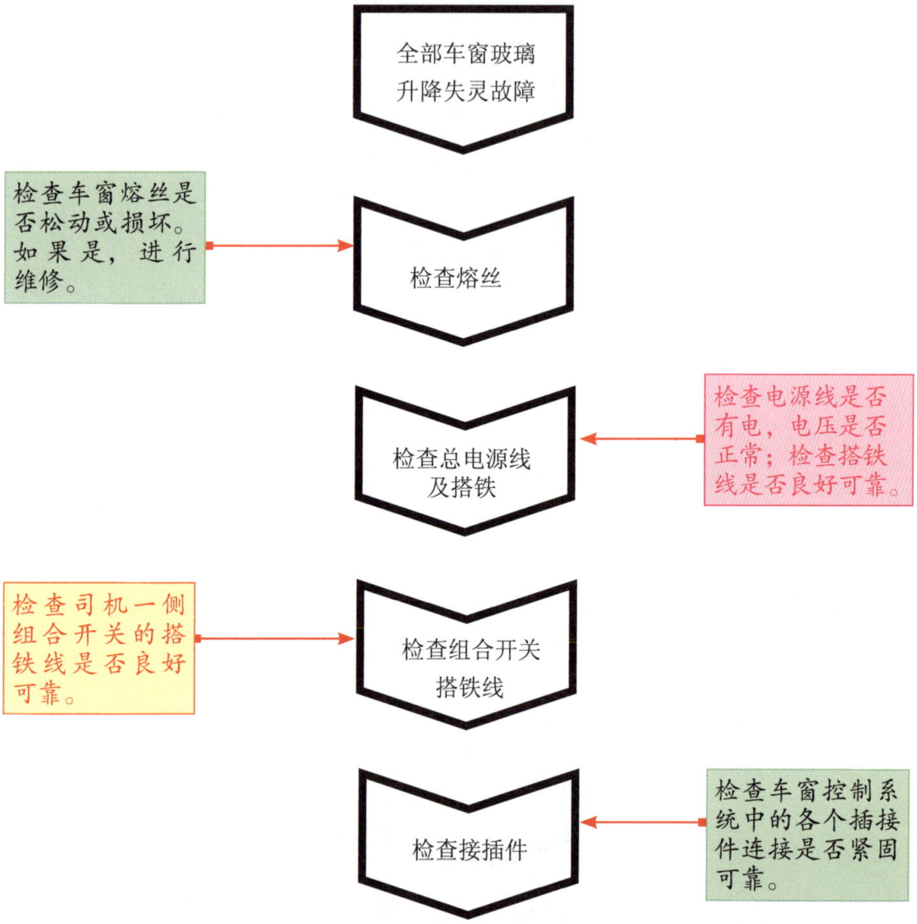


图 11-7　全部车窗升降失灵故障检测方法

## 11.4 汽车电动车窗系统检测维修实战

光说不练假把式，维修经验的获取主要是来自具体的故障检测实战，这对维修人员来说非常重要。通过实战可以提高维修的成功率。本节通过两个实战案例来讲解汽车电动车窗系统的检测维修方法。

### 11.4.1 马自达 3 汽车升降玻璃异响故障维修实战

一辆马自达 3 故障车，升降左前门玻璃时有异响。根据故障现象分析，此故障可能是电动机故障、升降器导轨缺油、车门有异物等引起的。

此故障维修具体步骤如图 11-8 所示。

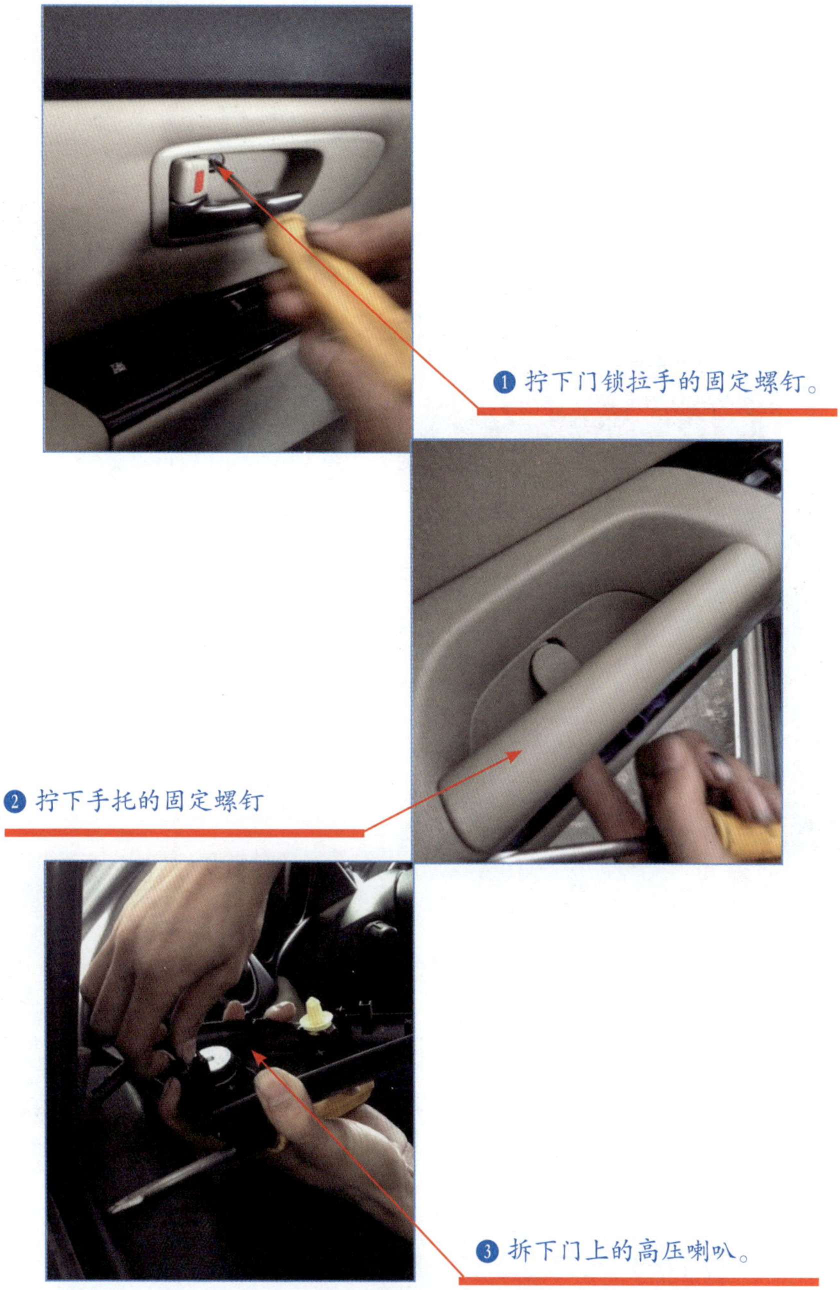


图 11-8 马自达 3 汽车升降玻璃异响故障维修

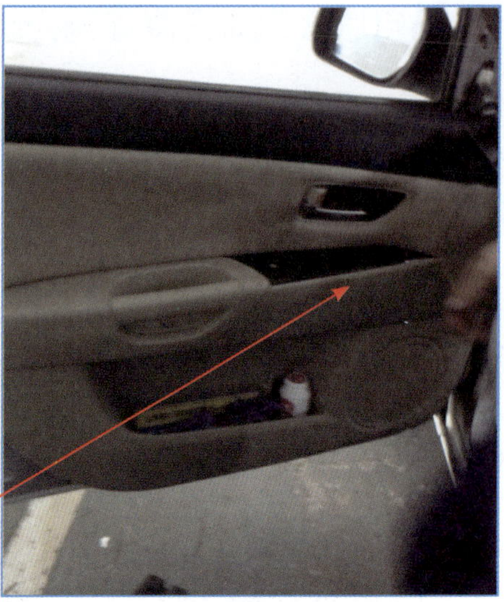

❹ 拧下其他固定螺钉后，用撬板轻轻撬开车门装饰板。

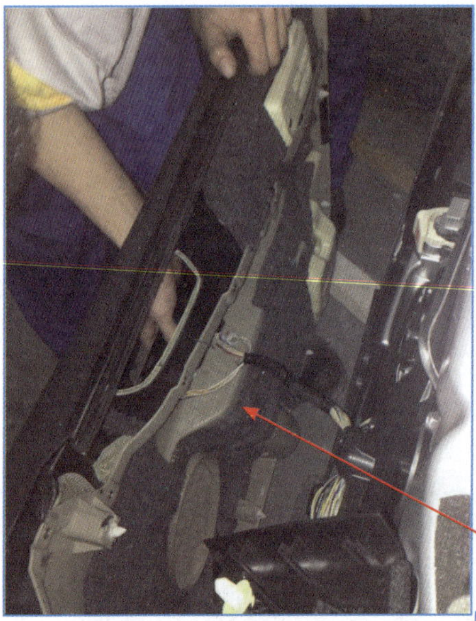

❺ 将门板轻轻拿下，注意门板连接的电源线和信号线。

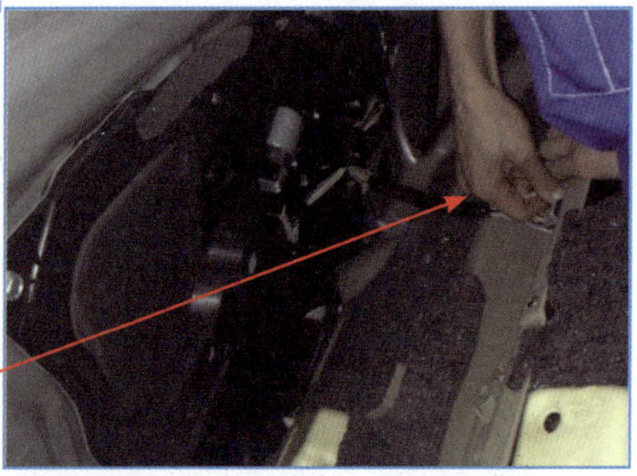

❻ 拔下门板的连接线。

图 11-8　马自达 3 汽车升降玻璃异响故障维修（续）

❼ 重新接好玻璃升降控制开关，然后进行测试，仔细听异响的位置。经过仔细判断，怀疑异响来自升降导轨。

❽ 拆卸升降器的固定螺钉。

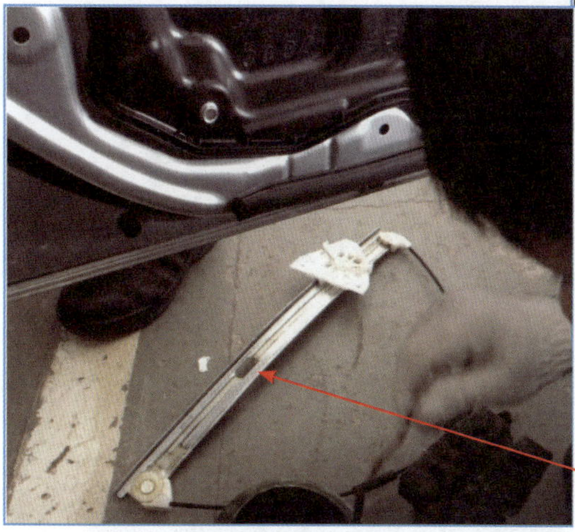

❾ 经检查，发现升降器的导轨干涩，缺润滑油。

图 11-8　马自达 3 汽车升降玻璃异响故障维修（续）

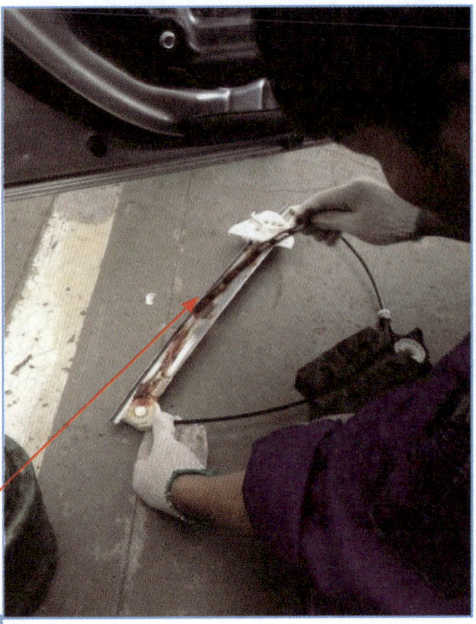

⑩ 在导轨上涂抹润滑油。

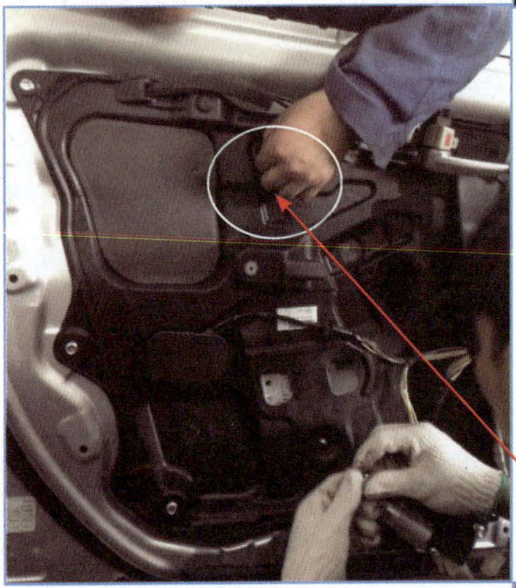

⑪ 装好玻璃升降器。

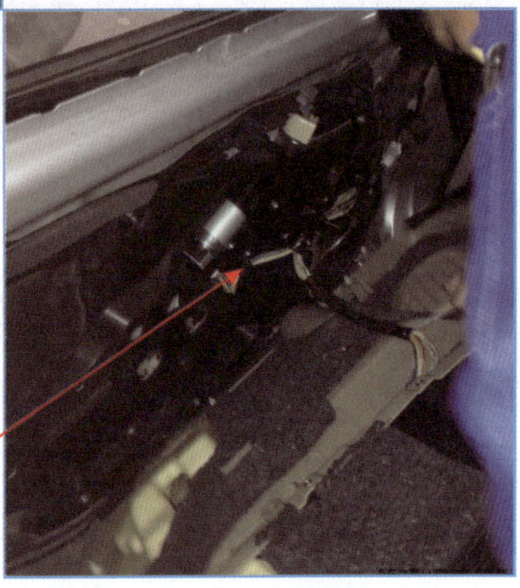

⑫ 接好升降器的导线，进行测试，异响消失，故障排除。

图 11-8　马自达 3 汽车升降玻璃异响故障维修（续）

## 11.4.2 世嘉汽车玻璃升降失灵故障维修实战

一辆世嘉故障车，前几天发现左前玻璃升降失灵，玻璃降下后无法升起来。根据故障现象分析，此故障可能是玻璃升降器总成问题（电动机、钢丝、滑块等故障）或玻璃升降控制开关总成问题等引起的。由于左前玻璃升降控制开关还可以控制其他窗户的玻璃升降，因此怀疑是车窗控制器总成有问题。

此故障维修具体步骤如图 11-9 所示。

图 11-9 世嘉汽车玻璃升降失灵故障维修

❸ 拧下车窗控制器总成的固定螺钉并拆下隔音棉。

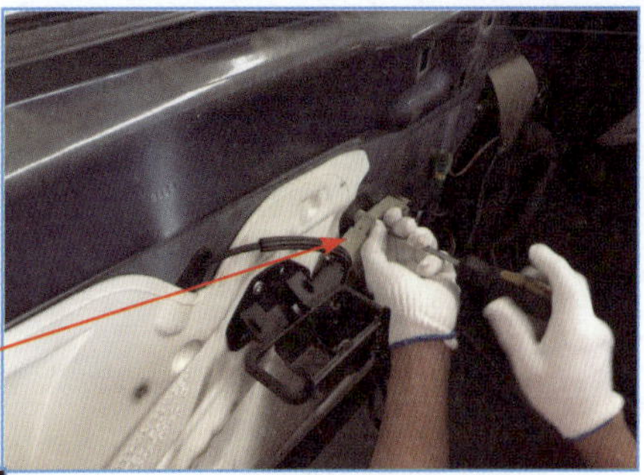

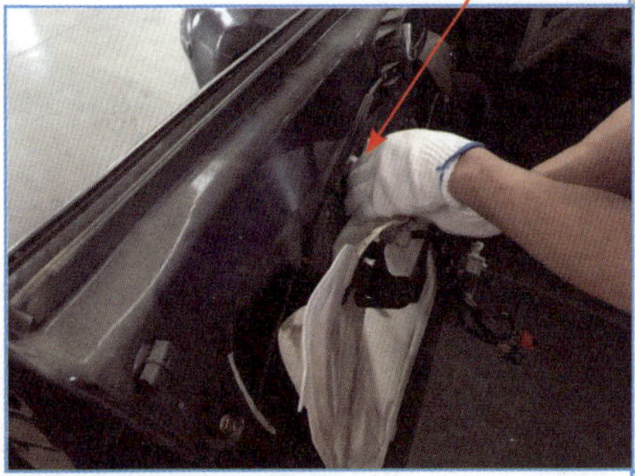

❹ 用胶带将玻璃粘到车架上。

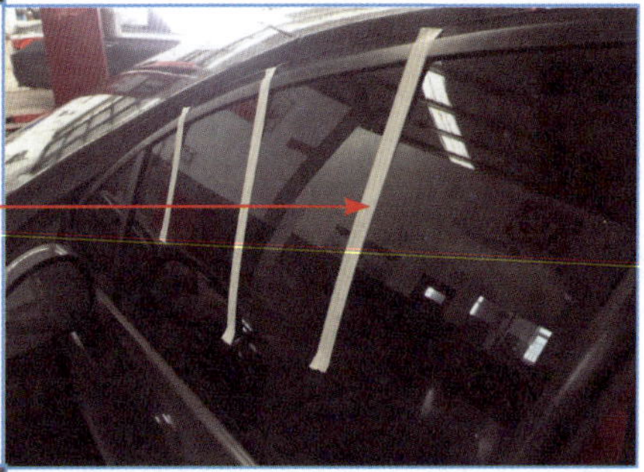

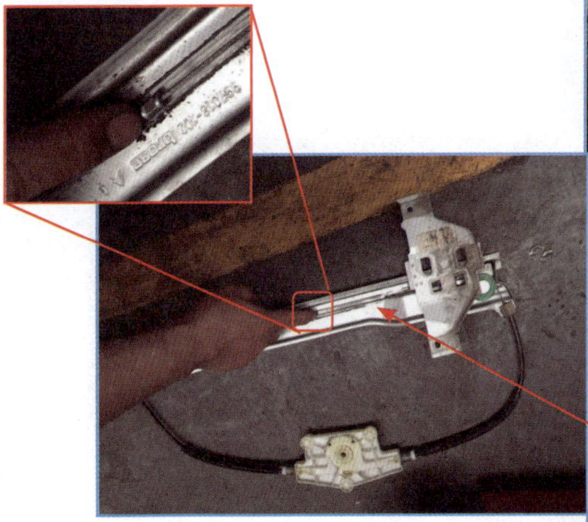

❺ 拆下车窗控制器总成进行检查。发现钢丝损坏，导致无法升降。

❻ 准备好新的车窗控制器总成。

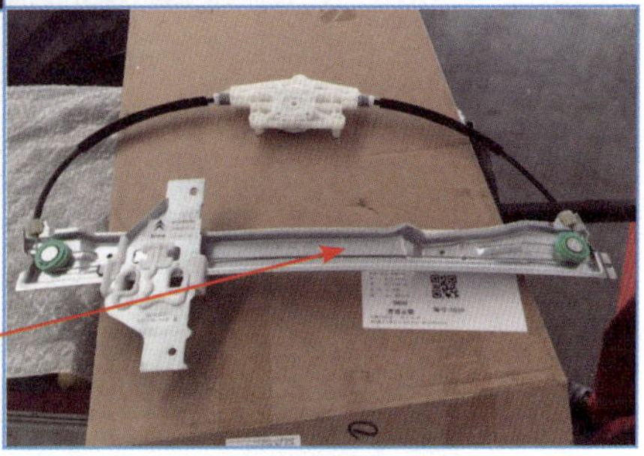

图 11-9　世嘉汽车玻璃升降失灵故障维修（续）

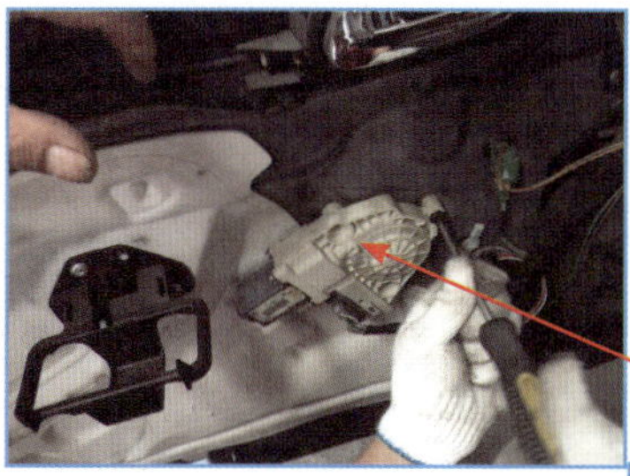

❼ 装好新的车窗控制器总成，并装好控制开关，然后进行测试。可以正常升降玻璃，故障排除。

❽ 装好门板，再次进行测试，玻璃升降正常，完成维修。

图 11-9　世嘉汽车玻璃升降失灵故障维修（续）

## 11.4.3　思域汽车主控制开关无法控制副驾驶玻璃故障维修实战

一辆思域故障车，司机一侧车窗控制开关无法控制副驾驶侧玻璃升降，但副驾驶侧的开关可以控制副驾驶侧玻璃升降。根据故障现象分析，由于四个车窗玻璃都可以正常升降，说明四个车窗玻璃升降器总成均正常，供电也正常。故障应该是司机侧车窗控制开关问题引起的。

此故障维修具体步骤如图 11-10 所示。

❶ 重点检查司机侧车窗控制开关总成。首先拆下车窗控制总成。

图 11-10　思域汽车主控制开关无法控制副驾驶玻璃故障维修

❷ 拆开车窗控制开关总成。

❸ 拆开电路板上副驾驶对应的开关

❹ 检查开关，发现内部的铜片氧化严重，导致接触不良，致使开关失效。接着用砂纸擦掉氧化层，然后涂抹凡士林。

❺ 将车窗控制总成装好，然后进行测试，车窗升降正常，故障排除。

图 11-10 思域汽车主控制开关无法控制副驾驶玻璃故障维修（续）

# 第 12 章

# 汽车中控门锁系统检测维修实战

汽车中控门锁系统是汽车的一个重要电控系统。汽车中控门锁系统是为了使用汽车方便、安全而设，可对 4 个车门的锁闭和开启实行集中控制。本章将详解汽车中控门锁系统的结构原理与检修方法。

## 12.1 看图识汽车中控门锁系统

汽车中控门锁系统主要是用电动机带动齿轮转动来开关车门。汽车中控门锁系统主要由门锁开关、门锁执行机构、门锁控制器等组成，如图 12-1 所示。

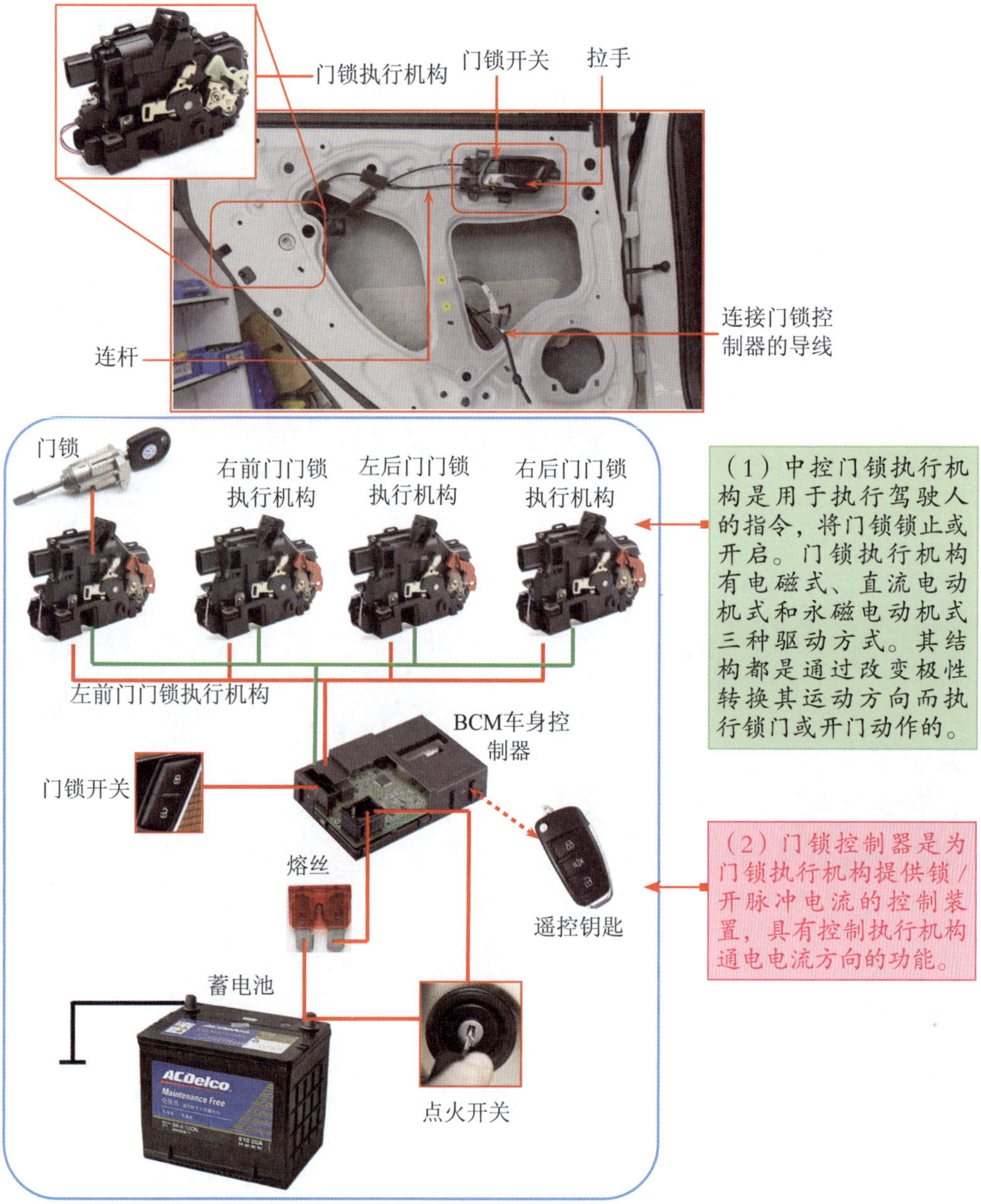


图 12-1　汽车中控门锁系统

# 12.2 汽车中控门锁系统的工作原理

汽车中控门锁系统工作原理如图 12-2 所示。（以吉利汽车为例）

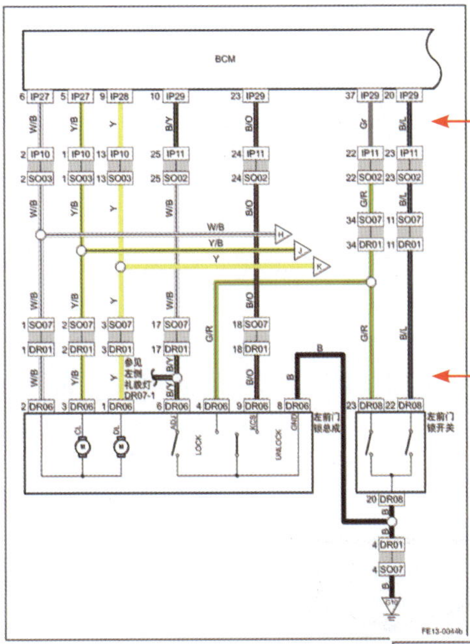


（1）用门锁开关锁门：当左前门门锁开关推向锁门侧时，门锁开关通过 IP29 端口向 BCM 车身控制器发送锁门信号，BCM 控制内部的继电器接通，通过 IP27 端口向门锁电动机供电，电动机开始转动，锁上全部车门。

（2）用门锁开关开门：当左前门门锁开关推向开门侧时，门锁开关通过 IP29 端口向 BCM 车身控制器发送开门信号，BCM 控制内部的继电器接通，通过 IP28 端口向门锁电动机供电，电动机开始转动，打开全部车门。

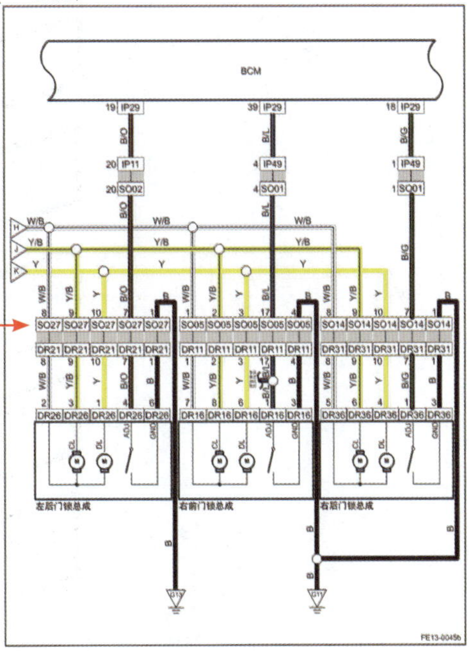


（3）遥控车门系统工作原理：从发射器发出的红外线信号或电磁波信号被接收并输送到门锁遥控控制组件中。门锁遥控组件对接收器接收到的信号进行比较、判别，若为正确代码，则通过其内部的输出电路将开门或锁门信号交替输入自动车门锁控制组件中，通过门锁电动机或电磁铁来完成车门的打开或锁止动作。若连续输入经过门锁遥控控制组件判别为不正确的代码，门锁遥控控制组件会通过其内的限时锁定电路在一定时间内停止输入。

图 12-2　汽车中控锁系统电路工作原理

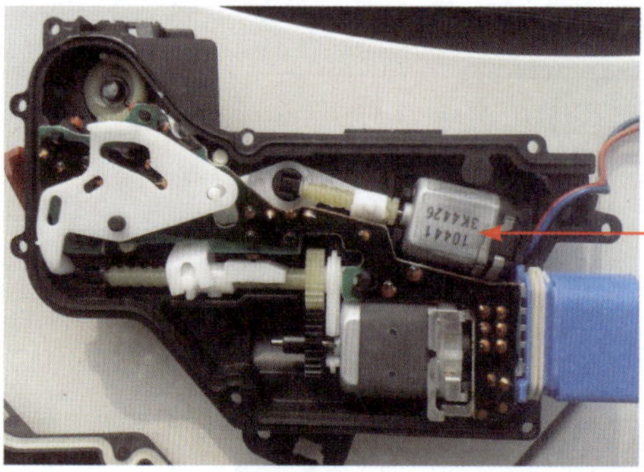

（4）门锁执行机构工作原理：当门锁开关置于锁止位置时，门锁继电器线圈通电，触点闭合，门锁电动机通电旋转，带动齿轮驱动锁体总成，锁上车门。当门锁开关置于开启位置时，开启继电器线圈通电，触点闭合，门锁电动机通电，带动齿轮驱动锁体总成打开车门。

图 12-2　汽车中控锁系统电路工作原理（续）

## 12.3 汽车中控门锁系统故障检测方法

汽车中控门锁系统故障主要包括：电源熔丝熔断，门锁控制继电器有故障，左前门锁和防盗开关有故障，线路故障或系统通过开关后搭铁不良，BCM 控制模块问题，门锁电动机故障（如果是某一个门锁有故障，重点检查电动机）等，如图 12-3 所示。

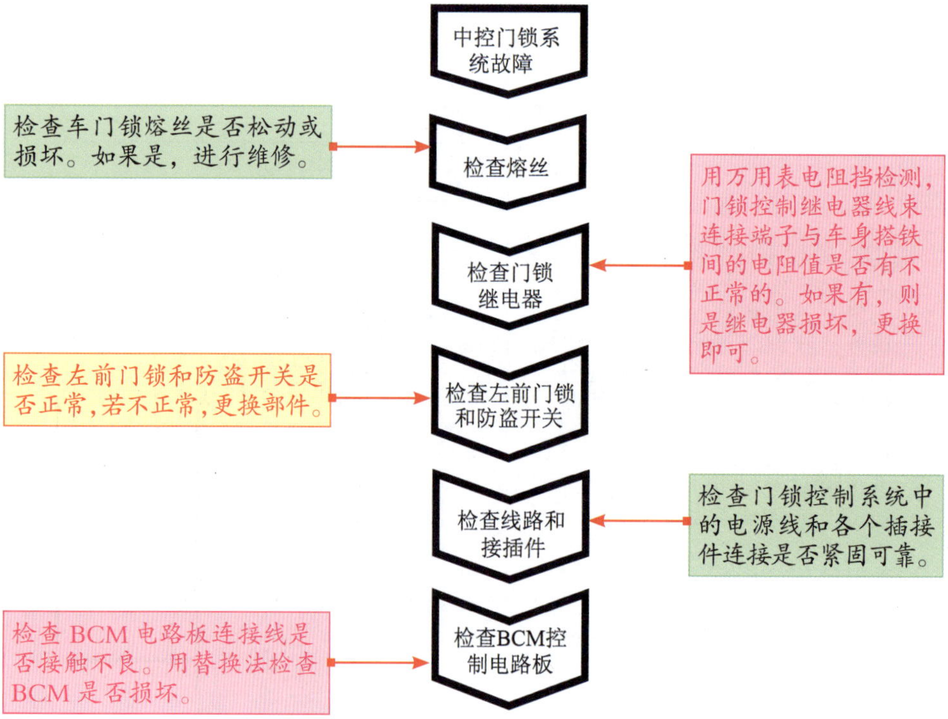


图 12-3　汽车中控门锁失灵故障维修方法

# 12.4 汽车中控门锁系统检测维修实战

维修经验的获取主要是来自具体的故障检测实战，这对维修人员来说非常重要。通过实战可以提高维修的成功率。本节通过两个实战案例来讲解汽车中控门锁系统的检测维修方法。

## 12.4.1 马自达 5 汽车不能遥控锁门和开门故障维修实战

一台马自达 5 故障车，最近经常不能遥控锁门和开门，但有时候又可以，时好时坏。根据故障现象分析，估计是门锁的控制总成问题引起的，其中控制总成中的电动机故障率较高，应重点检查。

此故障维修具体步骤如图 12-4 所示。

图 12-4 马自达 5 汽车不能遥控锁门和开门故障维修

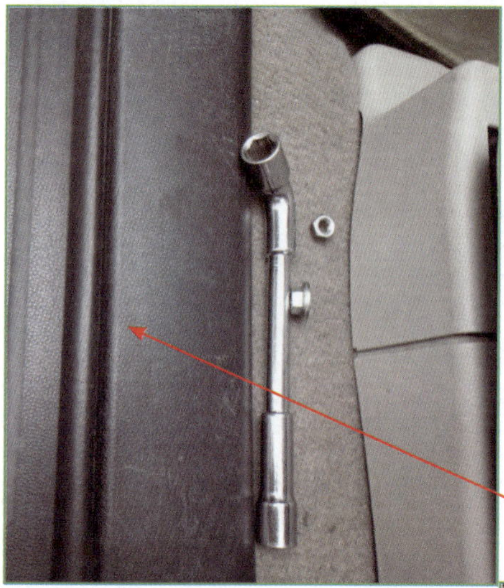

❸ 拆下车门上的装饰板。

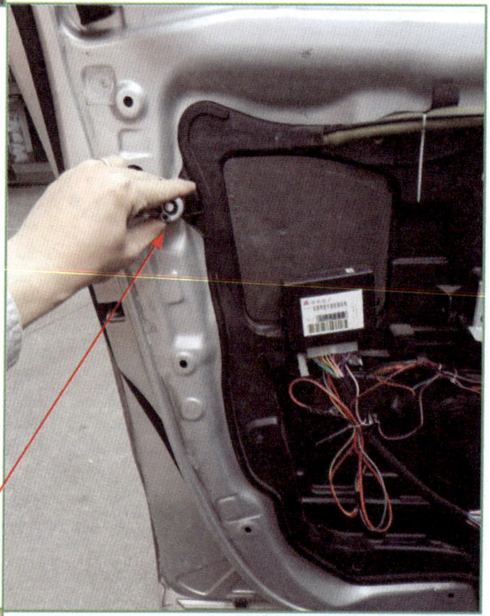

❹ 拆下门锁总成上的隔板。

❺ 拆下门锁总成。

图 12-4　马自达 5 汽车不能遥控锁门和开门故障维修（续）

❻ 将门锁总成上盖拆开。

❼ 更换新的电动机。

❽ 将门锁和装饰板等装好，然后进行测试，可以正常锁门了，故障排除。

图 12-4 马自达 5 汽车不能遥控锁门和开门故障维修（续）

## 12.4.2　北斗星汽车副驾驶门锁无法打开故障维修实战

一辆北斗星故障车，副驾驶侧的门锁无法打开。根据故障现象分析，由于其他门都可以正常打开、锁上，只有这一个门不行，故障可能在此门内的门锁总成。

此故障维修具体步骤如图 12-5 所示。

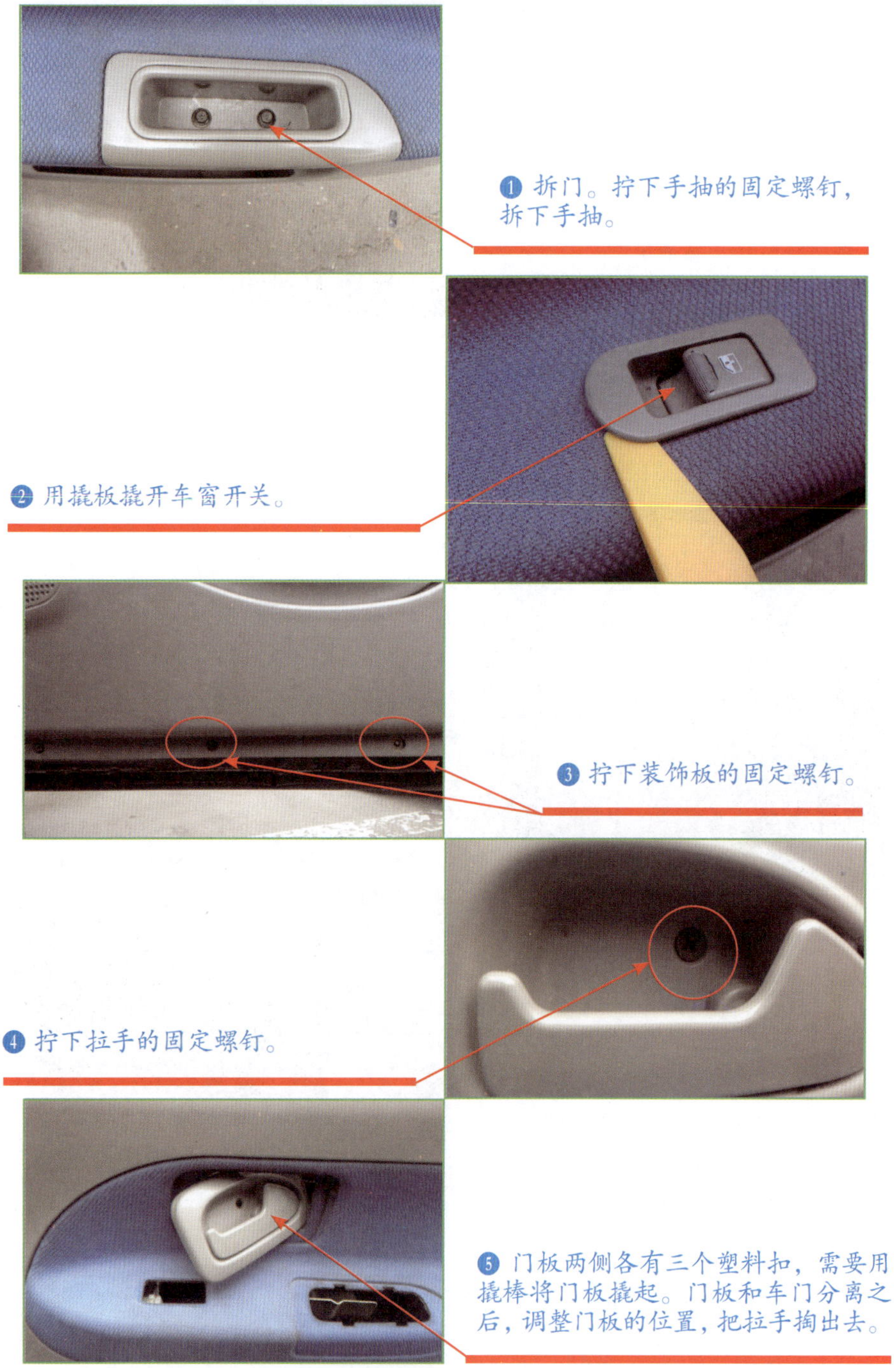


图 12-5　北斗星汽车副驾驶门锁无法打开故障维修

❻ 拔下高音小喇叭的插头，这时候门板就彻底被拿下来了。

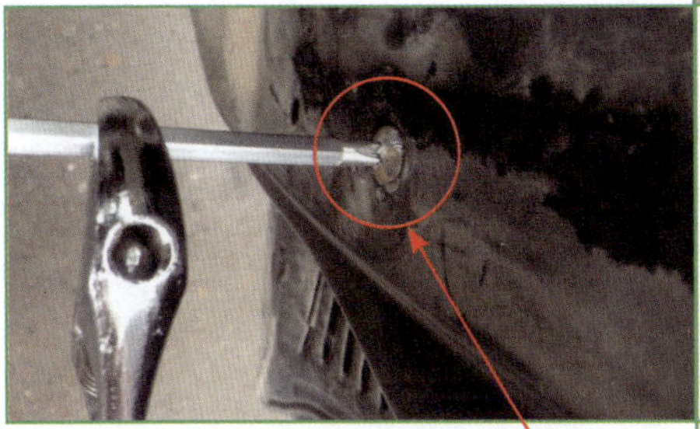

❼ 拧下固定门锁总成的螺钉。

❽ 拆下门锁总成。

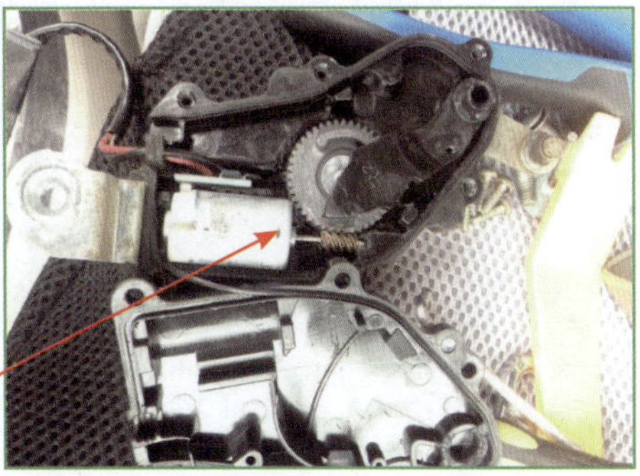

❾ 拆开门锁总成，检查电动机。未发现电动机损坏。

图 12-5 北斗星汽车副驾驶门锁无法打开故障维修（续）

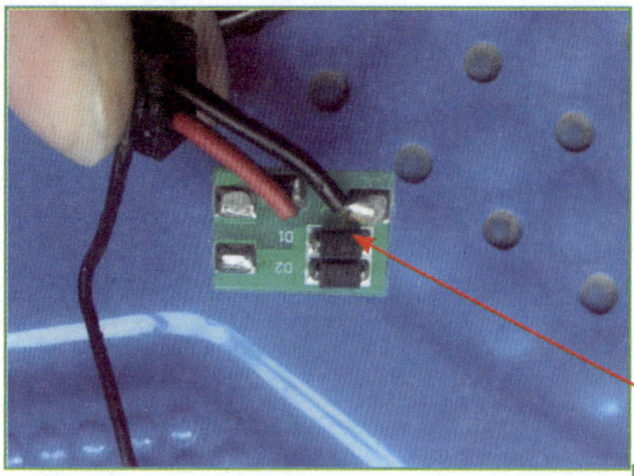

⑩ 用万用表测量总成电路板中的元器件。发现其中一个二极管正反向阻值都为无穷大，说明二极管损坏，无法给电动机供电。

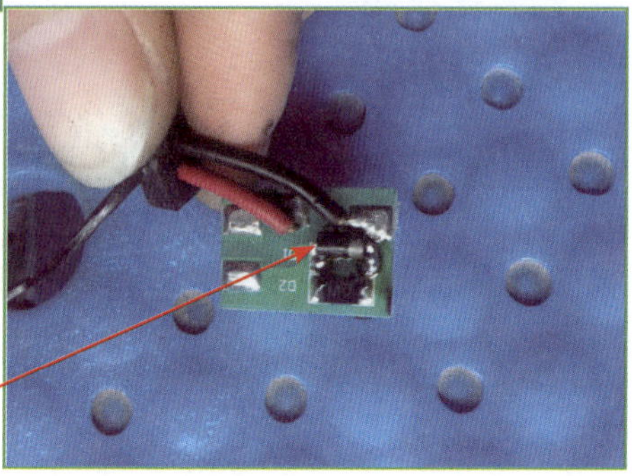

⑪ 用一个好的二极管进行替换。

⑫ 将门锁总成装好。然后进行测试，门锁可以动作。

⑬ 最后将门的装饰板等部件装好，再次进行测试，门锁正常，故障排除。

图 12-5　北斗星汽车副驾驶门锁无法打开故障维修（续）